POESIA ANTIPOESIA ANTROPOFAGIA & CIA.

A marca FSC® é a garantia de que a madeira utilizada na fabricação do papel deste livro provém de florestas que foram gerenciadas de maneira ambientalmente correta, socialmente justa e economicamente viável, além de outras fontes de origem controlada.

AUGUSTO DE CAMPOS

Poesia Antipoesia Antropofagia & Cia.

Copyright © 2015 by Augusto de Campos

*Grafia atualizada segundo o Acordo Ortográfico da Língua
Portuguesa de 1990, que entrou em vigor no Brasil em 2009.*

Capa
Augusto de Campos

Foto de capa
Olho por olho (baboeil), Poemas popcretos, Augusto de Campos, 1964

Preparação
Silvia Massimini Felix

Revisão
Huendel Viana
Angela das Neves

Dados Internacionais de Catalogação na Publicação (CIP)
(Câmara Brasileira do Livro, SP, Brasil)

Campos, Augusto de
    Poesia Antipoesia Antropofagia & Cia. / Augusto de Campos.
— 1ª ed. — São Paulo : Companhia das Letras, 2015.

    ISBN 978-85-359-2646-0

    1. Poesia brasileira 2. Poesia brasileira – História e crítica I.
Título.

15-08009   CDD-869.109

Índice para catálogo sistemático:
1. Poesia : Literatura brasileira : História e crítica 869.109

[2015]
Todos os direitos desta edição reservados à
EDITORA SCHWARCZ S.A.
Rua Bandeira Paulista, 702, cj. 32
04532-002 — São Paulo — SP
Telefone: (11) 3707-3500
Fax: (11) 3707-3501
www.companhiadasletras.com.br
www.blogdacompanhia.com.br

Sumário

Introdução — ... & Cia., Augusto de Campos   7
Prefácio à Primeira Edição — Poesia
  Antipoesia Antropofagia 11

POESIA ANTIPOESIA ANTROPOFAGIA

1. Um Lance de "Dês" do *Grande Sertão* 15
2. Mário Faustino, o Último *Versemaker* 49
3. Da Antiode à Antilira 62
4. Poesia Concreta: Memória e Desmemória 70
5. Poesia e/ou Pintura 91
6. Sem Palavras 104
7. Da América que Existe: Gregório de Matos 114
8. Revistas Re-Vistas: Os Antropófagos 132

... & CIA.

9. O Enigma Ernani Rosas 157
10. Oswald, Livro Livre 193

11. Errâncias de Sousândrade 205
12. Re-www-Visão: Gil-Engendra em Gil-Rouxinol . . . 217
13. Reflashes para Décio 238
14. O Caso Cyro Pimentel 245
15. Pós-Walds 258
16. ESTRanHO ERTHOS — poesignos 264
17. Waldemar Cordeiro: Pontos de Partida
    e de Chegada. 278
18. Vanguarda: Morte e Vida 288
19. Arte e Tecnologia 296
20. Do Concreto ao Digital. 313

Introdução

... & cia.

Poesia Antipoesia Antropofagia (1978) — coletânea que enfoca obras de ruptura de escritores brasileiros — vem a público mais uma vez, pouco mais de 35 anos após a primeira edição, por iniciativa desta editora, que abrigou alguns estudos meus nos anos 1980, quando começava suas atividades. Por ela, entre 1986 e 1989, foram publicados outros títulos que guardam proximidade com este, privilegiando a linguagem de invenção: *O Anticrítico, Mais Provençais, Linguaviagem* e *À Margem da Margem*.

Esta nova publicação vem acrescida de textos que divulguei posteriormente, em períodos diversos de meu percurso literário. Tais estudos têm como tema as obras de Ernani Rosas, Oswald de Andrade, Sousândrade, Décio Pignatari, Cyro Pimentel, Erthos Albino de Souza. Ao lado de Oswald, de que já tratava o livro, bem podem os outros poetas figurar, sob o rótulo adicional — ... & cia. —, no exemplário deste livro, irmanando-se à trajetória dos rebeldes que o filtro do tempo vai resgatando ou já resgatou depois de flagelá-los com o olvido ou com a indiferença com que a recepção acadêmica costuma contemplá-los.

Quanto a Sousândrade, não há mais necessidade de explicitar o significado revolucionário de sua obra. Marginalizado pela crítica institucional e, paradoxalmente, a de inspiração ortodoxo-sociologizante, que sempre timbrou por ignorar o poeta de "O Inferno de Wall Street", ele estaria condenado ao esquecimento se não fosse sua ressurreição pelos estudos dos concretistas, evidência histórica que alguns buscam diminuir mas têm de reconhecer, ainda que a contragosto. Até então o poeta fora objeto de algumas crônicas de província, parcas referências e estudos pontuais ou episódicos. E embora não lhes falte mérito, esses textos não haviam analisado sua obra com abrangência e profundidade. Foi só a partir dos ensaios pioneiros publicados em 1960, sob o título "Montagem: Sousândrade", depois incorporados à *ReVisão de Sousândrade* (1964), que a obra do poeta foi enfim posta em patamar compatível com sua grandeza e modernidade, enfocada sob uma perspectiva de vanguarda, não acadêmica, anticanônica. Volta ele aqui a ser lembrado, a propósito da bela reedição de *O Guesa*, lançada pelo editor-guerrilheiro Vanderley Mendonça sob a rubrica do selo Demônio Negro e da editora Annablume, e à luz de novas pesquisas e descobertas propiciadas pela internet.

Sem ser propriamente um inovador, Ernani Rosas constitui um "caso" à parte. Como Kilkerry, embora menos inventivo que este, refoge à tradição de nossa tímida poesia simbolista. Fere uma nota dissonante, trazendo para o nosso meio a mais ousada linguagem da poesia portuguesa, em especial a de Mário de Sá-Carneiro. A tentativa de minimizá-lo segue a mesma rota dos que tentam menosprezar a poesia rebelionária de Gregório de Matos, dando, equivocadamente, como imitação ou plágio o que é influência assimilada e renovada. Antes de outros, chamei Gregório de "antropófago" do Barroco, no sentido em que Borges nos fala dos precursores "kafkianos" de Kafka. Os acadêmicos esbravejaram.

O díptico sobre Oswald de Andrade aborda, num de seus

estudos, a experiência interdisciplinar do *Primeiro Caderno do Aluno de Poesia Oswald de Andrade*. O outro, "Pós-Walds", é uma reflexão mais geral sobre sua obra. Escrito ao ensejo do centenário de seu nascimento, vai na contramão das reminiscências anedóticas e do sociopopulismo com os quais a crítica universitária tardo-antropofágica procura maquiar a poética radical de Oswald. Volto a postular maior atenção para o seu pensamento filosófico não ortodoxo e para alguns aspectos menos enfatizados de sua atuação literária, tal a surpreendente e premonitória percepção do "lance de dados" mallarmaico.

Décio Pignatari, inventor de inventores — o "Oswald magro" de minha geração —, até hoje desconsiderado pelo mundo acadêmico; Cyro Pimentel, original e isolado caso de pós-pós-simbolismo; e Erthos Albino de Souza, precursor da poesia digital e generoso patrocinador da poesia experimental, completam essa "ReVisão" de alguns dos protagonistas de nossa literatura que deram contribuição relevante para a sua renovação e que, especialmente no que se refere a Sousândrade, Oswald e Pignatari, estão entre os escritores mais revolucionários que a nossa literatura já produziu.

Adiciono a esses estudos de personalidades ligadas à poesia da "margem da margem" — na expressão de Pignatari — um artigo sobre Waldemar Cordeiro, um dos principais protagonistas da arte concreta paulista, que tão estreita ligação teve com os poetas do grupo Noigandres, e dois outros textos: "Morte e Vida da Vanguarda", comunicação que apresentei no evento comemorativo da Semana Nacional de Minas Gerais, em 1993, e "Do Concreto ao Digital", inédito, escrito em 2004.

Esse artigo, com o qual encerro a presente coletânea, me sugeriu ainda a inclusão de uma resenha, "Arte e Tecnologia", publicada num longínquo 1967, que julgo contribuir retrospectivamente para contextualizar a reflexão que faço sobre o percurso da poesia concreta e as perspectivas que se abrem para a poesia de ponta diante dos novos caminhos que lhe oferecem as novas tecnologias.

Augusto de Campos

2015

Prefácio à Primeira Edição

Poesia Antipoesia Antropofagia

A ideia foi reunir algumas de minhas incursões errático--críticas na área da discussão de literatura e, mais especificamente, de poesia brasileira. Coisas nossas.

Mas de poesia que provoque discussão.

Com toques, sem nenhuma neutralidade, em pontos de perturbação literária: antipoesia, poesia concreta, antropofagia.

Aqueles pontos sensíveis onde a crítica se limita a conservar e a desconversar.

Prosa quase poesia. A poesia-prosa de Guimarães Rosa, questionando a prosa de ficção.

Poesia da crise do verso: Mário Faustino, o grande e generoso companheiro, e o nó mallarmaico.

Antipoesia. Para renovar a poesia. João Cabral, da antiode à antilira. A poesia concreta, em alguns momentos polêmicos. Gullar, memória posta em questão: cartas na mesa. Wlademir Dias-Pino, o solitário poeta de "Sólida", como eu o apreciava, antes do sectarismo do "poema processo". E os poemas sem palavras, na tensão-limite entre o verbal e o não verbal.

Antropofagia. A de Oswald, que muitos ainda não conseguem engolir. E a de um antecessor, também indigesto: Gregório de Matos, boca do inferno da América que existe.

Sem preocupação de cronologia literária. As datas em que foram escritos ou publicados os estudos vão no final de cada qual,* para orientação do leitor. Mas o ideograma é visível. "Pontos definem uma periferia."

Pontadas de poeta. Para poetas e curtidores de poesia. Contra a crítica para críticos.

Augusto de Campos
1978

---

* Nesta edição, optamos por inserir a data e o veículo de publicação no início dos capítulos, em nota de rodapé. (N. E.)

POESIA ANTIPOESIA ANTROPOFAGIA

1. Um Lance de "Dês" do *Grande Sertão**

"O verdadeiro romance se passa entre Joyce e a linguagem", escreveu o crítico Harry Levin a propósito de *Finnegans Wake*.[1] Cremos que se poderia aplicar a mesma observação a *Grande Sertão: Veredas*, de Guimarães Rosa. Não se quer com isso minimizar a "mensagem" de tais obras. Mas acentuar que os grandes conteúdos do *Grande Sertão*, como os de Joyce, se resolvem não só *através da*, mas *na* linguagem. Esta não é mais um animal doméstico atrelado ao veículo da "estória", indiferente aos seus conteúdos. Identifica-se, isomorficamente, às cargas de conteúdo que carrega, e passa a valer, ao mesmo tempo, como texto e como pretexto, em si mesma, para a invenção estética, assumindo a iniciativa dos procedimentos narrativos.

Daí a singular importância do romance de Guimarães Rosa, que vem retomar e redimensionar uma tradição, recente, é verda-

---

* Publicado originalmente na *Revista do Livro*, n. 16, ano IV (Rio de Janeiro, 1959) e em Augusto de Campos; Haroldo de Campos; Pedro Xisto, *Guimarães Rosa em Três Dimensões*. São Paulo: Conselho Estadual de Literatura, 1970.

de, mas já quase completamente soterrada, na prosa brasileira: a de *Macunaíma*, de Mário de Andrade; e a de Oswald de Andrade — *Serafim Ponte Grande* e *Memórias Sentimentais de João Miramar* —, até hoje confinado às primeiras edições, graças à lamentável indiferença de nossas casas editoras.[2]

A invocação do nome de Joyce não surge aqui por acaso. Implica, por si só, uma postulação crítica. Joyce é o Mallarmé da prosa. O exemplo mais absoluto do romancista-inventor. David Hayman, em seu estudo *Joyce et Mallarmé*,[3] fez um exame circunstanciado das relações entre as obras dos dois escritores e, em particular, entre "Un Coup de Dés" e *Finnegans Wake*. A relevância de estudos comparativos como esse não está em descobrir influências, para efeito de biografia ou de genealogia literária, mas em estabelecer nexos de relação estética, que nos permitam discernir, no campo geral da literatura e das artes, uma evolução de formas e, através desta, melhor compreender e situar, histórica e criticamente, os fenômenos artísticos.

À primeira vista, nenhuma obra, talvez, parecesse tão distante de outra como "Un Coup de Dés" de *Finnegans Wake*. De um lado, um poema espacial em onze páginas. De outro, um romance com 628 páginas compactas. Entretanto, vencida a impressão superficial, a conclusão é bem outra. Uma análise acurada dos textos, como a procedida por Hayman, demonstra o quanto de intuição havia nas aproximações que André Gide, Robert Greer Cohn (este, o inspirador direto do trabalho de Hayman) e outros escritores fizeram entre Mallarmé e Joyce. E em tal extensão se revelam as identidades — quer no nível formal, quer no semântico — que se pode afinal aceitar, sem relutância, a asserção de Greer Cohn, segundo a qual "a despeito de todas as diferenças de dimensão e de gênero, 'Un Coup de Dés' tem mais em comum com *Finnegans Wake* do que com *qualquer* outra criação literária conhecida".[4] Aqui bem se poderia falar numa *alotropia* estilística:

obras que se apresentam com propriedades externas diversas mas que possuem a mesma estrutura interna.

O leitor incauto há de impressionar-se, por exemplo, com a aparente integridade das palavras de "Un Coup de Dés", em contraste com a violenta deformação léxica joyciana. Greer Cohn e Hayman demonstram, porém, que as palavras do poema de Mallarmé estão em perpétua revolução por detrás da máscara de impassibilidade, sofrendo um processo de montagem, por homonímia, que não está longe do de Joyce. Exemplos apontados por Hayman: "penultième" (onde a segunda sílaba vale também como o substantivo "nul"); "*legs en la disparition*" (em que se verifica, com a palavra "legs", um trocadilho bilíngue: a) *legs* = legado, em francês; b) *legs* = pernas, em inglês).

No caso da comparação entre Guimarães Rosa e Joyce, especialmente com respeito aos procedimentos linguísticos e estruturais de *Grande Sertão: Veredas*, de uma parte, e *Ulysses* e *Finnegans Wake*, de outra (assunto que, indiretamente, envolve o problema Mallarmé), não é preciso, todavia, um esforço de conscciencialização tão grande como o exigido para a compreensão das afinidades entre "Un Coup de Dés" e *Finnegans Wake*, que encontra um obstáculo inicial (e natural) nos gêneros diversos — poesia e romance — em que se acham cristalizadas essas obras. A linhagem joyciana do romancista brasileiro foi assinalada, por exemplo, em obras anteriores de Guimarães Rosa, pelo crítico Oswaldino Marques,[5] ainda que sob um único aspecto, o da justaposição vocabular, ou seja, o das palavras *portmanteau*, como as denominou Lewis Carroll, e que têm antecedentes remotos em Rabelais; o exemplo típico da palavra *portmanteau* é *galumphing* (*galloping + triumphing*), uma das fabricadas por Lewis Carroll para o seu célebre poema "Jabberwocky".[6] Em *Grande Sertão: Veredas* não se restringem, porém, a esse processo composicional as afinidades com a técnica joyciana. O número de palavras *port-*

manteau que se pode recensear em todo o livro é até bastante reduzido; as que anotou o autor destas linhas são: *turbulindo* (turba + turbilhão + bulindo); *nenhão* (nenhum + não); *sonoite* (só + sono + noite); *fechabrir* (fechar + abrir); *prostitutriz* (prostituta + meretriz); *visli* (vi + vislumbrei + li). Outros exemplos poderiam ser citados, mas na maioria dos casos se trata menos da característica montagem das palavras *portmanteau* do que de algum tipo de aglutinação ou afixação, isto é, de um processo compositivo mais atenuado que não chega a produzir o efeito de superposição.

O que o romance de Guimarães Rosa apresenta de parentesco com os de Joyce é, em primeiro lugar, a atitude experimentalista perante a linguagem. Esta é, em sua materialidade, plasmada e replasmada, léxica e sintaticamente. Sob essa perspectiva, podem ser identificadas diversas técnicas, utilizadas por ambos os romancistas. Assim, as aliterações, as coliterações, os malapropismos conscientes, as rimas internas etc. Também a sintaxe é, sob certos aspectos, manipulada de maneira fundamentalmente idêntica por Joyce e Rosa. É uma sintaxe telegráfica, ou, na expressão de David Hayman, "uma espécie de estenografia literária". Sintaxe rítmica, pontuada, pontilhada de pausas. Cotejem-se os trechos abaixo do *Grande Sertão* com os do *Finnegans Wake*, em tradução de Augusto e Haroldo de Campos:[7]

GRANDE SERTÃO: VEREDAS

Eh, que se vai? Jàjá? É que não. Hoje, não. Amanhã, não. Não consinto. O senhor me desculpe, mas em empenho de minha amizade aceite: o senhor fica. (p. 26)
Ouvi mal ouvi. Me vim d'águas frias. Diadorim era assim: matar, se matava — era para ser um preparo. O judas algum? — na faca! Tinha de ser nosso costume. Eu não sabia? (p. 37)

— "O Sertão vem?" Vinha. Trinquei os dentes. Mordi mão de sina. Porque era dia de antevéspera — mire e veja. (p. 528)
Chapadão. Morreu o mar, que foi.
Eu vim. Pelejei. Ao deusdar. (p. 565)

FINNEGANS WAKE

Não ouço por causa das águas de. O bebê-balbúcio das águas de. Sibilantes morcegos, ratos da vala. Fala. Cala. Como é! Você não foi pra casa? Que João José? Não ouço por causa da asa dos morcegos, todas as liviantes águas de. Ah, fala salva-nos! Planta dos pés pesa. Sinto-me tão calma como aquele olmo. Um conto contado de Shaun ou Shem? Todos os filhosfilhas de Lívia. Falcões da escuridão ouvi-nos. Noite! Noite! Minha ah cabeça cai. Sinto-me tão lerda como aquela pedra. Fala-me de João ou Shaun? Quem foram Shem ou Shaun os filhos ou filhas vivos de? Tudo treva! Fala-me, fala-me, fala-me álamo! Noite noite! Falamefala de planta ou pedra. As riocorrentes águas de, as indoevindo águas de. Noite!

[Can't hear with the waters of. The chittering waters of. Flitering bats, fieldmice bawk talk. Ho! Are you not gone ahome? What Thom Malone? Can't hear with bawk of bats, all thim liffeying waters of. Ho, talk save us! My foos won't moos. I feel as old as yonder elm. A tale told of Shaun or Shem? All Livia's daughtersons. Dark hawk hear us. Night! Night! My ho head halls. I feel as heavy as yonder stone. Tell me of John or Shaun? Who were Shem and Shaun the living sons or daughters of? Night now! Tell me, tell me, tell me, elm! Telmetale of stem or stone. Beside the rivering waters of, hitherandthithering waters of. Night! (pp. 215-6)]

GRANDE SERTÃO: VEREDAS

E me cerro, aqui, mire e veja. Isto não é o de um relatar passagens de sua vida, em toda admiração. Conto o que fui e vi, no levantar do dia. Auroras.

Cerro. O senhor vê. Contei tudo. Agora estou aqui, quase barranqueiro. Para a velhice vou, com ordem e trabalho. Sei de mim? Cumpro. O Rio de São Francisco — que de tão grande se comparece — parece é um pau grosso, em pé, enorme... Amável o senhor me ouviu, minha ideia confirmou: que o Diabo não existe. Pois não? O senhor é um homem soberano, circunspecto. Amigos somos. Nonada. O diabo não há! É o que eu digo, se for... Existe é homem humano. Travessia. (p. 571-fim)

FINNEGANS WAKE

Sim, me vou indo. Oh amargo fim! Eu me escapulirei antes que eles acordem. Eles não hão de ver. Nem saber. Nem sentir minha falta. E é velha e velha é triste e velha é triste e em tédio que eu volto a ti, frio pai, meu frio frenético pai, meu frio frenético feerível pai, até que a pura vista da mera aforma dele, as láguas e láguas dele, lamamentando, me façam maremal lamasal e eu me lance, oh único, em teus braços. Ei-los que se levantam! Salva-me de seus terrípertos tridentes! Dois mais. Umdois morhomens mais. Assim. Avelaval. Minhas folhas se foram. Todas. Uma resta. Arrasto-a comigo. Para lembrar-me de. Lff! Tão maviosa manhã a nossa. Sim. Leva-me contigo, paisinho, como daquela vez na feira de brinquedos! Se eu o vir desabar sobre mim agora, asas branquiabertas, como se viesse de Arkanjos, eu pênsil que decairei a seus pés, Humil Dumilde, só para lauvá-los. Sim, fim. É lá. Primeiro. Passamos pela grama psst trás do arbusto para. Psquiz! Gaivota, uma. Gaivotas. Longe gritos. Vindo, longe! Fim aqui. Nós após. Finn équem! Toma. Bosculaveati, mememormim! Ati mimlênios fim. Lps. As chaves para. Dadas! A via a uma a una a mém a mor a lém a (p. 627-fim)

[I am passing out. O bitter ending! I'll slip away before they're up. They'll never see. Nor know. Nor miss me. And it's old and old it's sad and old it's sad and weary I go back to you, my cold father, my cold mad father, my cold mad feary father, till the near sight of the mere size of him, the moyles and moyles of it, moananoaning, makes me seasilt salsick and I rush, my only, into your arms. I see them rising! Save me from those therrble prongs! Two more. One-two moremens more. So. Avelaval. My leaves have drifted form me. All. But one clings still. I'll bear it on me. To remind me of. Lff! So soft this morning, ours. Yes. Carry me along, taddy, like you done through the toy fair! If I seen him bearing down on me now under whitespread wings like he'd come from Arkangels, I sink I'd die down over his feet, humbly dumbly, only to washup. Yes, tid. There's where. First. We pass through grass behush the bush to. Whish! A gull. Gulls. Far calls. Corning, far! End here. Us then. Finn, again! Take. Bussoftlhee, mememormee! Till thousendsthee. Lps. The keys to. Given! A way a lone a last a loved a long the]

Como Joyce, nosso Guimarães Rosa enfrenta a problemática de um romance intemporal, ou melhor, atemporal. O *Grande Sertão* não é dividido em capítulos, é um fluxo contínuo, sem pausa, um só fôlego, riocorrente. A ordem dos eventos é a ordem da memória. Tomando de empréstimo a terminologia cinematográfica, poder-se-ia dizer que Guimarães Rosa se utiliza de flashbacks e travellings para incursões em tempos e espaços diversos daqueles em que se situa o personagem-narrador (Riobaldo). Este mesmo sente que está contando fora das regras, que está contando "errado". E "retoma" o fio da narração, "emenda", "desemenda", "verte", "reverte", num "figurado" complexo, para o qual chama a atenção do interlocutor e do leitor:

> Ai, arre, mas: que esta minha boca não tem ordem nenhuma. Estou contando fora, coisas divagadas. (p. 22)
> Pois, porém, ao fim retomo, emendo o que vinha contando. (p. 75)
> Sei que estou contando errado, pelos altos. Desemendo. (p. 94)
> Eu estou contando assim, porque é o meu jeito de contar. Guerras e batalhas? Isto é como jogo de baralho, verte, reverte. (p. 95)
> Desculpa me dê o senhor, sei que estou falando demais, dos lados. Resvalo. (p. 138)
> Ah, mas falo falso. O senhor sente? Desmente? Eu desminto. Contar é muito, muito dificultoso. […] São tantas horas de pessoas, tantas coisas em tantos tempos, tudo miúdo recruzado. (p. 175)
> O senhor fia? […] O senhor tece? Entenda meu figurado. (p. 176)

Verte. Reverte. Eis o "*corso, ricorso*" de Vico e Joyce nos lábios de Riobaldo. O esquema circular, da narrativa que propõe um retorno sobre si mesma, não está afastado da estrutura do *Grande Sertão*. A palavra "nonada", a primeira a aparecer, é também uma das últimas da última página, que termina com o símbolo do infinito. No *Finnegans Wake*, a sentença final ("*A way a lone a last a loved a long the*") tem continuação na primeira do romance ("*riverrun past Eve and Adarris*" etc.). Por sua vez, o poema de Mallarmé, cujo derradeiro verso é "*Toute pensée émet un coup de dés*", se inicia com as palavras "*un coup de dés*". Em todos esses casos, se dá a elisão da estrutura linear (princípio-meio-fim) e da unidade temporística, que cedem lugar a uma forma aberta, atemporal, aperspectívica. Guimarães Rosa tem consciência disso:

Digo: o real não está na saída nem na chegada: ele se dispõe para a gente é no meio da travessia. (pp. 62-3)

Comigo, as coisas não têm hoje e ant'ontem nem amanhã: é sempre. (p. 134)

A comparação exaustiva dos textos de Joyce e Guimarães Rosa constituiria, por si só, matéria para um estudo independente, que refoge aos nossos propósitos. Deter-nos-emos aqui, em particular, no exame de um processo estilístico que nos permite abordar o *Grande Sertão* sob uma perspectiva nova e, a nosso juízo, de interesse não apenas para a sua compreensão estética como semântica: a tematização "musical" da narração.

Quem, em primeiro lugar, buscou dar ao discurso poético uma configuração específica de estrutura "musical", que superasse o mero fluxo linear, foi Mallarmé. Em "Un Coup de Dés", a articulação do poema obedece a um sistema de constelação temática. Há um tema principal seccionado em quatro subtemas (*un coup de dés... jamais... n'abolira... le hasard*), cada um deles subdividido em temas e subtemas acessórios, e todos eles inter-relacionados, produzindo em conjunto o efeito de um contraponto.

Ezra Pound aplica aos seus *Cantos* uma estrutura reminiscente da fuga musical. Certos motivos reiterados, glosados e entremeados uns aos outros, formando uma tecedura: como que sujeito, resposta e contrassujeito.

No domínio do romance, é em Joyce que vamos encontrar esse manuseio "musical" dos temas, que se em *Ulysses* segue o sistema da repetição simples, como um leitmotiv, em diferentes pontos da narração, de determinadas palavras (como "Agenbite of Inwit", o remordimento do subconsciente, que atormenta o jovem Stephen Dedalus), em *Finnegans Wake* recebe um tratamento mais denso, apresentando-se sob a forma de variações temáticas. Alguns exemplos elucidarão melhor a riqueza inventiva de que se reveste o processo nesse romance.

HCE (Humphrey Chimpden Eearwicker), que atua como personagem-tema — o *princípio masculino* em sua encarnação mais nova, o substituto de Finnegan —, é evocado centenas de vezes, por todo o livro, sempre que aparecem as três iniciais, em acróstico. Exemplos: *Here Comes Everybody, Howth Castle and Environs, Haroun Childeric Eggeberth, H_2CE_3, How Copenhagen ended, happinest childher everwere, Hush! Caution! Echoland!, How charmingly exquisite!, Homo Capite Erectus, Honour commercios energy, Hwang Chang evelytime, Hircus Civis Eblanensis, emerald canticle of Hermes* etc.

O motivo das *sete filhas do arco-íris* — ramificação do tema principal do *princípio feminino*, representado por ALP (Anna Livia Plurabelle) — exprime-se pela alusão às sete cores, desde a mera referência ao número 7 até as variações mais complexas em torno de cores e tons. Exemplos:

rudd yellan gruebleen orangeman in his violet indigonation (p. 23)

Poppy Narancy, Giallia, Chlora, Marinka, Anileen, Parme (p. 102)

what roserud and oragious grows gelb and greem, blue out of the ind of it! Violet's dyed. (p. 143)

rhubarbarous manndarin yellagreen funkelblue windigut (p. 171)

gember! inkware! chon chambre! cinsero! zinnabar! tincture and gin! (p. 182)

in their pinky limony creamy birnies and their turkiss indienne mauves. (p. 215)

A própria Anna Livia Plurabelle se manifesta através de uma infinita gama de variantes em torno de seu nome. Adaline Glasheen, em seu importante estudo *A Census of Finnegans Wake* —[8] uma espécie de índice explicativo das inúmeras personagens do romance —, subdivide as variantes da heroína principal em seis tipos básicos:

I) *Anna Livia Plurabelle* — exemplos: appy, leappy and playable; Annushka Lutetiavitch Pufflovah; Alma Luvia, Pollabella etc.;

II) *Anna Livia* — exemplos: Ann alive; Hanah Levy; An--Lyph; Abha na Life; Innalavia etc.;

III) *Anna, Annie, Anne e variações sobre esse nome* — exemplos: Anny Ruiny; annaone; annadominant; annalykeses; Gaudyanna; psychophannies; fannacies; annyma; annaversary; annettes; puttagonnianne; ninya-nanya; Annamores etc.;

IV) *Livia, Liffey e variações* — exemplos: Liber Lividus; liffopotamus; liffeyette; Missisliffi; Madama Lifay; obliffious; liffe; livy; lif; livite; liv; Levia etc.;

V) *Plurabelle* — exemplos: pleures of bells; Pia de Purebelle deplurabel; plurielled etc.;

VI) *Alp, Lap, Pal* etc. — exemplos: dalppling; alp; alplapping; lappish; alpenstuck; lapapple; alpin; pal; apl lpa; alpybecca; alpsulumply; Alpine etc.

A *voz do trovão*, que assinala a queda de Finnegan e, num outro nível, simboliza o fim da última fase (a caótica) do ciclo viconiano e o reinício da primeira (a teocrática), irrompe em diversos pontos do livro (pp. 3, 23, 44, 90, 113, 257, 314, 332, 414, 424) sob a forma de imensos polissílabos polilíngues de uma centena de letras.

Dá-se também a tematização de frases ou cadências, que adquirem, pela reiteração, a importância de um leitmotiv.

Assim, as palavras de Santo Agostinho (*O Felix Culpa!*), que aludem à falta cometida por Adão e Eva e da qual resultou a vinda do Redentor, segundo a mitologia cristã. No *Finnegans Wake* essas palavras se vinculam ao tema da *queda universal* (*The Fall*): a queda de Lúcifer, de Adão, de Napoleão, de Humpty-Dumpty, de Finnegan, de HCE, a queda de todos os homens, para os cristãos:

> O foenix culprit! (p. 23)
> O fortunous casualitas! (p. 175)
> O happy fault! (p. 202)
> O felicitous culpability, (p. 263)
> O foolish cuppled! Ah, dice's error! (p. 433)
> O, foetal sleep! Ah, fatal slip! (p. 563)
> O *ferax cupla*! Ah, fairypair! (p. 606)
> O, felicious coolpose! (p. 618)

As águas do rio Liffey reverberam com motivos próprios:

> Beside the rivering waters of, hitherandthithering waters of. Night! (p. 216)
> with the walter of, hoompsydoompsy walters of. High! (p. 373)
> Amingst the living waters of, the living in giving waters of. Tight! (p. 462)
> — Besides the bubblye waters of, babblyebubblye waters of?
> — Right. (p. 526)

Uma das cadências marcantes, em que os temas de Anna Livia Plurabelle e da recorrência do tempo (o "*corso ricorso*" de Gian Battista Vico) se entrecruzam:

> Teems of times and happy returns. The seim anew. […]
> Anna was, Livia is, Plurabelle's to be. (p. 215)
> Mammy was, Mimmy is, Minuscoline's to be. […]
> The same renew. (p. 226)

We drames our dreams tell Bappy returns. And Sein annews.
(p. 277)

— Booms of bombs and heavy rethudders?

— This aim to you! (p. 510)

Themes have thimes and habit reburns.

To flame in you. (p. 614)

Variações de HONNI SOIT QUI MAL Y PENSE:

Honeys wore camelia paints. (p. 112)

Honey swarns where mellisponds. (p. 238)

O'Neil saw Queen Molly's pants: (p. 494)

O método de tematização "musical" de Guimarães Rosa se assemelha ao de Joyce — ainda que só de muito longe se aproxime da intrincada complexidade do *Finnegans Wake*. Os temas se revestem, em muitos casos, do duplo tratamento, externo (repetição) e interno (variação sonora), sem apresentar, porém, aquela ostensiva deformação léxica dos textos joycianos.

Melhor explicando. Os motivos "musicais" do *Grande Sertão* podem elaborar-se a partir de uma frase ("O diabo na rua no meio do redomoinho", "Viver é muito perigoso") ou mesmo de uma palavra, quase sempre situada em posição sintática característica ("Nonada", "Sertão", "Travessia"). Algumas vezes esses temas se entremeiam: "Travessia perigosa mas é a da vida. Sertão que se alteia e se abaixa" (p. 510).

A frase "O diabo na rua, no meio do redemunho" é um dos grandes temas, se não o principal, pela importância que lhe dá o autor, que o situa como epígrafe do livro e ainda confirma, pela palavra de Riobaldo:

Acho o mais terrível de minha vida nessas palavras que o senhor nunca deve de renovar. (p. 233)

Surge cerca de uma dezena de vezes em pontos diferentes do romance, de quando em quando com uma pequena alteração: a palavra "demônio" em lugar de "diabo". Aliás, parece-nos mais rica essa variante pelo nexo fonético (que adquire ressonâncias semânticas no contexto) criado entre as palavras "demônio" e "redemunho": a própria maneira de grafar esse vocábulo, embora possa estar ligada à especial pronúncia da fala sertaneja, tem a vantagem de acentuar ainda mais a proximidade entre as duas palavras, eliminando o hiato de "redemoinho" (que na grafia correta só aparece uma vez, no pórtico do livro), para mais facilmente nela introjetar a palavra "demônio".

Outros temas já se apresentam sob formas mais complexas. Em parte, se trata ainda de uma frase ou uma palavra que se repete de tempos em tempos, mas há também alterações internas de ordem léxica, com valorização de determinados fonemas, de modo a sugerir, ao lado do contraponto, uma *temática de timbres*. É o caso da palavra "nonada", que constitui um tema sob o duplo aspecto da motivação recorrente e dos jogos timbrísticos em *n* e *d*. Esse tema é submetido, do ponto de vista do léxico, a um tratamento que se vincula ao processo mallarmaico a que já nos referimos (*peNULtième*) e à típica verbomontagem joyciana. Fragmentos da palavra "nonada" são disseminados e incrustados de forma a coincidir com sílabas de outras — *disjecta membra* temáticos que mantêm, de modo sub-reptício, onipresente o tema original. De resto, a palavra "nonada" — cujo significado dicionaresco é "insignificância", "bagatela" — se presta admiravelmente a esse uso, pois que coincide por homonímia com a palavra "nada", de muito maior vivência, de sorte que sua simples enunciação, mesmo sem segundas intenções, tende a gerar um conflito semântico. A inteligência de Guimarães Rosa está justamente em saber explorar as consequências ou os efeitos de tal conflito, servindo-se da ambivalência para multiplicar, coerentemente, os níveis de significado. *No nada* é bem o estado vivencial de Riobaldo, recolhido à calma situação de barranqueiro do rio São Francisco, depois de ter experimentado sua proeza épica e lírica. Em lugar da incerteza do fazer, a paz anuladora do *não fazer*. Nonada. No nada.

Damos a seguir uma lista do tema e seus desenvolvimentos, evidenciados por nossos grifos:

Nonada (pp. 9, 294, 309, 387, 571)

De certo *nadas* e *noves*. (p. 50)

Demais é que se está: muito *no* meio de *nada*. (p. 200)

Noves e *nada* eu não dissesse. (p. 348)

Nonde nada eu não disse. (p. 355)

Não. Nada (p. 398)

No nada disso não pensei: (p. 474)

O senhor nonada conhece de mim; (p. 560)

Falamos numa *temática de timbres*. Diversos críticos têm chamado a atenção para a relevância que assumem na obra de Guimarães Rosa os elementos formais da palavra. A tomada de consciência do processo de tematização "musical" e seus desenvolvimentos timbrísticos nos leva a distinguir, em meio à floresta de sons que, por 571 páginas, atravessamos no *Grande Sertão*, certas gamas girando em torno de fonemas privilegiados. Dentre estes, um predomina, algo assim como uma fonte sonora de onde dimanam os principais temas-timbres que irrigam de musicalidade a narração: o fonema representado pela letra *D*.

Não se trata, porém, de algum expediente puramente lúdico. Como acontece com Joyce, em Guimarães Rosa nada ou quase nada parece haver de gratuito. As mais ousadas invenções linguísticas estão sempre em relação isomórfica com o conteúdo.

Destarte, para bem se compreender a razão da prevalência do fonema *D* — nessa análise por assim dizer espectroscópica dos timbres do *Grande Sertão* — é preciso ir buscar o correspondente isomórfico no nível semântico da obra.

Sem querer esgotar a riqueza de planos semânticos do romance, pode-se vislumbrar uma de suas significações-chave na dúvida, a dúvida existencial, a dúvida hamletiana — ser ou não ser — que Guimarães Rosa equaciona com uma fórmula própria: DEUS OU O DEMO. E como o fonema *D* é a geratriz a partir da qual se estrutura a projeção, na linguagem, desse dilema — que não foge de ser um lance de dados —, seja-nos lícito, por nosso turno, equacionar criticamente o romance com uma fórmula à Joyce (outro mallarmaico) de trocadilho significante — UM LANCE DE "DÊS" DO GRANDE SERTÃO —, parafraseando a expressão com que David Hayman sintetiza as relações entre Mallarmé e Joyce ("um lance de dados do *Finnegans Wake*").

> Do demo? Não gloso. (p. 10)
>
> Dou, de, [...] De Deus, do demo? (p. 105)
>
> Do demo: digo? (p. 141)
>
> "De Deus? Do demo?" (p. 210)
>
> "Deus ou o demo?" (p. 397)
>
> Deus e o Demo! (p. 397)
>
> Do Demo? (p. 474)
>
> — ao Demo ou a Deus... (p. 532)
>
> Remanso do Rio largo...
>
> Deus ou o demo, no sertão... (p. 528)

Assim, tematicamente, se equaciona o "ser ou não ser" de Guimarães Rosa. Observe-se a dominância dos "dês", já presentes na fórmula básica e ainda reduplicados através das preposições adicionais. Note-se o perfeito equilíbrio formal obtido no plano da linguagem, com a utilização de duas palavras iniciadas pela mesma sílaba e de igual número de letras (o que explica por que nunca surgem nesse contexto variantes como Diabo ou Demônio). Inserindo dois vocábulos de mesmo peso, por assim dizer, um em cada prato da balança do dilema fundamental, Guimarães Rosa consegue uma plena identificação fundo-forma: isomorfismo.

Mas o tema apresenta outros desenvolvimentos e pode reverberar em notações ambíguas, envolvendo, à maneira de Mallarmé e/ou Joyce, duplicidade de sentidos:

De déu em demos, falseando. (p. 183)

onde uma leitura aguçada poderá enxergar: de deus em demos. E não será ver *demais*, porque, cerca de trezentas páginas adiante, pode-se ler:

Demos o demo... (p. 490)

Que dizer quando deparamos com o próprio Demo resumido no epíteto *Dê* (pp. 134 e 464)? Dele, que acaba sendo também, por derradeira redução eidética, *O ele* (p. 394), o *O* (p. 481) — o centro de tudo e o zero, como observou o crítico Pedro Xisto[9] —; dele — *o Dado, o Danado* (p. 397) — parece defluir, em última análise, o lance de dados, o lance de "dês" do *Grande Sertão*. Acentue-se que, muito embora apenas uma vertente da equação-dilema seja constituída pelo *Demo*, é este (e não o outro polo, o positivo, Deus) que está presente no tema-epígrafe do livro: "o Diabo na rua no meio do redemoinho". E é com ele que Riobaldo tem o encontro-desafio, na encruzilhada, à noite, o encontro com o Nada, com o Não Ser, ou seja, em termos mallarmaicos, o desafio ao Acaso. É bastante significativo que esse desafio, de que Riobaldo é o protagonista solitário no *Grande Sertão*, se verifique na ausência de todos, exceto, talvez, uma constelação:

> Nem o setestrelo, nem as três marias — já tinham afundado. Mas o cruzeiro ainda rebrilhava a dois palmos, até que descendo. (p. 397)

O encontro de Riobaldo com o Demo — como o duelo do Mestre com o Acaso, no poema de Mallarmé — implica, ao mesmo tempo, uma vitória (realização) e uma derrota (a persistência da Dúvida): *"un coup de dés jamais n'abolira le hasard"* —[10] *"excepté peut-être une constellation"* — *"toute pensée émet un coup de dés"*, em confronto com:

> Digo ao senhor: o diabo não existe, não há, e a ele eu vendi a alma… Meu medo é este. A quem vendi? (pp. 456-7)

Ao termo desse encontro, um final mallarmaico:

> As coisas assim a gente mesmo não pega nem abarca. Cabem é no brilho da noite. Aragem do sagrado.
> Absolutas estrelas. (p. 398)

O *não ser* que é o Demônio origina, aliás, de per si, um dos temas ou subtemas importantes do livro. O Demônio é denominado "um-que-não-existe" (p. 135), e de novo, com maior ênfase, "o-que-não-existe! Que não existe, que não, que não, é o que minha alma soletra" (p. 285). Dentre as principais variações deste tema acessório contam-se as seguintes:

Quem que não existe, o Solto-Eu, o Ele... (p. 394)

[...] era que o Demônio mesmo sabe que ele não há, só por só, que carece de existência. (p. 442)

E o Diabo não há! Nenhum. (p. 455)

Digo ao senhor: o diabo não existe, não existe, não há e a ele eu vendi a alma... Meu medo é este.

A quem vendi? Medo meu é este, meu senhor: então, a alma, a gente vende, só, é sem nenhum comprador... (p. 457)

Pelejei para recordar as feições dele, e o que figurei como visão foi a de um homem sem cara. Preto, possuindo a cara nenhuma, feito se eu mesmo antes tivesse esbagaçado aquele oco, a poder de balas. (p. 546)

que o Diabo não existe. (p. 571)

o Diabo não há! (p. 571)

O dualismo *ser/não ser*, *Deus/Demo*, é mais um ponto de contato, no plano semântico da obra, com o *Finnegans Wake*. O romance de Joyce, como observaram J. Campbell e H. M. Robinson,[11] é todo ele calcado em polaridades primordiais, em "antagonismos mutuamente suplementares": o princípio masculino e o princípio feminino, HCE e ALP, o "conflito fraterno" dos irmãos Shem e Shaun, o Tempo e o Espaço, a Forma e a Matéria etc.

Incidentalmente, a propósito da valorização do fonema D (que, como é evidente, não pode ter para Joyce, trabalhando com outra estrutura linguística, o mesmo valor que tem para Guimarães Rosa), podem-se citar duas passagens de *Finnegans Wake* que buscam condensar toda uma cosmogonia, todo um ciclo vital (do dia à noite, da menina à mulher) por meio de aliterações em D:

Still we know how Day the Dyer works, in dims and deeps and dusks and darks. (p. 226)

In the Dee dips a dame and the dame desires a demselle but the demselle dresses dolly and the dolly does a dulcidamble. (p. 226)

[No Dê dorme uma dama e a dama deseja uma donzela e a donzela donaira uma dona e a dona desanda em dulcidança.]

Mas não se encerra no círculo vicioso da alternativa "Deus ou o Demo" esse lance de *dês*. Daí ele reverbera, para adquirir novas ressonâncias no personagem-enigma que é Diadorim, com sua natureza ambígua dividida entre Deus e o Demo, *demidivina* (se nos perdoa o autor ajuntar esse mau diamante ao diadema de dês de Diadorim).

O tema-timbre de Diadorim mereceria por si só um capítulo à parte. O nome do personagem possui já um valor específico. Não foi escolhido ao acaso. Não rotula — ou denota — simplesmente o personagem a que está aderido. É isomórfico em relação à personalidade do personagem. Verifica-se aqui uma espécie de fisiognomonia semântica, como ocorre, aliás, mas sem a mesma complexidade, com Riobaldo — como não enxergar nesse nome a etimologia de invenção Rio + baldo (frustrado?).[12]

Há que começar, pois, pela análise dos elementos que compõem o nome DIADORIM. Trata-se, é bem de ver, de um apelido, obtido por deformação do nome verdadeiro — DEODORINA — e onde o trabalho de conscientização do autor se processou, portanto, forçosamente, na eleição das alterações.

É ponto pacífico, na crítica da obra de Guimarães Rosa, a observação da preeminência que assume em sua estilística o processo da *afixação*.[13] Prefixos e sufixos são agregados aos vocábulos ou neles explicitados para multiplicar ou acentuar seus significados. Tenha-se presente tal processo na análise que vamos intentar.

Esse nome — DIADORIM — é um caleidoscópio em miniatura de reverberações semânticas, suscitadas por associação formal.

Arrostando o perigo de uma simplificação, tentamos desmontar o aparelho vocabular, obtendo os seguintes fragmentos básicos, alinhados em dois grupos:

a) Dia + adora
               + im
b) Diá + dor

Assim, em dois planos de significado (deus ou o demo, sempre) se bifurca, desde o nome, essa criatura "que nasceu para o dever de guerrear e nunca ter medo, e mais para muito amar, sem gozo de amor…".

O que existe de *ser* e amor em Diadorim é representado pela vertente a) *Dia* + *adora*. O que há de não ser, pela vertente b) *Diá* (diabo) + *dor*.

Ao leitor poderá parecer arbitrária essa desarmação analítica de um nome aparentemente abstrato, sem conotações. Sugere-a, todavia, o próprio texto. Se não, vejamos.

O vocábulo "dia" aparece associado a Diadorim na p. 149:

Dia de lua. O luar que põe a noite inchada.
Reinaldo, Diadorim, me dizendo que este era real o nome dele.

O amor de Riobaldo por Diadorim, tema de todo o livro, dispensa comprovantes para a sugestão do vocábulo "adora".

Não temos dúvidas em ver no *Diá* de Diadorim uma referência ao Diabo. O amor condenado que Riobaldo nutre por Diadorim lança-o, frequentemente, na indagação da procedência (demoníaca?) de seu sentimento:

Então o senhor me responda: o amor assim pode vir do Demo? Poderá?! Pode vir de um-que-não-existe? (p. 133)

E para desfazer quaisquer resquícios de suspeita de que estejamos forçando uma interpretação, certifique-se o leitor: o diabo é tratado de *diá*, à p. 40, num contexto, aliás, que diz respeito a Diadorim; à p. 553, Diadorim é também chamado de *Diá*!!! Positivamente, é mais do que uma coincidência:

> quem-sabe, a gente criatura é tão ruim, tão, que Deus só pode às vezes manobrar com os homens é mandando por intermédio do *diá* [...] Deamar, deamo... Relembro Diadorim. (p. 40)
> — "... Mas, porém, quando isto tudo findar, *Diá, Di*, então, quando eu casar, tu deve de vir viver em companhia com a gente, numa fazenda, em boa beira do Urucuia..." (p. 553)

O elemento *dor* é ínsito à situação amorosa Riobaldo-Diadorim. Ouça-se Riobaldo comparando o amor de Otacília com o amor de Diadorim:

> Vem horas digo: se um aquele amor veio de Deus, como veio então — o outro? Todo tormento. Comigo, as coisas não têm hoje e ant'ontem amanhã: é sempre. Tormentos. (p. 134)

Quem se dispuser a pesquisar o uso do sufixo *im* nas páginas do *Grande Sertão*, há de verificar que ele aparece principalmente na figura de metaplasmo, por subtração de sons — apócope —, abreviando diminutivos terminados pela desinência *inho*: *Pois essezinho, essezim,* (p. 14); *de pouquinho em pouquim* (p. 15); *riachim* (p. 272); *dioguim* (p. 423); *diachim* (p. 428). Surge, ainda, como forma apocopada de um substantivo terminado em *ino* (*assassino*): *assassim* (p. 18). Em todos esses casos, trata-se de palavras do gênero masculino. Observa-se, porém, que o autor usa igualmente o mesmo sufixo, sempre sob a forma de apócope, na abreviação de palavras do gênero feminino, com terminação correspondente à das do gênero oposto: é o caso de *neblim* (p. 142), ou *neblim-neblim* (p. 508), por neblina. Ouvindo pela primeira vez, inadvertidamente pronunciado por Riobaldo, o apelido de Reinaldo (mantido em segredo entre ambos), um companheiro de cangaço, o Quipes, achou graça: "*Dindurinh*'... Boa apelidação..." — ao que comenta Riobaldo: "Falava feito fosse o nome de um pássaro" (p. 553), fazendo associação, provavelmente, com andorinha. Como subsídio, lembre-se também a palavra "lanternim" (lanterninha), na novela "Dão-la-la-lão", em *Corpo de baile* (p. 536). Quer isso dizer que Guimarães Rosa se utiliza do sufixo *im*, como apócope das terminações *inho*, *inha*, *ino*, *ina*, indiferentemente ao gênero que expressem. Daí que, a nosso ver, o emprego daquele sufixo em Diadorim envolve tal nome próprio numa imprecisão de gênero que está em relação isomórfica com o personagem. "Diadorim é a minha neblina" (p. 25), diz Riobaldo, e nessa frase antecipa e sugere, por dentro mesmo da linguagem, num jogo cambiante de sufixos e de gêneros, a chave existencial desse personagem.

Não cremos ter superestimado a importância que Guimarães Rosa deu à elaboração do nome Diadorim. O processo de metamorfose etimológica, posto em prática pelo escritor em muitas oportunidades, é enfatizado textualmente quando Riobaldo se refere ao nome do "alemão Vupes":

E como é mesmo que o senhor fraseia? *Wusp*? É. Seo Emílio Wuspes... *Wúpsis*... Vupes. Pois esse Vupes [...] (p. 69)

É de Pedro Xisto esta revelação, obtida numa conversa pessoal com o romancista:

A este seu leitor e comentarista, disse uma vez o Autor que certos nomes próprios decidiam dos respectivos personagens e que certas estórias foram profundamente alteradas sob essa onomástica ação-de-presença. ("Dão-la-la-lão", assim, por causa de Doralda em *Corpo de Baile*, op. cit., pp. 465-553)

Em seus próprios textos, Guimarães Rosa se encarrega de sugerir esse excepcional poder de atuação que atribui a alguns nomes:

— Até o nome de Doralda, parece que dá um prazo de perfume.
("Dão-la-la-lão", em *Corpo de Baile*, p. 539)
Diadorim — o nome perpetual.
(*Grande Sertão: Veredas*, p. 350)

A "ação de presença onomástica" de Diadorim se faz sentir, de resto, em todas as passagens em que aparece mencionado "o nome perpetual", reverberando pelas áreas circunvizinhas, ora sutilmente, através de uma incidência maior de fonemas em *d*, ora de maneira mais explícita, pelo emprego da rima em *im*. São pegadas sonoras que assinalam com um timbre inconfundível a presença do personagem, como que a prolongar seu "prazo de perfume".

Alguns exemplos de reverberações timbrísticas em *d*:

Diadorim, duro sério (p. 29)
Diadorim também disso não disse (p. 35)
Deamar, deamo… Relembro Diadorim. (p. 40)
Suasse saudade de Diadorim? (p. 68)
receber mando dele, doendo de Diadorim ser meu chefe, nhem, hem? (p. 79)
Digo, Diadorim. (p. 152)
Desistir de Diadorim, foi o que eu falei? Digo, desdigo. (p. 177)
dó de Diadorim (p. 186)
Diadorim nada não me disse. (p. 188)

Desde, Diadorim (p. 244)

Desdenhei Diadorim. (p. 334)

Delongando, ainda restei com a pedra-de-safira na mão, aquilo dado e tomado. Donde declarei:

— "Escuta, Diadorim: […]"

[…] e os olhos davam o que deitavam. (p. 355)

Contemplei Diadorim, daquela distância. (p. 465)

Eu despropositava: — Diadorim é doido… — eu disse. (p. 533)

O que vendo, vi Diadorim — movimentos dele. Querer mil gritar, e não pude, desmim de mim mesmo, me tomava numas ânsias. (p. 558)

E disse...

Diadorim — nu de tudo. E ela disse: — "A Deus dada. Pobrezinha…"

E disse. Eu conheci! (p. 563)

Note-se que, geralmente, os *dês* circunjacentes surgem aos pares, reduplicados, em paralelismo com o tema-timbre *Diadorim*; por outro lado, a incidência do fonema não ocorre apenas no início das palavras, atuando também internamente; assim, nos exemplos: "[…] man*do* *de*le, *do*en*do* *de* *Dia*do*rim*" (p. 79) e "Suasse sau*dade* *de* *Dia*do*rim?*" (p. 68).

As rimas em *im* (muito especialmente a palavra "mim"), circulando em torno de Diadorim, são copiosas e marcantes. Em dado momento, uma expressão de Riobaldo — "Diadorim tomou conta de mim" — faz lembrar o efeito coincidente que conseguiu em poesia, também com um nome próprio, Oswald de Andrade, em seu "Cântico dos Cânticos para Flauta e Violão":

Toma conta do céu
Toma conta da terra
Toma conta de mim
Maria Antonieta D'Alkmim

Exemplos do *Grande Sertão*:

Diadorim queria o fim. (p. 31)

Diadorim era assim. (p. 37)

Fiz: fui e me deitei no mesmo dito pelego, na cama que ele Diadorim marcava no capim, (p. 167)

Quem era assim para mim Diadorim? (p. 172)

o que Diadorim viveu presente mim. (p. 177)

Diadorim perto de mim (pp. 185, 193)

Vim. Diadorim nada não me disse. […] Diadorim e eu viemos, vim; (p. 188)

e risquei de mim Diadorim. (p. 219)

era Diadorim que chegando, ele já parava perto de mim. (p. 225)

Agora eu tinha Diadorim assim (p. 226)

Dizendo, Diadorim se arredou de mim (p. 441)

E o que Diadorim me disse principiou deste jeito assim: (p. 501)

Outro fonema que dá origem a uma poderosa vertente de timbres-temáticos é o representado pela letra *n*. Vinculado quase sempre ao tema semântico da *negativa*,[14] do *não ser*, ele figura, reduplicado — com maior peso portanto — na palavra "nonada", em embate com o fonema *d*. E irrompe num belíssimo movimento musical-explosivo à p. 79, quando Riobaldo se recusa a aceitar a chefia de Diadorim:

Num nu, nisto, nesse repente, desinter*no* de mim um *nego* forte se saltou! *Não.* Diadorim, *não.*

Nunca que eu podia consentir. *Nanje* pelo tanto que eu dele era louco amigo, e concebia por ele a vexável afeição que me estragava, feito um mau amor oculto — por mesmo isso, *nimpes nada,* era que eu *não* podia aceitar aquela transformação; *negócio* de para sempre receber mando dele, doendo de Diadorim ser meu chefe, *nhem*, hem? *Nulo* que eu ia estuchar. *Não*, hem, clamei — que como um sino desbadala:

— "Discordo." [grifos nossos]

De passagem, assinale-se, com menção ao processo mallarmaico (penultième), a contaminação da palavra "negócio" pela negação, que deforma e transforma a palavra, fazendo-a vibrar com outro significado além do habitual. Observe-se, ainda, a presença sub-reptícia do tema-timbre *Diadorim*, entremeando-se ao principal: … desinterno de mim… Diadorim… mando dele, doendo de Diadorim… desbadala… Discordo.

Um fluxo de *n* e *d*, desgarrados de *nonada*, surge à p. 331, numa cascata abrupta de repetições:

— Pois é, Chefe. E eu sou nada, não sou nada, não sou nada… Não sou mesmo nada, nadinha de nada, de nada… Sou a coisinha nenhuma, o senhor sabe? Sou o nada coisinha mesma nenhuma de nada, o menorzinho de todos. O senhor sabe? De nada. De nada… De nada…

Já nos referimos antes aos grandes temas do livro. Dentre estes examinamos, detidamente, *nonada* e *o diabo na rua no meio do redemunho*. Da mesma natureza deste último é o *viver é muito perigoso*, que conta com maior índice de recorrências (pp. 12, 18, 26, 35, 48, 82, 90, 224, 255, 295, 473, 550); ligeiras variantes: "Viver é negócio muito perigoso…" (p. 12); "Viver é muito perigoso?" (p. 35); "Viver é etc." (p. 90); "Porque viver é muito perigoso…" (p. 473); "Viver — não é? — é muito perigoso." (p. 550). Subtemas: "Contar é muito, muito dificultoso." (p. 175); "Tudo, nesta vida, é muito cantável." (p. 459).

Especial destaque merecem os temas *travessia* e *sertão*. Ambos se configuram, por vezes, pela simples enunciação da palavra, geralmente isolada, ao termo de um longo período; outras vezes, participam de frases-conceitos de capital importância. Assim, *travessia*:

> Digo: o real não está na saída nem na chegada: ele se dispõe para a gente é no meio da travessia. (p. 63)
> Aquilo era a tristonha travessia, pois então era preciso. (p. 220)
> Travessia de minha vida. (p. 274)
> Travessia, ali, podia ser perigosa, (p. 289)
> Travessias... (p. 293)
> Travessias, Deus no meio. (p. 299)
> a travessia (p. 457)
> Travessia — do sertão — a toda travessia. (p. 473)
> Travessia perigosa mas é a da vida. Sertão que se alteia e se abaixa. (p. 510)
> Travessia. (p. 571)

O tema *sertão*, numa passagem que é um dos momentos ápices do livro, é reduzido, fenomenologicamente, ao fonema *S*, ao mesmo tempo que se estabelece uma associação reveladora: SERTÃO-SATÃ (este último vocábulo, como que sotoposto àquele):

> — e então, eu ia denunciar o nome, dar a cita: ... *Satanão! Sujo!* e dele disse somentes — *S... — Sertão... sertão...* (p. 556)

Atente-se para a contaminação do advérbio "somente" (teoricamente invariável), que ganha um *s* pluralizante, e assim, com dobrada ênfase, preludia a explosão do *s* isolado e das palavras finais.

Alinhamos, a seguir, as principais recorrências do tema:

> Sertão. O senhor sabe: sertão é onde manda quem é forte, com as astúcias. (p. 20)
> Sertão. Sabe o senhor: sertão é onde o pensamento da gente se forma mais forte do que o poder do lugar. (p. 26)

Sertão: estes seus vazios. O senhor vá. (p. 31)

O Sertão é do tamanho do mundo. (p. 71)

… Um grande sertão! (p. 96)

… Sertão. (p. 134)

… Sertão. (p. 285)

Sertão é sozinho. (p. 292)

Sertão: é dentro da gente. (p. 293)

O Grande Sertão é a forte arma. Deus é um gatilho? (p. 324)

Sertão, — se diz —, o senhor querendo procurar, nunca não encontra. (p. 360)

O Sertão: o senhor sabe. (p. 368)

Só que o sertão é grande ocultado demais. (p. 475)

"O Sertão vem?" Vinha. Trinquei os dentes. Mordi mão de sina. (p. 528)

Sei o grande sertão? Sertão: quem sabe dele é urubu, gavião, gaivota, esses pássaros: eles estão sempre no alto, apalpando ares com pendurado pé. (p. 540)

Definida por essas linhas mestras temáticas se desata, de um emaranhado de constelações sonoras, a tecedura musical do *Grande sertão*.

Não é sem motivo que uma das muitas construções aliterativas de Guimarães Rosa:

Exponho ao senhor que o sucedido sofrimento sobrefoi já inteirado no começo; (p. 47)

relembra o verso antigo:

Sols sui qui sai lo sobrafan que'm sortz
Al cor d'amor sofren per sobramar,

[Somente eu sei o sobrafã que sente
o coração de amor sofrente à sobramar,]

do poeta provençal Arnaut Daniel, tido por Dante como "*il miglior fabbro del parlar materno*" e por Ezra Pound — que o redescobriu para a crítica moderna — como o mestre da melopeia.

O repertório de efeitos sonoros do *Grande Sertão* é imenso. Quase inesgotável. Não cabe aqui senão apontar um ou outro exemplo, à guisa de ilustração complementar.

Da pura aliteração parte Guimarães Rosa para os mais sutis efeitos melopaicos. Assim, as trocas timbrísticas da frase grifada:

> Tive pena do pescoço de meu cavalo — *pedação, tábua suante, padecente*. (p. 51)

Ou as metamorfoses associativas da palavra "medo", jungida a palavras de diferente área semântica, como "medir", "meditado", "mediano":

> E medo, meu, medi muito maior. (p. 68)
> ... medo meditado. (p. 176)
> Mas medo, tenho: mediano. (p. 295)

Perceba-se a transição da *seriedade* para o *riso*, realizada *por dentro da* linguagem, no trecho seguinte:

> Semi*sério* ele *se riu*. (p. 326)

Uma descrição que tem a imediatidade de um flash:

> a moça clara de cara larga (p. 355)

Aqui, o efeito translúcido da apresentação é obtido, habilmente, pela disseminação da palavra "clara" em duas outras, "cara" e "larga", que agem, por assim dizer, como um amplificador ótico-

-acústico, trazendo para mais perto dos sentidos a imagem projetada.

Prosseguir na exemplificação acabaria por implicar um novo estudo. Paremos por aqui, *"em funil de final"*, anotando ainda uma vez que, nesse mundo de melopeia em cuja criação se empenhou, não há dúvida de que Guimarães Rosa se aproxima de James Joyce. Traçar essa afinidade não significa diminuir em nada a obra inventiva do autor nacional. Ao contrário, é situá-la no ápice da criação literária contemporânea.

Dir-se-á que Guimarães Rosa não foi tão longe quanto Joyce nos experimentos linguísticos. É certo. Mas, em compensação, nenhum outro prosador em nossa língua se avizinhou tanto do grande escritor irlandês. E se Joyce parece mais "difícil", em virtude do maior radicalismo de suas pesquisas, convém não esquecer que ele escolheu para campo de ação os idiomas universais, num "panaroma" linguístico que o projeta num nível internacional de comunicação. Ao passo que Guimarães Rosa opera com a língua portuguesa, circunscrevendo-se nesta a uma linguagem aproximativa, de caráter basicamente regional, para a reinvenção de seu idioma sui generis. O que o deixa em desvantagem, do ponto de vista de uma audiência universal.

De outra parte, é fundamental compreender que Guimarães Rosa reabilita o romance brasileiro em seu aspecto estético. Os exemplos que apresentamos da estilística estrutural e verbal do *Grande Sertão* bem demonstram que estamos em presença de um prosador que é, acima de tudo, um *inventor*.

A cogitação das consequências do romance de Guimarães Rosa para o futuro da prosa de ficção brasileira já nos levaria a um outro problema. E, "sem presumir do futuro", queremos acreditar que a obra de Guimarães Rosa se situe menos como início do que como termo de um ciclo, que, sem ela, ficaria em suspenso, imperfeito. Num certo sentido, ainda aí, a Guimarães Rosa parece reservado o destino de Joyce, de quem se disse ser o autor de "um romance para acabar com todos os romances". O fim do ciclo artesanal do romance. E o que se perguntaria, no limiar de uma nova fase, seria: até que ponto é ainda possível fazer um *romance*, por maior extensão que se queira dar à palavra, em sua velha acepção?

Este, porém, não é o objeto do presente estudo. E, de qualquer forma, deixemos isso claro. Doravante, ninguém poderá construir qualquer coisa em prosa brasileira, pretendendo ignorar *Grande Sertão: Veredas*. E quando se considera a situação geral da ficção nacional, onde de um lado pontificam os romances ingenuamente realistas e caricato-regionais, de outro lado o grupo pretensioso dos intimistas alienados, a figura de Guimarães Rosa avulta com desmesurada grandeza, isolando-se, muito acima das demais.

Em vez do realismo simplista e simplório, em vez do subjetivismo delirante e falsamente revolucionário, dá-nos Guimarães Rosa algo de positivo e palpável. "*Che si può mangiare*", como diria Ezra Pound. Uma experiência de convívio com as palavras, as coisas e os seres que reduz a maior parte da prosa de ficção em nossa língua ao estado de subliteratura.

NOTAS

1. Harry Levin, *James Joyce, A Critical Introduction*. Norfolk, CT: New Directions, 1941, p. 194.

2. Só em 1964, cinco anos depois de publicado pela primeira vez este trabalho, a Difusão Europeia do Livro reeditou as *Memórias Sentimentais de João Miramar*, sob os cuidados de Haroldo de Campos. A primeira edição saíra em 1924. *Serafim Ponte Grande* (1933) só teve sua segunda edição em 1971.

3. David Hayman, *Joyce et Mallarmé*. Paris: Lettres Modernes, 1956. 2 v. Sobre esse livro, consulte nosso artigo "O Lance de Dados do *Finnegans Wake*", publicado no Suplemento Literário n. 109 (ano III), de *O Estado de S. Paulo*, 29 nov. 1958, e republicado em *Panaroma do Finnegans Wake*, de Augusto e Haroldo de Campos (Comissão Estadual de Literatura, Coleção Ensaio, v. 23, 1962, pp. 75-80). (*O Panaroma* foi republicado pela editora Perspectiva em 1971.)

4. Robert Greer Cohn, *Un Coup de Dés: An Exegesis*. New Haven: Yale French Studies Publication, 1949; *L'Oeuvre de Mallarmé: "Un Coup de Dés"*. Trad. do inglês inédito por René Arnaud. Paris: Librairie "Les Lettres", 1951.

5. Oswaldino Marques, "Canto e Plumagem das Palavras", em *A Seta e o Alvo*. Rio de Janeiro: MEC, Instituto Nacional do Livro, 1957, pp. 112-3. Embora reconhecendo méritos no trabalho de Oswaldino Marques sobre Guimarães Rosa, não podemos deixar de manifestar, *en passant*, nossa discordância quanto aos conceitos emitidos por esse ensaísta a propósito de James Joyce, quer quando o acusa, gratuitamente, de gratuidade, à p. 113, quer quando assevera, à p. 143, que *Finnegans Wake* "é uma gigantesca obra falhada, para sempre interdita à inteligência" [sic]. Se é verdade que o texto joyciano apresenta inquestionáveis dificuldades à sua integral compreensão, não é menos certo que, depois dos estudos exegéticos de Harry Levin, Edmund Wilson, J. Campbell e H. M. Robinson, Adaline Glasheen e tantos outros, que eliminaram as dúvidas mais essenciais para o entendimento do *Finnegans Wake*, afirmações como as acima citadas não podem ser levadas a sério. Curioso é assinalar que justamente as três grandes cosmogonias literárias de nossa era — "Un Coup de Dés", *Finnegans Wake*, *Os Cantos* — foram, cada qual a sua vez, estigmatizadas pela crítica acadêmica como "obras falhadas". Entre nós não faltou quem, seguindo o mesmo ingênuo ritual, se referisse a *Grande Sertão: Veredas* como "um romance para filólogos".

6. Lewis Carroll, *Alice Através do Espelho*, continuação de *Alice no País das Maravilhas*. Humpty-Dumpty, o ovo-personagem de *Alice Através do Espelho*, se apresenta como o autor de "Jabberwocky" e inventor das "palavras *portmanteau*". O texto e a tradução desse poema podem ser lidos em *Panaroma do Finnegans Wake*, de Augusto e Haroldo de Campos.

7. Os números de páginas mencionados neste estudo se referem, no caso de *Finnegans Wake*, à edição da Faber & Faber; e no caso de *Grande Sertão*: *Veredas*, à segunda edição (texto definitivo) da Livraria José Olympio Editora. Para uma compreensão mais perfeita dos fragmentos joycianos, consulte o *Panaroma do Finnegans Wake*, já citado.

8. Adaline Glasheen, *A Census of Finnegans Wake: An Index of the Character and Their Roles*. Londres: Faber & Faber, 1957.

9. Pedro Xisto, *A Busca da Poesia*, publicado originalmente como uma série de artigos na *Folha da Manhã*, São Paulo, 1957. (Republicado na *Revista do Livro*, n. 21-2, Rio de Janeiro, mar.-jun. 1961. E em Augusto de Campos; Haroldo de Campos; Pedro Xisto, *Guimarães Rosa em Três Dimensões*. São Paulo: Conselho Estadual de Literatura, Comissão Estadual de Literatura, 1970. n. 66.)

10. *Le Hasard* — o demônio do acaso — não deixa de perseguir também a Guimarães Rosa: "Ao que, digo ao senhor, pergunto: em sua vida é assim? Na minha, agora é que vejo, as coisas importantes, todas, em caso curto de acaso foi que se conseguiram — pelo pulo fino de sem ver se dar — a sorte momenteira, por cabelo por um fio, um clim de clina de cavalo" (pp. 120-1).

11. Joseph Campbell; Harry Morton Robinson, *A Skeleton Key to Finnegans Wake*. Londres: Faber & Faber, 1947, p. 21.

12. A vivência etimológica do nome Riobaldo (Rio-baldo) não escapou à observação de M. Cavalcanti Proença em seu estudo *Trilhas do Grande Sertão* (*Cadernos de Cultura*, Serviço de Documentação do Ministério da Educação, 1958, p. 14). A propósito de nomes próprios, lembre-se, ainda, este significativo diálogo que ocorre entre Alice e Humpty-Dumpty: "'Must a name mean something?', Alice asked doubtfully. 'Of course it must', Humpty-Dumpty said with a short laugh: 'My name means the shape I am'". (Lewis Carroll, *Alice Através do Espelho*).

13. Consultar, para uma análise pormenorizada da técnica da afixação em Guimarães Rosa, as obras precitadas, *A Seta e o Alvo*, de Oswaldino Marques, e *Trilhas do Grande Sertão*, de M. Cavalcanti Proença.

14. Como já observava João Ribeiro (*Curiosidades Verbais*, 1927), a negativa é, em regra, uma expressão nasal: "A repulsa faz-se necessariamente por um movimento expiratório e nasal: [...] Assim se diz em todas as línguas: non, ne, no, not, nein, nicht, nunquam, nunca, nada, nenhum, nie, nem, neny etc. Os nossos índios diziam *intio, timan*. Bem dizia o padre Vieira, analisando o palíndromo da negativa *non*: 'Terrível palavra um *non*, não tem direito nem avesso...'".

2. Mário Faustino, o Último *Versemaker* *

1

É difícil, ainda, fazer-se uma análise serena da obra de Mário Faustino. Particularmente para nós, seus companheiros de geração, que ainda não conseguimos assimilar de todo o acaso bárbaro que fez dele, quando tinha apenas 32 anos, um morto prematuro, como aquele Elpenor, de Homero & Pound (Canto 11 da *Odisseia*, Canto 1 dos *Cantares*): "Elpenor, nosso amigo Elpenor,/ Insepulto, largado na terra larga,/ [...] sem pranto, sem manto,/ [...] Um homem sem fortuna e um nome por fazer".

Foi tão chocante essa morte e é tão grande a lacuna deixada por Faustino nas letras brasileiras que é preciso certo esforço para dominar a simpatia e solidariedade e partir para uma avaliação rigorosa do que foi sua poesia. Ei-la, porém, de novo para nós,

---

* Publicado originalmente no Suplemento Literário de *O Estado de S. Paulo*, 12 e 19 de agosto de 1967, primeira versão abreviada: "Mário Faustino e o Nó Mallarmaico", *Correio da Manhã*, 15 de janeiro de 1967.

nova para a maioria dos leitores.[1] Urge revê-la com a maior objetividade. Faustino não toleraria o elogio fácil, como não aceitaria também — estou certo — a piedade: "piedade que poupa tanta coisa vil".

O volume compreende, além da reedição de *O Homem e sua Hora,* poemas publicados em jornais e revistas e alguns inéditos: praticamente toda a poesia deixada por Mário Faustino. Somada aos cinco ensaios republicados, postumamente, em livro,[2] esta constitui apenas uma pequena parcela de suas realizações literárias, que abrangem grande número de traduções, em prosa e verso, *reviews* e estudos críticos, a maioria dos quais publicada no Suplemento Dominical do *Jornal do Brasil,* entre 1956 e 1958, na página semanal que Faustino apresentava sob o título de "Poesia-Experiência". Restam, portanto, ainda não recolhidos em livro, numerosos trabalhos importantes, cuja divulgação é indispensável para que possa emergir totalmente a personalidade desse poeta que se dedicou também à tradução e à crítica, atividades em que atingiu nível raramente alcançado entre nós.[3]

O Homem e sua Hora, único livro publicado em vida por Mário Faustino, é de 1955. Saído, pois, quando já se desencadeavam os primeiros lances do movimento que iria resultar na *poesia concreta*, parecia ter chegado um pouco tarde e era natural que fosse acolhido com reservas pelos grupos que se formavam em São Paulo e no Rio, às vésperas da eclosão daquele movimento. "*Fictio rethorica in musica posita*", me escrevia, a propósito dele, o crítico Oliveira Bastos, em fins de 1955. A mim não me parecera muito diferente. A poesia de Faustino não era inovadora. Com seu giro rítmico em torno do decassílabo, seu tributo ao soneto e seu lastro metafórico, quase se poderia dá-la como fruto tardio, se não da "geração", pelo menos do "espírito" de 1945, não se distinguisse o poeta por uma formação diversa, muito mais poundiana do que eliotiana, e por um certo alento barroco, aberto à experimentação e à rebeldia, que sempre faltou às aspirações mais "classicizantes" daquela época literária.

Do background poético de Mário Faustino, feito de amplos conhecimentos da literatura universal (lida no original), sobressaíam, como parâmetros ou marcos influenciadores, duas figuras conflitantes de poeta, Ezra Pound e Jorge de Lima, conforme assinala com precisão Benedito Nunes. A obra de Pound orientou a parte mais lúcida, madura e definida do poeta — sua crítica pragmática de poesia, fulcrada no "método ideogrâmico" (crítica "via" comparação e tradução), que exercia com espantosa agilidade. Faustino reabilitou o *review*, com seu desabusado *scholarship* jornalístico, sua preceptística de massa, na base polêmica e descontraída do *ABC of Reading*. "Não estamos escrevendo nos papiros da eternidade", advertia, "e sim no barato papel de um jornal vivo: o que nos interessa é instigar, provocar, excitar, em certas direções, a mente do leitor competente. Preferimos escrever num laboratório a escrever num templo."

Na poesia de Mário Faustino, a presença de Pound se faz sentir mais exteriormente, como observou o próprio Faustino na percuciente autoanálise de sua posição em "Um Ano de Experiência em Poesia" (Suplemento Dominical do *Jornal do Brasil*, 6 de outubro de 1957): "Espero, também, não vir a cair, eu mesmo, na mera imitação de Pound. Até agora não caí: minha poesia, a falar propriamente, e guardadas as proporções, pouco ou nada tem a ver com a dele". É a presença de Jorge de Lima e de poetas subjetivistas, bárdicos, cantores, do amor e da morte, e sempre bons artesãos, como Hart Crane ou Dylan Thomas, em "seu ofício ou arte soturna e noturna", que irá predominar ao longo de seu caminho poético, mesmo depois de *O Homem e sua Hora*, quando o poeta recebeu o influxo (benéfico, creio eu) da *poesia concreta*.

No entanto, algo da poesia de Pound se insinua em "Mensagem", o poema que abre a série "Disjecta Membra" de *O Homem e sua Hora*, numa propositada imitação da dicção de "Envoi", do "Hugh Selwyn Mauberley" (que por sua vez parodia Edmund Waller), poema que Faustino traduziu magnificamente.[4] Pound retorna ainda, sob invocação direta ("Ezra, trazem mais putas para Elêusis") ou indireta, no poema final que deu nome ao livro. Aí comparecem alguns dos lemas confucianos ressuscitados por Pound: "contemplar direto ao coração, antes de agir", "a palavra precisa". Surgem, igualmente, alusões ao tema poundiano da Usura (Canto 45); ao epíteto homérico da aurora, na peculiar forma eólica (brododáktulos) evocada nos Cantos Pisanos (74 e 80) e comentada por Hugh Kenner (*The Poetry of Ezra Pound*, p. 216); às três categorias poéticas definidas por EP: fanopeia, melopeia e logopeia. Também se observa algo da técnica de incrustação de citações adotada por Pound em seus *Cantares*. Mas do ponto de vista propriamente estilístico, o poema tem muito mais a ver com Jorge de Lima, na ostensiva andadura decassilábica e na empostação do discurso poético, tributária dos *Sonetos* e da *Invenção de Orfeu* sob mais de um aspecto. Veja-se, por exemplo, aquele: "Sobra somente a luz que se concentra/ No lume de teus ouros, Lúzbel, luz" etc., que soa como um acréscimo às invocações demonológicas de Jorge de Lima, do tipo de: "E tu, grande Lusbel, guia dos guias", ou "Sagitários de flechas interiores/ urge dizer os nomes luminares: Lusbel, Lusbem, Lussom, Lusfer, Lusguia" (*Sonetos*). Observam-se, ainda, certas características posicionais dos sintagmas em versos como: "Turris ebúrnea, torre inversa, torre", que recordam linhas dos *Sonetos* ou da *Invenção de Orfeu*: "Galo sem Pedro, em pedra vivo galo"; "Inês da terra. Inês do céu. Inês". Nos fragmentos finais da obra de Mário Faustino encontraremos (eco ou alusão proposta?) aquele "vida, paixão e morte", que constitui também verso de uma passagem de *Invenção de Orfeu* (Canto III, poema XXIII), analisada por Faustino na série de artigos que escreveu sobre o poeta alagoano. Mas acima de quaisquer alusões, revérberos ou *hommages*, é a dicção poética (definida pelo uso de uma linguagem predominantemente metafórica e barroca), o padrão rítmico (girando em torno do decassílabo), o comportamento de poeta-visionário ou vidente que o aproxima, como poeta, de Jorge de Lima.

Jamais consegui levar a cabo a leitura de *Invenção de Orfeu*, livro muito mais órfico do que inventivo e que me chateia, malgrado uma ou outra solução interessante, pela inconsistência de organização e pela falta de rigor. Parece-me, ainda hoje, um equívoco, um falso poema longo: sucessão mal-ajambrada de poemas subjetivos diluídos numa enxurrada camoniana, com raras ilhas de poesia realmente nova. Depois, apesar de suas várias tentativas de renovação, Jorge de Lima é o poeta dos "retornos": retorno ao soneto, retorno a Camões, retorno ao decassílabo.

Nesse ponto, não podia concordar com a estima que Faustino devotava ao poeta, e que ficou patenteada pelo fato de dedicar nada menos do que sete de suas "páginas-experiência" à revisão de sua obra poética ("Revendo Jorge de Lima", de 28 de junho a 8 de setembro de 1957), o mesmo número que concedeu a Ezra Pound. Estima que não era compartilhada por nenhum dos jovens intelectuais que se achavam então engajados no processo de renovação da poesia da época, chamassem-se eles Haroldo de Campos ou Ferreira Gullar, Décio Pignatari ou Oliveira Bastos. E que, hoje, parecerá talvez mais extravagante a uma geração que já se definiu, francamente, no *turning point* da poesia nacional, pelo autor que Faustino apontava como o polo oposto de Jorge de Lima e que poderia — ele o admitia — ser colocado acima deste com bons argumentos: João Cabral de Melo Neto. Para Faustino, Jorge de Lima seria um "pequeno poeta maior", ao passo que Cabral, pelo menos até então, seria um "grande poeta menor".

Não que Mário tivesse por Jorge de Lima uma admiração totalmente destituída de senso crítico. Seus artigos estavam cheios de condenações à "ausência de rigor", à "falta de autocrítica" e às frequentes descaídas de "mau gosto" do autor de *Invenção de Orfeu*. Mas a despeito disso, e, ainda, de negar a esse poema uma "unidade estrutural", concluía que Jorge de Lima tinha "a mais considerável e a mais importante obra poética brasileira"; que o poeta, "o único no Brasil a ter possuído o tom e a medida do *epos*",[5] era, "com todos os seus pavorosos, arrepiantes defeitos, o maior nome de nossa poesia".

2

Nas páginas que Mário Faustino publicou sobre Jorge de Lima, encontraremos muita coisa que se poderia aplicar à sua própria poesia, em particular no que respeita ao projetado poema longo, de que nos fala Benedito Nunes e do qual só subsistem fragmentos. Para Faustino, a *Invenção de Orfeu* não era um poema épico:

> Um poema épico é por definição objetivo. Há o épico dramático. Épico lírico, subjetivo, só mesmo o falso-épico. [...] A *Invenção* é subjetiva demais. [...] Quando se diz épica a *Invenção*, está-se confundindo quantidade com qualidade. Mas os poemas órficos, não épicos, são igualmente vastos, em qualquer sentido. Eis, assim, nossa posição: a *Invenção de Orfeu* tem a medida do *epos*, mas não é épica: é órfica.

Entre os *Cantares* de Pound (o poema longo objetivo, épico) e a *Invenção de Orfeu* (o poema longo subjetivo, órfico), a razão e a catarse, pendia o projeto de estrutura poética ideado por Faustino. Mas outras características de Jorge de Lima, que respondiam, talvez, a uma afinidade eletiva profunda ou a uma necessidade interior do jovem poeta, fizeram que ele propendesse para o último modelo. Certos tópicos de sua revisão de Jorge de Lima são, nesse sentido, bastante significativos: "*Invenção de Orfeu*: a fenomenologia a caminho da ontologia. [...] A percepção criadora do futuro: magia e profecia. [...] A metáfora cria a língua. A metáfora organiza, orficamente, o mundo".

Ligado à melhor tradição da poesia por todo um projeto de didática atuante ("manter viva a poesia do passado"), vinculado ao mundo lírico-subjetivo por razões afetivas, talvez pessoais, Faustino ainda era o vate, o bardo moderno, ávido de magia e profecia, esconjurando com metáforas os descaminhos do amor, da frustração e da morte. Num ponto estava certo ou, pelo menos, tudo deu certo. Pois o poeta-vate apostou em sua destruição e acertou, conferindo o vaticínio de seus poemas com a morte brusca e bruta em plena mocidade.

Realmente, chega a ser impressionante a coincidência da temática da morte jovem na poesia de Faustino com os acidentes e as circunstâncias de seu próprio trágico fim. Já os títulos principais de seu único livro publicado parecem premonitórios: *O Homem e sua Hora*, "Disjecta Membra". E os versos, numerosos, de que dou aqui alguns exemplos: "Não morri de mala sorte/ Morri de amor pela Morte" ("Romance"). "E cai da caravana um corpo alado" ("Mito"). "Ao beco de agonia onde me espreita/ A morte espacial, que me ilumina.../ Assassinar-nos num mês assassino" ("Sinto que o mês presente me assassina"). "É morto, em tumba nova, o meu sonho de vida" ("Haceldama"). "A própria morte hoje defloro" ("Viagem"). "Hecatombado pela vaga" ("Ressuscitado pelo embate da ressaca"). "Se a morte chama ao longe: Mário!" ("Não quero amar"). "Eu caio sem sentidos,/ ora, morro./ O monte, o verde gaio" ("Moriturus Salutat"). "mãos torcidas/ vertentes retorcidas/ torso mole privado de coluna/ 'um mal sem gravidade'/ sem gravidade/ caído contra o peito/ o morto" ("Marginal Poema 19"). "Lida, caixão e sorte,/ vida, paixão e morte./

[...] Gaivota, vais e voltas,/ gaivota, vais — e não voltas" ("Fragmentos").

Tudo isso contribuiu, como um feedback vital, para ratificar a poesia de Faustino, extraindo-a de um contexto puramente literário e artificial para conferir-lhe uma carga semântica específica, para dotá-la de um inarredável *páthos* existencial que a reforça e justifica. Com seu corpo anonimizado e irreconhecível — sua "vida, paixão e morte" —, Mário Faustino identificou, tornou reconhecível a especificidade de sua mensagem poética no isomorfismo vida-obra que sempre perseguiu.

Quanto à linguagem poética propriamente dita, a poesia de Faustino pode ser dividida em três fases: a da integração da tradição no moderno — *O Homem e sua Hora* ("espécie de relatório de meia dúzia de anos de aprendizado poético", segundo o próprio autor) e mais os esparsos e inéditos da primeira parte do livro; a moderna — poesia posterior ao advento da *poesia concreta* (a segunda parte dos esparsos e inéditos, que se compõe de apenas oito poemas, o primeiro dos quais datado de 22 de outubro de 1956);[6] a da integração do moderno na tradição — os fragmentos do poema longo, inacabado.

Se a primeira fase é a mais presa ao passado, do qual Faustino se recusava a abrir mão, revela, no entanto, um artesão competente e hábil no manejo do verso, com vários hits antológicos: "Vida toda linguagem", "Mito", "Sinto que o mês presente me assassina", "Inferno, eterno inverno", "O homem e sua hora". Tratava-se, desde o início, de um poeta que sabia que "a verdadeira poesia é feita com palavras vivas, com palavras coisas, e não apenas, e muito menos, com conceitos, impressões, confissões". Seu verso — verso, mesmo — fanomelogopaico, segundo os preceitos poundianos, tem um raro *cantabile* e uma sonoridade às vezes agressivamente eficaz nas assonâncias e nos cortes justos: "Animus-anima,/ anima-corpus,/ mea/ culpa supersepulta e suplicante" ("Solilóquio"). "Os cães do sono calam/ E cai da caravana um corpo alado/ E o verbo ruge em plena/ Madrugada cruel de um albatroz/ Zombado pelo sol —" ("Mito"). "Beleza de teus verbos de granizo:/ Carátula celeste, onde o fugaz/ Estio do teu riso — paraíso?" ("Inferno, eterno inverno"). "Ressussitado pelo embate da ressaca,/ [...] onde um cadáver posto em maca,/ Hecatombado pela vaga, acusa o céu/ [...] O triunfo pertence ao tropel que no ar/ Nublado esmaga o sol, troféu tripudiado" ("Ressuscitado pelo embate da ressaca").[7]

Na segunda fase — a mais experimental e ousada —, Mário Faustino, já em contato com a problemática da poesia concreta, principalmente a da chamada fase orgânica, de que há muitos exemplos em *Noigandres* 2 (1955) e *Noigandres* 3 (1956), iria libertar-se ao máximo dos liames tradicionais. Penetram em sua poesia a disposição espacial, a fragmentação e a livre combinação de vocábulos, as associações fonêmicas e paronomásticas; a metáfora explode diretamente, sem conexões sintáticas, de substantivo a substantivo; o decassílabo (que ainda subsiste, patente ou latente) começa a se dispersar. O "Soneto", típico da dilaceração faustiniana entre a tradição e o novo, é talvez uma tentativa-limite de salvar a primeira: um soneto rigorosamente decassilábico, habilmente disfarçado por uma espacialização funcional, que inclui "um pequeno ideograma à maneira concretista", com o alinhamento das palavras "amor-amora-morte-ramo" pela coluna, verticalmente disposta, da letra *r*. Aliás, a ordenação em coluna, a "estrutura radial" ou de "sistema axial", como a denomina Benedito Nunes, exemplificando com a sequência "sexo-plexo-peixe-sexo-eixo-nexo-deixa-queixo", no "Marginal poema 19", ou ainda com as palavras em maiúsculas sublinhadas pela expressão "eixo celeste vertebral coluna", em "Ariazul", constitui um dos recursos já postos em prática na série de poemas concretos publicados em *Noigandres 3*, intitulando-se a seção de Décio Pignatari, precisamente, "Vértebra".

A liberação que proporcionaram a Faustino as técnicas da *poesia concreta*, por ele utilizadas de maneira parcimoniosa e não ortodoxa, permitiu-lhe sair do impasse tradição versus moderno, passado versus presente, mas o jogou, insensivelmente, em outro, crucial: presente versus futuro. Faustino ficou, como lhe dizíamos amigavelmente, entalado no "nó mallarmaico" do *Lance de dados*. Daí, era partir para uma nova realidade poética, radicalizar-se, ou voltar atrás... ou continuar entalado. Como disse Eliot: "Depois de tal conhecimento, que perdão?".

Para complicar o dilema, sobreveio a Faustino a obsessão do poema longo, que, tal como sucedeu com Jorge de Lima, contra-riava o feitio congênito do poeta, subjetivo, metafórico, bárdico. A poesia de Mário não possuía a objetividade necessária para uma estruturação mais ampla, como a que pretendia. Raramente, nela, o poeta se afasta da dicção "superpoética", do *sermo nobilis*, da abstração metafórica, para admitir a incorporação de uma linguagem direta, conversacional, como era implicitamente exigido por seu projeto. Um desses raros exemplos é o poema "Apelo de Teresópolis", onde, de um contexto hermético e cerrado, emerge um único sintagma em nível coloquial: "Não há bombas limpas". A técnica da palavra-puxa-palavra (exemplos: "foi-se na espuma — foice de escuma", "espadarte em cristã de vaga — estandarte de Cristo, a vaga"), a meu ver impropriamente identificada com a montagem eisensteiniana, invocada pelos poetas concretos, via Hugh Kenner, para suporte da estrutura ideogrâmica, não poderia, por si só, oferecer uma base definida como agente de estruturação do poema, mesmo porque faltava a este um sólido *disegno interno*, como o tinha por exemplo Joyce, na aparente confusão associativa de seu *Finnegans Wake*. Por outro lado, as possibilidades de uso dos padrões rítmicos tradicionais, ou do verso, como unidade formal, já estavam mais do que exauridas. E isso a própria divulgação que Faustino efetuava, como crítico e tradutor, da poesia já feita, se encarregaria de ajudar a demonstrar, dia após dia.

A poesia fragmentária dos últimos tempos de Mário Faustino reflete, tanto quanto posso supor, esse impasse. Não cabe um pronunciamento definitivo sobre algo que não chegou a existir: seu sonhado poema longo. Mas o próprio desenvolvimento ulterior da poesia e a estranha solução de continuidade — que sofreu a produção poética de Faustino depois da fase atuante de 1956-8 — parecem confirmar o impasse e a irresolução.

Mário Faustino, o último *versemaker* de minha geração, morreu sem desatar seu nó mallarmaico, sem conseguir "ressuscitar a arte morta da Poesia" (no velho sentido). Mas a honesta e competente batalha poética que travou, de fronte erguida e peito aberto, merece ser vista e meditada. E é de esperar, também, que em breve sejam coligidas suas traduções, as críticas e comentários que escreveu com "verve" impressionante, garra e lucidez, "vigor e rigor", e que constituem o aspecto mais vivo, mais agressivo e atual de sua rica e generosa personalidade, ainda tão desconhecida.[8]

NOTAS

1. *Poesia de Mário Faustino*. Org. e intr. de Benedito Nunes. Rio de Janeiro: Civilização Brasileira, 1966.

2. *Coletânea 2* (Mário Faustino: 5 ensaios sobre poesia: Para que poesia?/ O poeta e seu mundo./ Que é poesia?/ Concretismo e Poesia Brasileira./ Stephane Mallarmé). Apresentação de Assis Brasil. Rio de Janeiro: GRD, 1964.

3. Algumas de suas excelentes traduções de poemas de Pound foram por mim incluídas na *Antologia Poética de Ezra Pound*, que organizei posteriormente a este estudo e que veio a ser publicada pela Editora Ulisseia, de Lisboa, em 1968. E, posteriormente em *Ezra Pound — Poesia*. Traduções de Augusto de Campos, Décio Pignatari, Haroldo de Campos, José Lino Grünewald e Mário Faustino. Organização, introdução e notas de Augusto de Campos. São Paulo: Hucitec/ Universidade de Brasília. Três Edições, 1983-93.

4. A tradução de "Envoi", que apareceu pela primeira vez nas páginas do Suplemento Dominical do *Jornal do Brasil*, foi depois reproduzida por mim no Suplemento Literário de *O Estado de S. Paulo* (30 out. 1965), ao lado das traduções que fiz do *H. S. Mauberley*, em homenagem aos oitenta anos de EP. José Lino Grünewald chegou a possuir, gravada, a extraordinária leitura que Faustino fez do poema, no original, e que serviu de tema para uma crônica de Carlos Heitor Cony ("O poeta e sua voz", *Correio da Manhã*, 26 jan. 1963). Infelizmente a gravação se perdeu.

5. Faustino, por essa época, não conhecia a obra de Sousândrade. Não sei se teve tempo de refletir, mais tarde, sobre as páginas que Haroldo de Campos e eu publicamos no *Correio Paulistano* (18 dez. 1960 a 26 mar. 1961) sobre o poeta maranhense e seu longo poema *O Guesa*.

6. Seria desejável que esse conjunto de poemas obedecesse à ordem estritamente cronológica. Nesse caso, "Ariazul", o último poema, publicado no Suplemento Dominical do *Jornal do Brasil* em 26 de maio de 1957, deveria figurar em segundo lugar, entre "22.10.1956", e "Soneto" (25 ago. 1957). Outro reparo a fazer: a forma de impressão desses poemas, que deveria, sempre que possível, mantê-los dentro de uma só página, para preservar a disposição espacial, como se fez na revista *Invenção* 3. Peças como o "Soneto", fragmentadas em dois blocos, resultam evidentemente perturbadas com a submissão ao padrão gráfico da edição.

7. Este poema foi publicado no Suplemento Dominical do *Jornal do Brasil* de 11 de novembro de 1956, sob o título de "Soneto Marginal", com algumas diferenças. Na citação a que se refere esta nota, adotei o texto do suplemento, mais rico em aliterações que a versão incluída em *Poesia de Mário Faustino*.

8. Parte desses trabalhos vem de ser publicada em Mário Faustino, *Poesia-Experiência* (São Paulo: Perspectiva, 1977). Nota para esta edição: A obra de Mário Faustino veio a ser publicada pela Companhia das Letras em três volumes, com organização de Maria Eugenia Boaventura: a poesia, em *O Homem e sua Hora e Outros Poemas* (2002), e os estudos críticos em *De Anchieta aos Concretos* (2003) e *Artesanatos de Poesia* (2004).

3. Da Antiode à Antilira[*]

Enganam-se aqueles que pensam aprisionar nas estradas bitoladas da participação de encomenda, ou nos caminhos tranquilos da facilidade, o árduo e tortuoso percurso poético de João Cabral de Melo Neto. Já se enganaram uma vez, quando João Cabral publicou *O Rio*. Em seguida viria mais um afluente da outra água — a água indigesta, "desumana" (como dizem eles), que mana das matrizes da *Psicologia da Composição* e da *Antiode*, "contra a poesia" (nunca é demais repeti-lo) "dita profunda".

Da poesia cabralina bem se pode dizer o que disse o próprio Cabral naqueles versos que Haroldo de Campos, secundando Décio Pignatari, destacou não faz muito, com premonitória visão crítica, num estudo sobre as "rimas pedrosas" de Dante: "Não é que ela busque o difícil. É que a sabem capaz de pedra".[1]

No momento em que o prestígio de João Cabral, graças ao êxito de sua peça *Morte e Vida Severina*, sobe ao auge, mais ou

---

[*] Publicado originalmente no *Correio da Manhã*, 11 de dezembro de 1966.

menos na base da boa catarse teatral (ainda que uma catarse digna e reduzida ao mínimo de emocionalidade), quando muitos — os mesmos que aplaudem a deserção e o retrocesso do último Ferreira Gullar — esperariam, desejariam mesmo, as concessões e a entrega ao caminho fácil do sucesso, o poeta, "capaz de pedra", prefere ainda uma vez o difícil.

Pois difícil é o mais recente livro de Cabral, *A Educação pela Pedra*.[2] Difícil e exigente. A demandar do leitor — como diria Hugh Kenner — não "atos de imolação", mas "atos complexos de discernimento".

Se com sua relutância em abandonar certos procedimentos formais da poesia do passado essa educação pode, à primeira vista, decepcionar os praticantes de uma poesia programaticamente votada à informação não redundante — como é o caso da *poesia concreta* —, mais decepcionados ficarão certamente aqueles que esperavam do poeta uma capitulação ao apelo e à pressão dos sentimentos. Mas não há, na verdade, razão para decepções. João Cabral continua a seguir seu próprio itinerário, que é pessoal, mas de nenhum modo indiferente, seja às instigações da vanguarda, seja "ao que se passa", por mais que as mudanças de curso das águas cabralinas desnorteiem a crítica e confundam os dogmas.

Em sua tese apresentada ao Congresso de Crítica Literária reunido em Assis, em julho de 1961 — a primeira que pôs em termos novos o problema da participação em poesia, numa época em que alguns, hoje "participantes" ex-concretos, ainda eram apenas não objetos imparticipantes —, Décio Pignatari conseguiu definir o caminho da participação mais autêntica a partir da verificação de que os poetas que fizeram a melhor poesia engajada foram precisamente aqueles que levaram às últimas consequências a perquirição da linguagem poética. Entre nós: Drummond, João Cabral. A participação lúcida não se resolveria, assim, por meras renúncias à linha evolutiva da poesia, por meros decretos de "grossura" em prol de uma pretensa "populística" poética, mas por um permanente conflito dialético, no beco sem saída da alternativa sartreana do "fracasso e/ou sucesso": quanto mais a poesia quer participar — e alcançar o êxito comunicativo —, mais fracassa poeticamente; quanto mais exibe seu fracasso comunicativo, melhor se realiza poeticamente. João Cabral: *Morte e Vida Severina* (êxito comunicativo: diminuição da tensão poética); *Psicologia da Composição* (fracasso comunicativo: êxito da poesia). Em termos de teoria da informação, o *engagement* induziria ao uso de maior grau de redundância da mensagem estética em relação ao código do auditório, enquanto o *dégagement* implicaria maior grau de informação imprevista (ou, simplesmente, informação) e, portanto, em menor comunicabilidade.

Esse conflito é o que marca a obra de Maiakóvski, o mais realizado poeta participante de nossa época, aquele que preferiu renunciar à própria vida a renunciar, renegar ou trair a poesia, na tentativa dramática de solucionar o dilema e cumprir seu lema-desafio: "Sem forma revolucionária não pode haver arte revolucionária". Um conflito dessa natureza está implícito também nas "duas águas" de João Cabral, cuja poesia talvez seja a que tenha conseguido obter o grau mais alto de equilíbrio entre informação desengajada e redundância engajada em língua portuguesa, neste pedaço de século.

O primeiro de nossos poetas a ser atacado como "cerebral", "desumano", "tecnicista", João Cabral deixou ultimamente de ser o alvo dessa espécie de pedras. Mesmo porque os poetas concretos, esses camicases da poesia, parecem ter atraído todas elas para si, assegurando-lhe uma viagem sem maiores acidentes por suas águas divididas. Mas essa sua *A Educação pela Pedra* irá trazer-lhe novos riscos. Pois seu curso — projeção do "fracasso" na encruzilhada sartreana — não se ajustará facilmente à bitola-chantagem sentimental do "humano". Nem caberá nos estreitos currículos de nossa pretensa "cultura popular", que ainda hoje se debate nos descaminhos do azarado *proletkult*, aquele mesmo que logrou a incrível façanha de esmagar o renascimento cultural que Khliébnikov, Maiakóvski, Eisenstein, Malevitch e Meyerhold, entre outros, haviam promovido nos anos heroicos da revolução.

É quase impossível falar sobre João Cabral sem recorrer abundantemente aos seus próprios versos. É que Cabral, como Mallarmé no século XIX, como Pound e Maiakóvski, no século XX, é um poeta-crítico, ou seja, um poeta que analisa e critica o próprio fazer poético em seus poemas. Isso talvez explique, em parte, o aparente paradoxo de os poetas concretos — tão avessos ao "discurso" — citarem entre seus mestres homens como Maiakóvski, Pound e João Cabral. Trata-se de poetas-críticos, poetas que fazem da poesia uma "prosa essencial" — jornalístico-fragmentário- -conversacional em Pound e Maiakóvski, reflexivo-didática em João Cabral. Numa época de superespecialização, em que os críticos literários tendem, cada vez mais, a emitir seus "atos de inteligência" para outros críticos-receptores, em circuito fechado, os poetas se tornaram críticos, eles próprios. E nesse sentido, a melhor crítica de poesia que se fez no século XX não foi feita por críticos, mas por poetas, em poemas como os *Cantos* de Pound, "Conversa com o Fiscal de Rendas" ou "A Sierguéi Iessiênin" ou "V Internacional" (para dar só alguns exemplos) de Maiakóvski, em "Antiode", "Psicologia da Composição" e "A Paio Seco", de João Cabral.

A Educação pela Pedra, que muitos relutarão em aceitar como poesia, embora se trate de poesia do mais alto teor, pertence a esse gênero, sem se esgotar nele. Gênero que, se não é absolutamente novo, pois que poetas de todos os tempos, em maior ou menor grau, o praticaram, adquiriu modernamente, com a destruição da "aura" romântica do poeta, uma qualificada importância.

A poesia crítica de João Cabral, poesia de protesto ético e

poético, começa por desmistificar o próprio conceito de poesia. E isso vem de longe. Da "Antiode" à "Antilira" (como está na dedicatória a Manuel Bandeira, na antessala desta *A Educação pela Pedra*), João Cabral vem praticando, didaticamente, uma antipoesia, ou uma poesia que se contrapõe ao que passou a ser o conceito popular e também literário de poesia; a saber, a poesia feita de "enxames de sentimentos inarticulados", a poesia "poética". Contra os que querem "poetizar o seu poema", fazê-lo dócil, submisso às concessões sentimentais, Cabral (ver a epígrafe *"quiero que compongamos yo y tu una prosa"*, de Berceo, no pórtico de *O Rio*, como lembrou, ainda uma vez, Pignatari antes de outros) opõe o dique de sua poesia-prosa, sua poesia-crítica, sua poesia-pedra.

Desmistificando o conceito de uma poesia alienadamente "poética" e a linguagem dela decorrente (com "fezes" em lugar de "flores", "cachorro" em lugar de "cão"), João Cabral mantém, no entanto, uma aparência de estrutura formal "poética" (diferente dos poetas concretos, que rompem de vez com o verso, como unidade formal do poema). Ainda agora, em *A Educação pela Pedra*, no poema "Rios sem Discurso", ele pretende fazer a defesa do "discurso" ou da "frase", cotejando o curso do rio, seu "discurso-rio", sua "sentença-rio", com a incursividade das palavras isoladas, "em situação dicionária" (ou "em estado de dicionário", como diria antes Drummond), palavras a que "se cortou a sintaxe". Mas os poetas concretos poderiam responder-lhe que a alternativa do "discurso-rio" já não é a palavra-poço ou a palavra-ilha, a palavra "em situação dicionária", mas a palavra simplesmente "em situação", a constelação intercomunicável de palavras, tal como se dá no "mosaico de manchetes" de um jornal ou na instantaneidade do cartaz e do anúncio publicitário, no mundo simultâneo da comunicação moderna.

Essa aparente contradição cabralina talvez seja, porém, a própria razão de ser de sua poesia. Porque se João Cabral ainda usa o verso em seus poemas, o faz não para "poetizá-lo", mas para violentá-lo, para desmistificar, de dentro dele, seus mitos e sua linguagem, ou para contradizê-lo a todo momento, expostulando as fezes de suas flores, dessacralizando sua roupagem florida com a linguagem seca da pedra e com a semântica pedregosa do Nordeste.

Em *A Educação pela Pedra*, tal contradição é levada ao seu ápice. Pois este é, sob certos aspectos, o mais radical, pelo menos o mais "antipoético" (o que vale dizer, sob outros parâmetros, o mais poético) dos últimos livros de João Cabral.

Aqui, agrupados em duas seções, subdivididas em mais duas, 48 poemas duplos se defrontam como as peças de uma partida de xadrez, ou como um jogo perpétuo de espelhos. Os vestígios do verso, mal subsistentes nas rimas predominantemente toantes e na formação estrófica por quadras, recedem diante da corrosão da linguagem áspera e coloquial, cujo ritmo discreto e irregular se aproxima ao da fala comum. Por outro lado, o discurso-rio se torna capilar em seus "muitos fios de água" e a sintaxe se prismatiza, recorrendo frequentemente aos parênteses interceptivos (como em "Uma Ouriça"). O próprio léxico incorpora soluções pouco usuais na poesia anterior de Cabral, das simples aliterações às paranomásias ("moída e miúda, pilada do que pilar", "mete metais" etc.), ou ainda aos neologismos sousandradinos ("corpopulenta", "multiespinhenta", "fundassentados", "todo-abertos", "miniultimando", "almiabertos", "calmoabertos"). Quanto à dessacralização semântica, ressurge, com a violência das antigas "fezes", na antiode à "tábua-de-latrina" com a qual o poeta desmistifica as metafísicas do "sentar/estar no mundo", numa de suas peças mais agressivas dos últimos tempos. Ou, por igual, na antilira dos Comendadores, "os que comem dentro do prato", como diria Décio Pignatari, anos atrás, em seu memorável "Epitáfio". Ou ainda nos minimonumentos às bagatelas "antipoéticas" como a aspirina e o "chiclets". Dessacralização que é levada à própria estrutura poemática quando Cabral recorre a uma técnica de vanguarda — a permutação —, dando aos seus poemas o aspecto de peças desmontáveis e a versatilidade dos mecanismos em lugar da imutabilidade artesanal da "poesia dita profunda". Ver os dois pares de poemas de "Nas Covas de Baza" e "Nas Covas de Guadix", estes últimos compostos dos mesmos versos dos primeiros, dispostos em outra ordem, por grupos de dois.

A Educação pela Pedra é, em resumo, um dos raros, raríssimos livros de poesia nova "em verso" (se tanto) que ainda podem e devem ser lidos. Demandaria, por si só, um estudo especial e mais detalhado. Contento-me nestas notas, como que preparatórias a um estudo dessa ordem, em tentar compreender o contexto em que surge o livro e em assinalar a coerência e o caráter dessa poesia-crítica, em verso inverso. João Cabral, de resto, continua a defini-la melhor do que ninguém. Basta ler o poema que dá nome ao volume, para compreender que a pedra de Cabral encerra, como sempre, duas lições: "a de poética, sua carnadura concreta"; a do sertão, "uma pedra de nascença, estranha à alma".

Os que tiverem feito mais e melhor pela poesia brasileira, que atirem a primeira pedra nessa dura "educação" cabralina. Quanto a mim, prefiro ouvir atentamente suas lições pedrosas.

NOTAS

1. Haroldo de Campos, "O Dante das Rimas Pedrosas", Suplemento Literário de *O Estado de S. Paulo*, 22 maio 1965. (O estudo foi incluído, posteriormente, em Augusto de Campos e Haroldo de Campos, *Traduzir e Trovar*. São Paulo: Papyrus, 1968.)

2. João Cabral de Melo Neto, *A Educação pela Pedra*. Rio de Janeiro: Editora do Autor, 1966.

4. Poesia Concreta: Memória e Desmemória[*]

1

No livro *Cultura Posta em Questão*,[1] que tem como tema principal a "morte cultural da arte", o poeta Ferreira Gullar, a pretexto de "contribuir para a desmistificação do conceito de poesia" e desfazer suspeitas acerca da coerência de sua posição atual, conclui suas considerações com uma longa análise de seu próprio livro *A Luta Corporal* e de sua participação no movimento da poesia concreta. *Après moi le déluge...* "Para manter a análise num nível conveniente de objetividade, adotei o tratamento na terceira pessoa, quando me refiro a mim mesmo como autor de *A Luta Corporal*", diz o poeta. E com essa simples mudança gramatical de personalidade parece acreditar-se imunizado contra quaisquer excessos de benevolência em seu auto-*review* de trinta páginas.

[*] Este depoimento, escrito em 1966, estava programado para sair na revista *Invenção*. Interrompida a publicação da revista no n. 5 (dezembro de 1966 a janeiro de 1967), permaneceu inédito até a primeira edição deste livro.

Todavia, em que pese a alteração de perspectiva pronominal, ouso levantar algumas dúvidas sobre a imparcialidade dos juízos do crítico Ferreira Gullar a respeito do poeta do mesmo nome. E, mais ainda, vejo-me na contingência de pôr em questão a memória de tal crítico, quando, no retrospecto que faz da atuação do poeta homônimo, se refere, laconicamente, a uma carta que me teria enviado em 22 de abril de 1955, para dela tirar ilações que favoreceriam uma pretensa clarividência do poeta Ferreira Gullar no alvorecer do movimento de poesia concreta.

Ora, eu também conheci o poeta, embora por certo não tão bem como o crítico que dele fala hoje. Vivi *ab ovo* as peripécias da elaboração da poesia concreta entre nós. De mim partiu o convite a Gullar para que participasse da exposição que realizamos em São Paulo, no Museu de Arte Moderna, em 1956 (em suas conversas íntimas com o poeta, o crítico deve saber disso). E o que é pior. Tenho ainda a carta que o poeta me escreveu. E outras cartas. E cópias das que lhe escrevi. Tudo isso me convence de que a memória do crítico na primeira pessoa não corresponde estritamente aos fatos que viveu o poeta na terceira pessoa. É, se posso dizer sem ofensa, uma memória parcial (no sentido de parte e no outro), cujas omissões me vejo forçado a preencher, à luz dos documentos escritos, em homenagem aos fatos. Não tenho o hábito de revelar, a menos que autorizado pelo autor, o teor de cartas particulares, ainda que de cunho literário; mas a ambígua referência que faz o poeta à carta que me dirigiu não só me autoriza, como me impõe, mesmo, o dever ético de divulgá-la, a par do depoimento em que contesto as conclusões que dela pretende extrair, tantos anos depois, seu remetente. De resto, julgo que a publicação das cartas que trocamos Gullar e eu, em 1954-5, só poderá ser útil para o conhecimento dos fatos relacionados com o advento da poesia concreta. O poeta, afinal, só terá que me agradecer, embora o crítico possa ser levado a meditar sobre a relatividade das trocas de posição pronominal, quando o que se julga é a própria obra.

Diz Ferreira Gullar, em seu livro, no ponto que nos toca:

> Em princípios de 1955, sou procurado por Augusto de Campos, que me fala das experiências poéticas que, juntamente com seu irmão, Haroldo, e Décio Pignatari, estavam fazendo em São Paulo. Tratava-se de uma poesia inspirada, como estrutura, na forma musical de Webern. Mais tarde, recebi a revista *Noigandres 2*, em que havia poemas de Augusto impressos em cores. Escrevo-lhe uma carta criticando os poemas, considerando-os uma experiência interessante mas frustrada. Digo-lhe que o problema fundamental da poesia era menos o verso que o caráter unidirecional da linguagem — o nó da questão era a sintaxe (carta a Augusto de Campos, 22 de abril de 1955). Essas observações seriam ouvidas pelos poetas paulistas, pois, a partir de então, o problema da sintaxe e o caráter unidirecional da linguagem passam a integrar sua teoria.

A carta a que alude o poeta (perdoe-me ele essa insignificante correção) é de 23, e não de 22 de abril. Antes houve outras. Uma, de 5, outra de 22 de março, ambas respondidas por mim. Não é possível apresentar aqui todas elas. Por ora, o leitor terá que se contentar com a carta de abril e alguns trechos de minha resposta e das cartas anteriores.

Procurei, sim, o poeta Ferreira Gullar, em princípios de 1955. Dele recebera um bilhete, datado de agosto de 1954, pedindo-me que entregasse seu livro *A Luta Corporal* a Cyro Pimentel e Reinaldo Bairão e oferecendo-me seu endereço. No comentário que escreveu sobre o livro ("A Luta com a Palavra", *Diário de S. Paulo*, 21 de outubro de 1954), assinalava Cyro Pimentel: "Nessa linha de arrojo verbal, de poesia espacial, de automatismo psicológico, não é Ferreira Gullar muito original: já em 1950, Décio Pignatari punha em prática muitas dessas conquistas da poesia moderna".

Antes ainda, em outro abril — de 1954 —, recebera eu próprio aquele mesmo livro, com uma dedicatória mais do que amável: "À beleza e gravidade da expressão de Augusto de Campos". Procurei, pois, o poeta. Era ele, fora do grupo Noigandres, criado em 1952, o único poeta brasileiro de vanguarda de que eu tinha conhecimento. Embora *A Luta Corporal* me parecesse um livro de altos e baixos e me desagradassem seus desvarios surrealistas e seu extremado individualismo, que Décio Pignatari classificara de "exibicionismo das entranhas do gênio", responsável pela publicação de tantos poemas impublicáveis, apreciava nele o que possuía de dissonante e de rebelde em relação à bem-posta "geração de 45". Por essa época, eu me correspondia com a escritora Lucy Teixeira, amiga pessoal de Gullar. Além disso, Oswald de Andrade, a quem, na última visita que lhe fiz, com Pignatari, eu havia mostrado alguns dos poemas da série *Poetamenos*, publicara, poucos dias depois de nosso encontro, no *Correio da Manhã* de 28 de agosto de 1953, um de seus *Telefonemas* ("Gente do Sul"), em que profeticamente nos aproximava a todos:

> Há uma geração de novíssimos no Brasil que nada tem que ver com os Loandas e os Moambas dos suplementos. Oliveira Bastos anuncia-se um crítico. Um crítico enfim! Há o poeta Carlos de Oliveira que me fala de Luci Teixeira e no poeta Goulart [sic]. E Flávio de Aquino. Há aqui mesmo em São Paulo, meninos que pesquisam — Décio Pignatari, Augusto e Haroldo de Campos, Ruy Nogueira, Paulo Cesar da Silva e outros. Felizmente estamos nos afastando daquele berreiro incivil e cretino dado como show pela revista *Orfeu*.

Eu tinha, portanto, a esperança de que o contato com Gullar haveria de ser útil. Como foi, efetivamente. E talvez mais para Gullar do que para mim. Àquela altura, Gullar se achava numa fase de grande perplexidade. Anunciara que não escreveria mais poesia. Uma revista do Rio noticiava: "O poeta Ferreira Gullar, considerando sua experiência poética encerrada com *A Luta Corporal*, encaminha-se para o terreno da novela" (*Revista da Semana* 38). Encontrei-o francamente desorientado. O conhecimento de nossas experiências foi para ele um choque e um estímulo, que o ajudaram a sair do caos.

Quando me avistei com Gullar, a *Noigandres 2* estava em fase final de impressão. Os poemas em cores (da série *Poetamenos*), a que se refere Gullar, haviam sido escritos em 1953. Mas sua edição, dispendiosíssima, foi protelada mais de uma vez por falta de verba. Para poder imprimi-los, finalmente, numa tiragem de apenas cem exemplares, tivemos Haroldo e eu que renunciar à publicação de muitos outros poemas; alguns deles — como "Orfeu e o discípulo", de Haroldo, escrito em 1952 e divulgado na revista *Habitat 21* (mar.-abr. 1955) —, das primeiras experiências de poesia espacial realizadas entre nós. Por sugestão de Geraldo de Barros, que então integrava *Ruptura* — a equipe dos pintores concretos paulistas —, eu conseguira fazer provisoriamente, com carbonos de várias cores, cópias datilografadas do *Poetamenos*, que circulavam por nosso grupo, pelos pintores liderados por Waldemar Cordeiro e pelos jovens compositores da Escola Livre de Música. Em janeiro de 1954, no v Curso Internacional de Férias, realizado pela Pro-Arte, em Teresópolis, Décio Pignatari apresentou, juntamente com L. C. Vinholes, Damiano Cozzella e outros, uma primeira audição pública do poema em cores "lygia fingers", para vozes alternadas, ilustrando uma de suas conferências, que tinha este título: "A forma na poesia moderna: as grandes conquistas formais: Mallarmé, Joyce, Pound, Cummings. Situação da moderna poesia brasileira". O mesmo conjunto de poemas figurava num livro maior de inéditos, sob o título de *Poetamenos*

(1951-3), com que concorri, em 1954, ao prémio de poesia Mário de Andrade. Sabendo disso, escrevia Gullar em sua carta de 5 de março: "Que o júri, por uma iluminação, dê a você os 25 mil". Foram inúteis, porém, os votos de Gullar. Eu e Haroldo, que também concorria com *As Disciplinas*, sob o pseudônimo de Anaxiforminx, só chegamos até as semifinais. Do júri fazia parte o poeta Cassiano Ricardo, que, então, ainda não havia feito suas reflexões sobre a poesia de vanguarda... O prêmio acabou sendo dado ao livro de um representante da "geração de 45" com um título bem expressivo dessa tendência: *Corcel de Espumas*. Na carta de 22 de março, Gullar volta ao assunto ("Lamento o resultado do P. de Poesia, mas não esperava outra coisa") e, acusando o recebimento da *Noigandres 2*, que saíra, finalmente, em fevereiro de 1955, com "Cyropédia, ou a educação do príncipe" (1952), de Haroldo de Campos, e o meu *Poetamenos*, termina dizendo:

> Gostaria de comentar acerca de tuas experiências, mas talvez isso se fizesse mais fácil para mim se me desses uma explicação detalhada e precisa do que pretendes. Era possível, mesmo agora, opinar. Mas tenho trabalhado demais e não sobra tempo para pensar, organizar as impressões das várias leituras que fiz dos poemas. Explica-me: as relações da experiência com a música; a função da cor; o critério das variações das cores etc. Espero.

Escrevi a Gullar (1º de abril de 1955) explicando-lhe o sentido da experiência e enviando-lhe os artigos que publicara em 20 e 27 de março daquele ano no *Diário de S. Paulo*: "Poesia, Estrutura" e "Poema, Ideograma", os primeiros a antecipar a formulação da poesia concreta entre nós. Dizia eu naquela carta:

> Os arts. esclarecem bastante, acredito, os meus poemas e também os do Haroldo, e a posição estético-estratégica de todo o "grupo"

```
lygia      finge
     rs  ser
           digital
           dedat illa(grypho)
lynx lynx               assim
     mãe   f e l y n a   com   ly
     figlia me felix sim na  nx
     seja: quando  so lange so
ly
gia    la   sera    so rella
                    so only lonely tt-
l
```

"Lygia fingers", 1953, poema de Augusto de Campos, da série *Poetamenos*.
Reprodução do original datilográfico em seis cores. (Coleção do autor)

Noigandres, ao estabelecer uma "aceitação de herança" que não é ou não pretende ser fruto de uma mera inclinação pessoal, mas uma observação objetiva (exame + comparação) da evolução histórica da poesia. MALLARMÉ ("Un Coup de Dés") — POUND — JOYCE — CUMMINGS. [...] ESSES nomes são, segundo entendemos, MAIS imptantes da mesma forma q para o desenvolvimento das artes plásticas e visuais Malevich, o "De Stijl", um Gabo ou um Calder podem ser mais imptantes q pintores de classe como Matisse, Chagall ou mesmo o genial Picasso, ou um escultor como Henry Moore. Da mesma forma q um Webern é mais imptante q um Bartok ou um Hindemith, grandes compositores, e, de um pto de vista mais *concentrado* ainda, + impte. q o próprio Schoenberg, seu mestre.

A resposta de Gullar é a carta de 23 de abril, a que alude parca e parcialmente em *Cultura Posta em Questão*. Veremos a seguir, como foi essa resposta.

2

Eis como reagiu o poeta Ferreira Gullar ao envio da *Noigandres 2* e do *Poetamenos*.[2] Dizer apenas que criticou os poemas, considerando-os "uma experiência interessante mas frustrada", não dá, nem de leve, a medida de quão interessada foi aquela crítica e de quão interessante foi por ele julgada a experiência; a ponto de o meu interlocutor escrever que o problema fundamental da nova poesia lhe parecia expresso em tais poemas e manifestar por eles "o maior respeito". É dizer pouco, para não dizer nada.

Mas nada melhor do que confrontar as atuais restrições mentais do poeta, formuladas em tão medidas e comedidas palavras, com as calorosas, abundantes e até humildes "observações" de outrora:

Rio de Janeiro, 23 de abril de 1955

Caro Augusto de Campos:

Por duas vezes (uma antes e outra depois de sua carta e artigos) estivemos, Bastos, M. Pedrosa (e eu), reunidos, em casa deste último, lendo, examinando e discutindo a respeito de seus poemas. Essa espécie de comissão tinha algumas deficiências: nem um dos três conhece os poemas de Pound, só o Mário conhece o *Finnegans Wake* (do qual ouviu uma gravação na voz do próprio Joyce) e eu só conheço o *Ulysses*, que estou acabando de ler na tradução da NRF. A música de Webern é também desconhecida dos três. Não obstante o livro foi mexido e remexido, lido a três vozes etc. Com a vinda dos artigos pudemos entrar mais seguramente no exame e nas considerações. Enfim, posso fazer, acerca dos poemas, as observações que se seguirão e que refletem um pouco as discussões na casa do Mário.

V. usa a cor vermelha para assinalar as linhas da estrutura, conforme sua indicação. Mas, ao que me parece, essas linhas não conseguem ser *por si mesmas* as vigas do poema. É como se V. as elegesse tais, arbitrariamente, porque, na verdade, a interferência dos outros temas fragmenta de tal maneira essa viga, e se fragmentam eles a si próprios, que, ao fim da leitura, nós, leitores, concluímos só a desintegração que você prepara — isso, porque a leitura não consegue se "organizar", realizar a unidade do poema: ela resulta uma viagem sobre destroços. Talvez se V. usasse menos temas em cada poema, simplificando-lhes assim a estrutura, V. possibilitaria maior desenvolvimento ao tema principal, dando-lhe tempo para *existir* e para, assim, segurar, como uma viga mestra, a totalidade do poema. É possível que V. pretenda organizá-lo (e é isso que vejo em seus poemas) de uma forma puramente dinâmica e de tal maneira que todas as partes participem, em igualdade, da totalidade do poema, da sua estrutura, como os elementos de um quadro de

Mondrian. Mas isso não me parece possível em poesia. Não me parece porque a poesia se realiza no tempo e não no espaço, como a pintura. Mondrian pode erguer uma estrutura onde haja essa simultaneidade de função dos elementos, porque também é possível perceber, de uma vez, essa estrutura: a apreensão se faz num só ato perceptivo: ela se realiza. Mas com o poema isso não acontece. O poema flui. Enquanto eu paro para atender ao novo tema que intercepta o principal, e o outro, e o seguinte, e volto ao primeiro, eu os esfacelo a todos, e me perco. Aliás, o poema, visto na página, dá a ilusão dessa simultaneidade. E é possível mesmo que ele se realize para você, que, fonte, não necessita de percorrê-lo, de decifrá-lo, e que o poema dispense, por se refletir no campo subjetivo donde ele saiu, a "significação" de que nós leitores necessitamos, não para entendê-lo mas para lograr uma agregação dos seus elementos numa totalidade dinâmica, viva — porque a dinamicidade, aqui, necessita, além da proximidade espacial dos elementos, de uma corrente alusiva, qualquer que seja, que dê ao todo uma espécie de imantação, que o faça *significante*. A metáfora, velho instrumento da poesia, não é mais que um mecanismo armado para disparar numa espécie de movimento retroativo que envolve, instantaneamente, o tempo gasto na sua fabricação; ela é uma realização da simultaneidade, pela recuperação e eliminação do "passado": ela apaga as palavras que a precipitaram. Como V. informa em seu artigo, Pound usa de um outro processo igualmente eficaz, ou mais, de expressão poética: a justaposição de "coisas" ou ideogramas, que estabelecem entre si uma ligação significativa profunda. Essa ligação só se consegue graças ao fato de que cada uma das "coisas" aproximadas está prenhe de sentido, e que assim precipitam uma relação que não se faz apenas no campo perceptivo, mas também, e sobretudo, subjetivamente, como no pensamento simbólico primitivo e na linguagem da forma, de que fala Cassirer. É nesse campo que, a meu ver, a linguagem poética se ombreia, em dinamicidade, irradiação e síntese, à linguagem pictórica e à linguagem musical modernas. É evidente que a poesia, para chegar a isso, recorre aos elementos arquetípicos, às cristalizações da linguagem (poética e coloquial), aos símbolos arcaicos, às alusões ao mundo exterior, e assim jamais se liberta da subjetividade e das limitações inerentes à linguagem verbal: o que, no entanto, M. Bill consegue na escultura e Gildewart na pintura. A causa é óbvia: as artes plásticas trabalham com elementos que são "valor" independente das significações de empréstimos e de referência: a cor é uma sensação, um ser que vive por si; assim, o espaço, o traço, a forma. A palavra não: ela é um complexo de som-SENTIDO-forma, e é o sentido o seu elemento principal, pois é dele que ela tira a sua existência própria — o sentido que é uma alusão ao mundo exterior. E, mais, por isso, enquanto a natureza dos elementos plásticos possibilita uma total coincidência de *trabalho e expressão* — desde que eu mova o lápis, esse trabalho é "fala completa" —, a palavra reclama um campo significante para que ela se mova. Eis por que desligar a palavra de qualquer de seus elementos é matá-la — é fazê-lo um simples ser ótico ou auditivo — é atirá-la ao mundo da pintura ou da música. A poesia depende de que se mantenha, de qualquer maneira, a unidade desses três elementos, muito embora qualquer deles, em momentos diversos, assuma a predominância. Aliás, o jogo da sucessão da predominância de cada um desses elementos é um dos mais ricos recursos da expressão verbal.

Creio ser a Sintaxe, que é o elemento principal da linguagem discursiva, o ponto crucial, o problema fundamental da nova poesia. E ele me parece expresso nessa tentativa de dinamização que você impõe aos seus poemas. Não creio ser outra, senão ultrapassar o desenvolvimento oni-direcional [sic] a que a sintaxe submete a linguagem, a intenção de Mallarmé em "Un Coup de Dés" (preocupação que já se vinha esboçando em seus poemas anteriores). Mas Mallarmé não elimina a sintaxe: ele procura quebrar-lhe a tirania onidirecional [sic], inserindo, nos intervalos de tempo, novas "frases", e outras nos intervalos destas, num seccionar infinito que lembra o teorema de Zenão, e lembra Kafka, e o espaço cubista de alguns quadros de Juan Gris. Ele compreende que eliminar o tempo na linguagem é calar-se ou fazer o caos — aceita essa fatalidade e a trai. V. tentou o contrário, e para isso usou temas curtos — "lygia" — e, por isso, vários, certamente com o intuito de substituir o desenvolvimento linear do poema, o fluir, por um movimento circular, anulador (aparente) do tempo. Circular, mas não como em "Un Coup de Dés", onde o poema flui, e onde o tempo é recuperado pelo retorno ao ponto de partida. Você quis *não sair do ponto de partida*, e como isso seria ficar em "lygia", V. deu a esse "ponto de partida" o raio do campo visual (como numa dilatação do presente) — a página —, e dentro desse "agora" realizou o poema. Mas esse "agora", cabendo mais que uma palavra, mais que uma frase, implicava ainda um tempo-espaço que era preciso eliminar como "fluir". Aqui o problema roça Mondrian, e foi também com horizontais e verticais, com interseções que as neutralizam (como no *Victory Boogie Woogie*, de M.), que você tentou resolvê--lo. E voltamos às considerações anteriores: Mondrian consegue uma pura pulsação cromático-espacial, que se realiza em si mesma, porque as cores se bastam como elementos visuais de expressão. Mas, as palavras? Você tira às palavras seu caráter de palavras, e não lhes dá outro. Na ânsia de vencer as limitações da linguagem verbal como linguagem verbal, V. se rendeu ao gráfico. A significação se disseminou, se volatilizou, perdeu-se. E é você quem denuncia essa submissão ao gráfico, ao reduzir a palavra "lygia" a um simples *l*, que só pertence ao vocábulo como elemento gráfico, e que só se liga ao vocábulo na medida em que nós nos limitamos a vê-lo, porque se o lemos — *éle* — nada mais o liga a "lygia".

Tenho a acrescentar que essas considerações não pretendem demovê-lo, mas pôr, objetivamente, em questão certos problemas que me parecem vitais para a experiência que V. faz, e pela qual tenho o maior respeito. Agradeça por mim ao Haroldo o livro, que também é dele. Também os poemas dele foram discutidos por nós. Reconheço nele uma grande força verbal, se bem que uma certa frieza e às vezes rebuscamento.

O Bastos está com os artigos, passando a máquina, para o *Diário Carioca*, onde os transcreverá. O B. falou-me que encontrara o Oswaldino Marques com um recorte de "Poesia, estrutura", dizendo que o lera e que estava muito interessado, gostara muito etc. Esta devia ser mais longa e mais explícita. Mas não há tempo… Gostaria que V. respondesse às objeções.

Inteligente e interessante como é, a carta de Gullar mostra como ele foi "provocado" pela experiência, e ao mesmo tempo, denota suas dificuldades para compreender alguns dos aspectos básicos da nova poesia. A maioria de suas objeções seria repetida, com menos brilho, contra nós e contra ele, pelos opositores da *poesia concreta*. Preso, ainda, a classificações tradicionais, Gullar considerava o *tempo* e a *sintaxe* como "fatalidades" a que nos devíamos curvar, sob pena do silêncio ou do caos. Confundia a fragmentação e a espacialização das palavras com a eliminação de seu significado. Mostrava-se mais lúcido, é certo, quando falava no "caráter onidirecional" (unidirecional, como retifiquei em minha resposta) "da linguagem". Mas ao expressar-se assim apenas redenominava, numa fórmula pessoal e instigante, embora incorreta — porque a linguagem, como tal, não possui necessariamente esse caráter de mão única (vejam-se as línguas isolantes, como o chinês) —, aquilo que nós, por nosso turno, já identificávamos numa postulação mais ampla e, penso eu, mais precisa, ao falarmos numa consciência de estrutura em contraposição à organização meramente linear e aditiva tradicional; ao invocarmos, como exemplo, o "método ideogrâmico" de Pound, baseado na sintaxe interna dos caracteres chineses; ao tomarmos como lema a frase de Apollinaire: "É preciso que nossa inteligência se habitue a compreender sintético-ideogramicamente em lugar de analítico--discursivamente". Não passam de veleidades, pois, as afirmações de Gullar de que só a partir de sua carta é que o problema da sintaxe e do "caráter unidirecional da linguagem" vieram a integrar a teoria dos paulistas.

Ao contrário, Gullar é que, em contato com as experiências de *Noigandres 2* e de outros poemas inéditos a ele exibidos por mim, passou, e não sem perplexidade, a considerar seriamente os novos problemas que tais experimentos poéticos suscitavam e a vislumbrar aspectos construtivos onde antes só enxergava a destruição da linguagem, saindo do beco sem saída em que se encontrava.

3

Respondi às considerações de Ferreira Gullar com uma carta, em que dizia desde logo que aceitava o debate amplo de ideias e que suas objeções me pareciam inteligentes e pertinentes à discussão dos problemas despertados pelos poemas, mesmo quando eu não concordasse com elas. Procurei demonstrar-lhe a insuficiência da caracterização tradicional da poesia como *arte que se realiza no tempo*, acentuando que as artes evoluíam no sentido de uma superação das noções de tempo e espaço, em consonância, aliás, com a própria ciência moderna. Espaço e tempo — afirmei--lhe — são noções integrantes.

Se não se pode dizer que o tempo esteve jamais alheio à pintura (o ritmo — não há outra palavra — das linhas e formas na arquitetura como na pintura de qualquer época, com maior ou menor acentuação, cria um tempo), ou inversamente que o espaço é inexistente em música, nota-se mais agudamente nas últimas experiências de uma como de outra arte, uma verdadeira interpenetração dessas duas noções, a espacialização do tempo, em música, e na pintura a temporalização do espaço. Não se trata de uma "anulação (aparente) do tempo" ou do espaço, mas de uma sua superação por um espaço-tempo realizável do ponto de vista psicofísico e portanto real.

Dei-lhe exemplos:

> Em Mondrian mesmo, que, como diz Brest, "não escapa do círculo de ferro da geometria euclidiana e por isso, não obstante os elementos espaciais que por via simbólica introduz, *não inclui o tempo* em sua dinâmica simples de equilíbrios", é possível discernir num quadro como o *Victory B. Woogie* o problema tempo em ação. Em música, a partir de Webern, o espaço assume a posição inversa. Em Messiaen, em Cage e nos jovens compositores eletrônicos (como atestam os ensaios de Boulez, Fano, Phillipot e outros), o espaço é uma decidida preocupação. Cf. o trecho Fano em meu art., justificando-se a expressão de *música espacial* q leio em J. Carlos Paz ou as suas considerações sobre estruturas rítmicas q "respondem + a um conceito de espaço sonoro q de desenvolvimento no tempo".

Mostrei, ainda, que a descrição, segundo a qual Mallarmé "compreende que eliminar o tempo na linguagem é calar-se ou fazer o caos", não atendia exatamente à natureza do problema proposto por "Un Coup de Dés", afirmando:

> O problema, insisto, não é eliminar o tempo, proposição obviamente absurda porque impossível, mas superar a noção de tempo por outra mais complexa e dinâmica, e que é até mais fiel à realidade: o espaço-tempo. Mallarmé valorizando o silêncio no branco

do papel e a própria configuração visual do poema, fragmentando prismaticamente a ideia, CRIA um problema de espaço no tempo.

E citei, a propósito, um trecho do estudo "Mallarmé et la Musique du Silence", de Aimé Patri (*La Revue Musicale*, n. 210, jan. 1952), que vinha a calhar:

> A utilização da página dupla e dos diferentes corpos tipográficos permite ao poema o manifestar-se no espaço em lugar de desenvolver-se no tempo, sem que o dinamismo próprio deste seja em nada abalado: o alto e o baixo, a direita e a esquerda, o minúsculo e o corpulento, a reta e a curva se substituem ao antes e ao depois. O tempo não é, porém, destruído, mas integrado no espaço, como se se tratasse por antecipação, nesta nova mecânica racional, de uma geometria quadridimensional, de um Espaço-Tempo: a dimensão do tempo figurado no espaço se torna *imaginária* e as linhas do universo compostas de pontos-eventos se substituem aos *movimentos* oratórios (a bem dizer se trataria antes de uma mecânica ondulatória, com suas ondas de probabilidade, mas isto nos levaria muito longe).

Àquela altura, Gullar ainda não havia compreendido as possibilidades da utilização estrutural e sintática do espaço gráfico, que mais tarde iria procurar desenvolver em seus poemas neoconcretos.

Tratei, igualmente, de apontar o equívoco em que ele incorria ao afirmar que eu "desligava a palavra de seus elementos", que eu "tirava às palavras o seu caráter de palavras, enquanto linguagem verbal", o que era positivamente inverídico, pois que meus poemas eram construídos com palavras (e não apenas com sons) afetadas em pequena porcentagem por cortes e fusões vocabulares — palavras que não prescindiam do *significado*. Assim, o poema "lygia fingers", mencionado por Gullar, era uma representação ideogrâmica do tema da mulher amada, realizado através da justaposição associativa e cumulativa de substantivos (*mãe*, *figlia*, *sorella*) ao adjetivo "felina" e suas variações semânticas (*fingers*, *digital*, *dedat*, *grypho*, *lince*); a palavra "lygia" (nome próprio de mulher) era reiterada fragmentariamente ou sob a forma de anagrama no corpo de outras palavras (*fe-ly-na*) (*figlia*) (*only*) (*lonely*), para dar um efeito de ubiquidade à presença feminina, culminando na última letra do poema, *l*, que remetia como um *da capo* musical, circularmente, ao começo. Ora, vinha Gullar e dizia que aquele *l* só se liga visualmente ao vocábulo, porque se o lemos — *éle* — nada mais o liga ao nome lygia. Era, à evidência, um falso argumento. Rebati-o mostrando que em sua própria carta Gullar se valia de recurso semelhante de expressão:

> Dizer que o *éle* distante e morto do alfabeto, e o "meu" *l*, integrado numa estrutura relacional, são a mesma coisa, me soa como uma operação de difícil e até forçada abstração. Provo: V. escreve em sua carta "O Bastos", e duas linhas depois, "O B.". Poderia eu ler e entender esse *B.* apenas como a letra *bê*? Não. Esse *B.* eu o associo de imediato ao Bastos precedente. É uma forma de grafia dinâmica, a abreviatura: Bastos está contido naquele *B.* Igualmente reclamo a compreensão do todo para aquele *l*.

Isso, sem esquecer que o *l* do poema representava o fonema respectivo e não a letra *éle*, como forçadamente pretendia Gullar. Estava claro que, inclusive do ponto de vista do significado, a letra funcionava como redução dinâmica, como abreviação semântica e sonora a que o leitor era conduzido sem dificuldade pela reiteração, sublinhada ainda pelo uso da cor vermelha. Como disse a Gullar, "não afasto o elemento *significação* de minha poesia; procuro dinamizá-lo dentro de uma estrutura *verbivocovisual* onde atuem *em toda a sua extensão, com o máximo de rendimento possível* os elementos todos do poema". Gullar não treplicou. Os fatos subsequentes demonstraram quem estava com a razão. As dúvidas de Gullar quanto à viabilidade da nova poesia acabaram sendo respondidas, na prática, por nós e por ele próprio, com a *poesia concreta*.

Em 1955, três poemas da série *Poetamenos* (inclusive o "lygia fingers" em que eu, segundo Gullar, me havia "rendido ao gráfico") eram apresentados, numa oralização para quatro vozes mistas, sob a regência de Diogo Pacheco ("Ars Nova"), no Teatro de Arena, em São Paulo. O espetáculo, estreado no dia 21 de novembro e repetido no dia 5 do mês seguinte, levava o título de "música e poesia concretas" e assim foi noticiado em *O Estado de S. Paulo* na véspera da primeira audição. Fiz, pessoalmente, a apresentação dos poemas, que começava assim: "Em sincronização com a terminologia adotada pelas artes visuais e, até certo ponto, pela música de vanguarda, diria eu que há uma poesia concreta".

Em dezembro de 1956, organizamos em São Paulo a I Exposição Nacional de Arte Concreta, juntamente com os pintores do grupo de Waldemar Cordeiro. Do Rio foram convidados, além de vários artistas plásticos, os poetas Ferreira Gullar, Wlademir Dias-Pino e Ronaldo Azeredo (que passou a integrar o grupo Noigandres), e o crítico Oliveira Bastos. Gullar compareceu com alguns cartazes de "O Formigueiro", um poema caótico programado para cinquenta páginas, onde fazia uso abundante da fragmentação de palavras e da espacialização gráfica, embora mantivesse a sintaxe tradicional (as letras reunidas formavam frases "unidirecionais", como: "a formiga trabalha na treva" etc.). Na explicação escrita que divulgou então, dizia Gullar: "Tudo aqui se passa no silêncio". Tinha-se rendido ao gráfico? E falava "num processo que lembra o dos anúncios luminosos", sem mencionar que a ideia provinha diretamente do meu "interessante mas frustrado" *Poetamenos*, em cujo prefácio se lia: "mas luminosos ou filmletras, quem os tivera?", e das explicações que a respeito da estrutura do poema eu lhe dera por carta: "com luminosos se resolveria facilmente o problema, apagando, acendendo, mostrando visões sucessivas parciais e totais, como em certos anúncios" (carta de 1º de abril de 1955). Em suma, Gullar adotava, na prática, nossos postulados, se bem que continuasse ainda voltado mais para a destruição do que para a construção, como demonstrava "O Formigueiro", com sua estrutura incontrolada e sua temática ultrassubjetiva; de qualquer forma, era já um resultado da provocação literária da vanguarda paulista. Num artigo para a revista *MEC* (Ministério de Educação e Cultura), de março-abril de 1957, intitulado "Poesia Concreta", Gullar demonstrava acatar nossas teorias e nosso hoje, para ele, malsinado "elenco de autores", declarando textualmente:

> A poesia concreta, que acaba de romper as paredes da experiência de um grupo para se tornar um acontecimento, uma revolução, funda-se no trabalho sobre a linguagem poética, é o fruto de pesquisas que, partindo das conquistas válidas da poesia dita moderna (Mallarmé, Joyce, Pound, Cummings, Oswald de Andrade, Drummond, João Cabral de Melo Neto), rompeu com a sintaxe discursiva, unidirecional, trazendo em compensação para o campo da expressão poética as estruturas pluridimensionais, criadas pela relação visual dos elementos verbais e a exploração de suas cargas sonoras.

Depois, nossos caminhos foram se apartando. Veio, finalmente, a "cisão", forjada, jornalisticamente, no Suplemento Dominical do *Jornal do Brasil*. Gullar acrescentou-se um "neo" e um "não", mas não deixou de continuar "concreto"...

Agora, quando o autor de *A Luta Corporal* parece querer abjurar as ideias de outrora, embora de certo modo as valorize, indiretamente, revivendo fatos e episódios relacionados com a sua e a nossa participação no movimento da poesia concreta, não posso deixar de oferecer meus préstimos para o reavivamento de sua memória talvez desgastada pelo tempo. Contribuindo para esclarecer o verdadeiro estágio literário do poeta, por volta de 1955, quem sabe até favoreço, pela revelação de suas resistências ao movimento de vanguarda que então se formava, o desfazimento das suspeitas acerca da "coerência" de sua posição atual.

Não cabe, aqui, o exame dessa posição. Direi, apenas, que o que me desagrada nessa proclamação da morte cultural da arte e de sua ressurreição na base de possíveis populismos nacional-socialistas ou realistas-sociais é o perigo da reincidência nas teses gêmeas e solidárias da "arte degenerada" (nazista) e da "arte decadente" (stalinista). A história recente nos mostrou aonde tais teses levam a arte e a cultura. De minha parte, prefiro ficar, mesmo contra a maré, com o lema de Maiakóvski: "Não pode haver arte revolucionária sem forma revolucionária".

Gullar anuncia também que voltou ao silêncio. Se é para valer, lamento-o sinceramente. Mas o que menos me convence, nessa sua nova ameaça rimbaldiana, é a fala. O pregão do silêncio. Silêncio bem falante, para não dizer bem editado. Rimbaud calou-se sem fazer o elogio de si mesmo. Partiu para o contrabando. Nunca mais quis saber de poesia. Um dos melhores poetas de nosso modernismo virou embaixador no Ceilão. Nunca mais se ouviu falar dele. Maiakóvski, sufocado e sabotado pelos proletcultores stalinistas, preferiu matar-se a si próprio a matar sua arte. Calar-se como Rimbaud ou como Maiakóvski é uma coisa. Mas incendiar a metrópole das artes, para terminar chorando o grande poeta que o mundo perdeu, lembra mais a atitude do imperador romano. O silêncio apregoado perde toda a seriedade. É suspeito como as meias verdades. Sibilino como os lapsos de memória. E não tarda muito a ser quebrado.

NOTAS

1. Ferreira Gullar, *Cultura Posta em Questão*. Rio de Janeiro: Civilização Brasileira, 1965. Na relação das obras do autor, constante desse livro, omite-se estranhamente a coletânea de poemas concretos que Gullar publicou em 1958 sob o título de *Poemas*.

2. *Noigandres 2*, São Paulo, 1955, incluindo "Ciropédia ou a Educação do Príncipe", de Haroldo de Campos, e meu *Poetamenos*.

5. Poesia e/ou Pintura[*]

> *A poesia será como a pintura,*
> *A pintura será como a poesia;*
> *Ambas iguais, irmãs se representam,*
> *Ofícios, nomes entre si revezam:*
> *A pintura se diz "muda poesia",*
> *A poesia se diz "loquaz pintura".*
>
> Bocage, "De um Poema sobre a Arte Gráfica"

Pouco se sabe e pouco se fala de Wlademir Dias-Pino, o mais arredio, o mais estranho dos autores que a poesia concreta revelou, já em sua primeira exposição coletiva, no Museu de Arte Moderna de São Paulo, em 1956. Dado, quase sempre, como mato-grossense, Wlademir é na verdade carioca, da Tijuca, mas por ter

---

[*] Publicado originalmente no Suplemento Literário de *O Estado de S. Paulo*, 12 de fevereiro de 1966 e 19 de março de 1966, sob os títulos "Poesia e/ou Pintura" e "A Poesia Sólida de Wladimir". Os artigos foram revistos, reformulados e unificados para a primeira edição em livro.

iniciado sua carreira artística em Cuiabá, parece que até estimula o equívoco a respeito de sua naturalidade. Na Guanabara se fixou, de resto, há mais de dez anos, e é lá que vem imprimindo e confeccionando, ele próprio, numa pequena oficina de serigrafia, seus últimos trabalhos — poemas e flâmulas. Assim, quieta e persistentemente, Wlademir vem construindo sua poesia, em aparente isolamento, embora tenha mantido, ao longo desse tempo, um contato eficaz e solidário com os poetas do grupo Noigandres. Ao cabo desses dez anos, sua experiência, que poderia de início parecer apenas bizarra, já permite e justifica uma primeira avaliação do caminho percorrido, cujos pontos-eventos mais significativos ficaram registrados em publicações de tiragem limitadíssima: *Os Corcundas* (1954), *A Máquina ou a Coisa em Si* (1955), *A Ave* (1956), *Poema Espacional* (1957), todas com a rubrica da Editora Igrejinha, de Cuiabá, e *Sólida* (1962), poema-objeto impresso pelo autor no Rio de Janeiro.

Tipógrafo, gravador e pintor, Wlademir — que começou fazendo xilogravuras em Cuiabá por volta de 1948 — reúne à linguagem de poeta qualidades de artista gráfico que dão à sua obra uma feição específica. Não é de estranhar que um dos poucos estudos que se fizeram sobre seus poemas tenha surgido numa coluna de artes plásticas — o artigo "A Poesia e as Artes Visuais (um Poema Espacional)", assinado por Frederico Morais e publicado, creio eu, em 1957, em jornais de Minas e Mato Grosso.

A poesia de Wlademir Dias-Pino pode ser esquematicamente dividida em duas fases: a pré-concreta, destrutiva, provinciana e matogrossense, a que pertencem seus dois primeiros livros; e a concreta ou construtivista, a partir de *A Ave*, já inseminada pelos problemas que agitaram a poesia das metrópoles São Paulo-Rio, e que tiveram deflagração escandalosa nos anos 1956-7.

Se ainda não se notam em *Os Corcundas* e *A Máquina ou a*

Coisa em Si os traços mais ostensivos daquela problemática — a espacialização tipográfica e a sintaxe visual —, há neles, todavia, sinais prenunciadores de rebeldia literária; sinais particularmente evidentes numa progressiva hostilidade contra a sintaxe tradicional, numa recusa em submeter-se à linguagem institucionalizada. Esse conflito, que, num poeta de tipo intuitivo como é Wlademir, resulta em parte do insuficiente domínio das normas contratuais da língua, leva o poeta, por vezes, a curiosas invenções, como "magros-te" (adjetivo reunido a pronome oblíquo numa locução insólita), e a uma geral ausência de coordenação dos versos. É possível entrever uma influência do surrealismo nessa fase de Wlademir; mas é um surrealismo até certo ponto dominado e submetido a uma intencionalidade. E mesmo as soluções surrealizantes podem resultar em achados de inegável força: "já outros lixam sóis de madeira/ com provérbios, gravados ao fogo/ em suas línguas porosas"; "a nuvem que desce forma uma jaula/ de manequins tombados".

A rebeldia de Wlademir se manifesta ainda, ao nível semântico, pela dessacralização do "poético", através de um sistemático "culto do feio" ou do "mau gosto" em *Os Corcundas*, ao qual se vem adicionar o "culto da máquina" (tipográfica) em *A Máquina ou a Coisa em Si*: em ambos os casos ocorre a intromissão de um vocabulário usualmente rejeitado em poesia.

Em *Os Corcundas* ascendem ao primeiro plano palavras como: "tamancos", "espinhas", "cacoetes", "canhotos", "fedores", "umbigo"; e sintagmas como: "unhas postiças", "caroços vertebrais", "saliva vidrada", "mesas porosas de mofo", "birrugas [sic] balançando bobas", "juntas de nós", "enrugados ombros", "rolhas de caspas", "corcundas como interrogações", "calos arrepiados", "inflamadas orelhas", "ampulhetas cabeludas", "padecidos bocejos negros", "cristã negra, suando saliva", "polidas pinças", "aranhas com suas pernas bem secas", "línguas porosas", "muchilas [sic] de cicatrizes líquidas", "fezes de espantalhos".

Nesse monturo de dejetos verbais — ou "nesse modo mais umbigo" —, Wlademir trata de revolver e perseguir uma espécie de fenomenologia do indizível poético, para "chegar ao fim das coisas, calva das coisas". Ao mesmo tempo, sente-se nele a consciência existencial da solidão do poeta no mundo moderno, formulada, já no título, pela imagem do "corcunda" e desenvolvida na linha "e poesia só se carrega às costas": a poesia, essa estranha bossa, defeito congênito que o poeta leva ao seu dorso — mochila quixotesca de combate; o poeta como um ser "excepcional", que reage contra a burocracia do "normal" e das "normas" com a criação de seu "idioleto",[1] seu dialeto próprio, refratário aos padrões conformistas da linguagem estratificada.

O bloqueio à sintaxe convencional se faz ainda mais pronunciado em *A Máquina ou a Coisa em Si*, conjunto de poemas desmontáveis (em páginas soltas) de versos desmontáveis. Vejam-se as linhas iniciais: "Que pluma esses dentes/ da engrenagem até ao tédio/ tamanho mapa, mapa de ferro/ ruminando que raiva igual/ toda andaime logo de febre/ e também aço outras coisas/ quase humana quase hélice". Em depoimento que daria alguns anos mais tarde (Suplemento Dominical do *Jornal do Brasil*, 23 de fevereiro de 1958), sob o título "Da negação e positivação do espaço", diria Wlademir: "Num poema como num quadro (já que ele não conta uma história), não há princípio nem fim, a coisa é desmontável, o quinto verso deve ter ligações com o segundo assim como com o décimo etc.".

A máquina, no poema de Wlademir, procede a uma incessante mastigação do lixo léxico, já agora associado a um outro vocabulário não menos insólito, extraído das entranhas-engrenagens do próprio mecanismo em ação: "Prelo de costelas e gumes,/ espátulas, conheço de assobios/ coçando as palavras e gravuras/ com seus receios, pudores e gavetas,/ num mastigar assombrado". Da fenomenologia poética da máquina "quase humana" emergem, de um lado: "asmas", "queixos", "olheiras", "frieiras", "bochechas", "tutano", "calo", "ruga", "suor", "mata-pulgas", "ventas crespas", "pestanas de espinhos", "já orelhas, antes beiços". De outro lado: "aspas", "consoantes", "graxa", "andaime", "aço", "hélice", "dentes da engrenagem", "mapa de ferro", "odores de madeira", "quadrada moía", "pêndulos", "paralelos de espelhos", "aduncas barbatanas", "asas de pentes", "trevo giratório", "parafuso", "centro britando unidades". Ou ainda, em confraternização semântica: "prelo de costelas e gumes", "bigodes de tinta", "esqueleto limado", "mãos de frases taquigrafadas", "números e músculos".

É como se Wlademir, partindo de um certo *automatismo psíquico*, concentrado na fenomenologia do feio e da deformidade (que corresponderia à fenomenologia existencial do poeta), e passando a seguir à fenomenologia da máquina (que corresponderia a uma "fenomenologia da composição", ou da "coisa em si" poética), tivesse chegado a uma espécie de *automação psíquica*: poemas quase impessoais, que parecem gerados de dentro da máquina sensibilizada. Dir-se-ia que o poeta — tanta a sua identificação com seu instrumento de trabalho — psicografou a sucata linguística vomitada por um prelo-cérebro-mecânico, e conseguiu, assim, ao mesmo tempo revelar sua condição de poeta e pôr em xeque a linguagem naquele "mastigar assombrado" de "aspas" e "asmas".

Mas foi no ambiente da poesia concreta que Wlademir, ultrapassada essa primeira fase de autoperquirição individual e instrumental, encontrou o habitat necessário para a liberação de suas formas. *A Ave*, poema completado e publicado em 1956,[2] é, já desde o título, um sintoma de mudança. O poeta abandona a mastigação tortuosa e torturante da máquina, com sua fenomenologia introjetiva, pela fenomenologia aberta do espaço e do voo livre. Poesia e arte gráfica se dão as mãos num projeto que reintegrará o poeta em seu tempo, na pesquisa construtiva de uma nova linguagem.

Em *A Ave*, signos verbais e não verbais se vinculam, por um duplo processo, de natureza ao mesmo tempo indexical e icônica, consoante os termos da classificação dos signos de Peirce. A base do poema é uma tábua de vocabulário, ou uma "estatística", como a denominava intuitivamente Wlademir — isto é, um rol de palavras dispostas em sete linhas horizontais sobre a página. Algumas dessas palavras, ou setores delas, sempre nas mesmas posições em que se encontram na tábua, são repetidas em outras páginas do livro. Sob cada uma dessas páginas — brancas e transparentes — o poeta pôs uma página amarela contendo apenas retas desenhadas, que, num único traço, fazem as ligações sintáticas entre as palavras soltas na página anterior. Ao abrir o livro, nos defrontamos, pois, simultaneamente, com as palavras da primeira página e o desenho, sotoposto, da segunda, integrados pela transparência do papel num só objeto perceptivo. A leitura se faz seguindo as direções do traçado e unindo-se as palavras encontradas nos vértices dos ângulos formados pelas retas. Armam-se assim seis frases-páginas: 1) "A AVE VOA dEnTRO de sua COR"; 2) "polir O voo Mais que a Um ovo"; 3) "que taTEar é seu ContORno?"; 4) "suA agUda cRistA compLeTA a solidão"; 5) "assim é que ela é teto DE seu olfato"; 6) "a curva amarGa SEU voo e fecha um TempO com Sua fOrma". As maiúsculas intercaladas não objetivam alcançar efeitos expressivos, mas apenas possibilitar que com os mesmos textos se obtenham novas combinações sintagmáticas, através da sobreposição desses textos e outros traçados cujas linhas passam pelas letras em caixa alta. Aquelas mesmas seis páginas podem, desse modo, fornecer os seguintes significados adicionais, que formam um único período: a) "à ALTURA" b) "DE" c) "SEU GOSTO" d) "RETO A AVE VOA CO-" e) "-MO UM" f) "CORTE". Ao virar as páginas brancas onde se inscrevem as palavras, nos defrontamos com o traçado geométrico das retas sobre as páginas amarelas; as mesmas linhas que, articuladas pela transparência do papel com as palavras, funcionavam como índices direcionais de leitura, ganham agora autonomia e se oferecem como uma imagem abstrata, sem palavras, do voo da ave. Opera-se então a passagem desses signos da categoria de índice para a de ícone, numa ambivalência rica de informação estética.

Uma terceira aproximação gráfica do tema será ainda intentada pelo poeta, aplicando páginas perfuradas diretamente sobre a tábua vocabular. As perfurações circulares isolam do texto alguns segmentos cuja leitura se processa pelo mesmo sistema de traços, desenhados dessa vez na própria página sobreposta, unindo os furos entre si; geram-se assim novas variações: 1) "cor que vem da ave" 2) "ao instante agora".[3] Não é possível dar aqui, porém, senão uma ideia aproximada do efeito gráfico total, para o qual concorre ainda a diversidade das texturas do papel (liso ou granulado, opaco ou brilhante) e das cores (branco, amarelo, grená, bege, rosa, verde) que se combinam pela transparência ou pela perfuração. Mas o que impressiona favoravelmente não é a pirotecnia visual, que poderia esgotar-se no próprio processo; é, antes, o sentido de coerência subsistente nesse conjunto algo disparatado de elementos plásticos, que, se nem sempre se justificam num plano de estrita funcionalidade, se acertam, afinal, a despeito do caráter idiossincrático e arbitrário de certas soluções, no projeto geral do poema.

Método semelhante, mas bem menos complexo, foi usado por Ferreira Gullar em seu "O Formigueiro", poema programado para cinquenta páginas, que não chegou a ser impresso em livro e do qual foram exibidos alguns cartazes nas Exposições de Poesia Concreta de 1956 e 1957. A partir de um núcleo fixo de letras, mantidas as mesmas posições iniciais, isolar-se-iam grupos setoriais de letras que formariam frases dispostas em páginas separadas. Algo assim, também, como o acender e o apagar dos luminosos, cujas virtualidades técnicas eu já aplicara, alguns anos antes, no *Poetamenos*. Tanto *A Ave* como "O Formigueiro" pertencem à fase fisiognômica da poesia concreta, caracterizada pela iconicidade figurativa, a forma orgânica e a fenomenologia da composição: figuração direta, pictográfica, em Gullar (letras e/ou formigas); figuração mais sutil e abstrata, em Wlademir (traços/ vestígios de voo). Ambos mantêm ainda a sintaxe tradicional, apesar do estilhaçamento do discurso, alterando, apenas, a disposição visual da frase ("A formiga trabalha na treva" etc.). "*A Ave*", no entanto, tem sobre o poema inconcluso de Gullar, além da maior inventividade plástica, a vantagem de ter sido melhor estruturado e solucionado. O uso dos traços deu, indubitavelmente, maior clareza ao poema de Wlademir, permitindo uma orientação mais segura ao leitor. Já Gullar não logrou ajustar com precisão o mecanismo de seu poema; partindo para uma atomização mais irracional, que tinha como unidade a letra e não a palavra, acabou perdendo o controle de um projeto que se foi tornando tanto mais inviável, quanto mais ambicioso: um dilúvio de letras-formigas destruiu as indicações de leitura, deixando poeta e leitor perdidos num caos vocabular incontrolado e incontrolável.

Nas mesmas exposições, Wlademir apresentaria a primeira versão de outra obra, que tinha então o título de *Poema Espacional*. Influenciado, sem dúvida, pela disposição vertical da coluna de *mm* do poema "Movimento", de Pignatari, que lhe é anterior, o *Poema Espacional* compõe-se de nove palavras extraídas de uma palavra-núcleo ("solida"): "solidão", "só", "lida", "sol", "saído", "da", "lida", "do", "dia". Palavras que ainda estão ligadas, como se vê, por um nexo sintático. Na primeira versão, essas palavras, depois de apresentadas em conjunto, alinhadas uma abaixo da outra, pelas letras iguais, eram substituídas, letra a letra, por círculos perfurados ou desenhados, unidos por traços. Na segunda, publicada como um folheto-poema desdobrável em 1957, eram trocadas, no curso do poema, por sinais de pontuação (vírgulas).

A terceira e última versão do *Poema Espacional* veio a constituir o conjunto de textos a que Wlademir deu o título de *Sólida*. A apresentação é incomum. Em vez de livro, uma caixa contendo quarenta cartões. Só nos dois primeiros se encontram palavras. No nº 1 comparecem a palavra "solida" e as nove derivadas, na ordem estrutural das versões anteriores (as letras iguais alinhadas em faixas verticais). No segundo, só a palavra geradora; as letras das demais são substituídas por vírgulas (como na segunda versão). No terceiro e no quarto, traços, curvas e círculos tomam o lugar das palavras, mantido o mesmo esquema. A seguir formam-se cinco séries de nove cartões — cada um reservado a uma palavra — onde os círculos e traços, em azul ou em vermelho, se vão gradativamente libertando da estrutura posicional primitiva, para recodificar as letras em novos signos geométricos e arbitrários. A primeira página serve, pois, de chave vocabular a todas as outras. Em cada série criam-se signos diferentes — correspondentes às seis letras s, o, 1, i, d, a, a que se agrega o o de "solidão" —, os quais se repetem e se combinam para a formação das nove palavras "decupadas" do poema. Observe-se que se a estrutura é aberta (a forma e a dimensão dos novos signos gráficos são arbitrárias em relação aos modelos convencionais das letras), não o é totalmente, pois deve haver sempre, em cada cartão, um número de signos geométricos equivalente ao das letras; além disso, os novos signos guardam entre si uma relação de contiguidade e continuidade similar à ordem das letras, o mesmo acontecendo com os cartões em relação à ordem inicial das palavras. Tais elementos de similitude possibilitam a reversibilidade do código ao sistema sígnico inicial e, portanto, a manutenção de sua mensagem.

Nas duas últimas séries de cartões — as mais ousadas —, os signos são formados por simples divisões do espaço — o próprio vazio ou fundo intercalar em branco é incorporado como elemento sígnico. Na derradeira, a inserção de cortes e dobras nos cartões opera a mais radical metamorfose nas palavras, que passam a configurar objetos tridimensionais; conjuntos de signos geométricos não motivados pelas letras-referentes — símbolos de símbolos, por conseguinte —, mas que, por vezes, geram uma figura geométrica que mantém relação de iconicidade com o significado da palavra representada. Por exemplo, o cartão n⁰ 5 — correspondente à palavra "saído" —, em que o elemento geométrico equivalente à letra *l* (um trapézio formado pelo espaço em branco) se destaca, por uma incisão em dois de seus lados, como uma ilha, do centro da página, deixando assentados no mesmo plano e unidos pela cor vermelha os demais elementos equivalentes às letras *s*, *a*, *i*, *d*, *o*. Ocorre, aqui, não mais o efeito fisiognômico, da primeira fase da poesia concreta, mas o isomórfico, uma vez que o complexo sígnico resultante não se relaciona com o significado da palavra "saído" por uma analogia figurativa, mas por aquela "analogia latente" de que fala Roland Barthes, característica de certos signos "abstratos" (não analógicos), que, no entanto, são capazes de dar a impressão de possuírem um vínculo de afinidade com o significado — Barthes cita o caso da marca industrial Berliet, símbolo da ideia de "poder", e assinala que a mesma ambiguidade é encontrável nos signos de certas escritas ideográficas, como o chinês — verificação que coincide com a dos teóricos da poesia concreta.[4]

É preciso acentuar que o poema de Wlademir se distingue

dos "poemas-código", de Décio Pignatari, Luís Ângelo e Ronaldo Azeredo.[5] Embora todos tenham em comum a substituição dos signos verbais convencionais por novos signos geométricos, o sistema adotado por Wlademir é ainda parcialmente fonético ou digital: reproduz com novos símbolos a série de sons que se sucedem nas palavras; já o dos outros poetas é ideográfico e, consequentemente, menos limitado e mais cursivo: palavras e mesmo sintagmas (conceitos complexos) podem ser representados por um signo único e alheio aos sons de que se compõem.[6] Apenas enquanto conjuntos de signos articulados — palavras-signos — é que os desenhos de Wlademir adquirem caráter propriamente ideográfico, constituindo, a bem dizer, um sistema misto, fonoideogrâmico, em relação simbólica (puramente arbitrária, não analógica) ou icônica (analógica) com os significados das palavras representadas.

Num plano ainda mais geral, pode-se afirmar que os objetos-palavras funcionam autonomamente (se desconhecido ou abstraído seu pressuposto linguístico) como objetos plásticos. Daí resulta uma extensão informacional que acresce a polivalência de sua informação estética: escrita digital e/ou ideogrâmica, linguagem simbólica e/ou icônica, poesia e/ou pintura.

Mas não se pense em Wlademir como um pesquisador de gabinete. Ao mesmo tempo que publicava os cartões de *Sólida*, editava o poeta, numa caixa irmã-gêmea, outros tantos cartões de humor gráfico. Humor sem palavras, formulado em desenhos algo amadorísticos, mas às vezes eficazes e sugestivos, como naquele cartão do casal incomunicável, que emerge das linhas desencontradas de um labirinto, na figuração gráfica do desamor e do desentendimento. Wlademir compareceu, aliás, não como poeta, mas como humorista, no número especial da *Revista da Semana* (26 abr. 1958) dedicado ao humorismo, ao lado de Ziraldo, Borjalo, Claudius e muitos outros, com duas páginas de charges grafistas. No mesmo ano realizou uma série de desenhos geométricos em panos pintados para a decoração de rua do carnaval carioca. Nada de novo em termos de visualidade "concretista", mas a experiência de interferir na programação visual de largo consumo já era, em si, uma novidade.

O caminho percorrido por Wlademir Dias-Pino, dentro da poesia concreta, foi, portanto, muito pessoal e produtivo. Se assimilou as formulações e os primeiros experimentos do grupo de São Paulo, que imprimiram diretrizes construtivas ao movimento, soube contribuir, por seu turno, para a abertura de novas sendas. Pode ser cedo para se fazer um juízo definitivo de sua obra, ainda em desenvolvimento. Mas não o é para nela identificar um percurso próprio na acidentada rota em que se empenharam os poetas concretos, entre a "loquaz pintura" e a "muda poesia".

NOTAS

1. Em "Élements de Sémiologie" (*Communications*, n. 4, p. 96, Paris: Éditions du Seuil, 1964), Roland Barthes alude ao conceito (discutido por Jakobson) de "idioleto" — "a linguagem falada por um único indivíduo" (Martinet) ou "o jogo de hábitos de um único indivíduo num dado momento" (Ebeling) —, admitindo sua utilidade para designar "o estilo" de um escritor, "ainda que o estilo seja sempre impregnado por certos modelos verbais provenientes da tradição, isto é, da coletividade". A noção é aqui aplicada mais nesse último sentido, mas caracterizando especificamente a linguagem criativa em oposição à linguagem convencional.

2. Numa carta de 4 de janeiro de 1956, me escrevia Wlademir: "Já terminei *A Ave* e irei imprimir num troço parecido com mimeógrafo, na UME, em troca do favor que fiz em 'desenhar' um cartaz para o festival deles". É difícil precisar a tiragem da "edição", apenas parcialmente impressa: os traços geométricos e os dizeres da capa eram desenhados à mão pelo próprio autor, em cada volume; as páginas eram furadas e grampeadas, como um caderno. Ao longo do ano de 1956, Wlademir foi acrescentando novas páginas. Eu mesmo tenho duas cópias diferentes do livro, a primeira, com dedicatória datada de 9 de junho de 1956; a segunda, posterior, com mais traços e mais páginas.

3. Em minha análise, que procurava enfatizar os aspectos positivos do trabalho de Wlademir, desprezei outras variantes, menos felizes, que há no livro, como os textos A/COR/O/ CENTRO/COMO/A/AVE/SUSPENSA/NA/SOLIDÃO e SUSPENSA/COMO/SEDE/COMO/O/EQUILÍBRIO/DE/TUAS/ORELHAS, em que a maioria das letras era substituída por números, correspondentes às letras da tabela, formando as letras remanescentes novos sintagmas indicados pelos traços; e o poema ESSA QUALQUER COISA FINA COMO UMA RUGA, que parece deslocado no conjunto.

4. Veja Roland Barthes, op. cit., p. 112. Augusto de Campos; Haroldo de Campos; Décio Pignatari, *Teoria da Poesia Concreta*. 2. ed. São Paulo: Duas Cidades, 1975.

5. Veja Augusto de Campos; Haroldo de Campos; Décio Pignatari, op. cit., pp. 159-69. Acompanhados do manifesto "Nova Linguagem: Nova Poesia", de Luís Ângelo Pinto e Décio Pignatari, os "poemas-código" ou "poemas semióticos" foram lançados no *Correio da Manhã* (25 jul. 1964) e no Suplemento Literário de *O Estado de S. Paulo* (26 set. 1964).

6. Veja Ferdinand de Saussurre, *Curso de Linguística Geral*, sobre os sistemas ideográfico e "fonético" da escrita (São Paulo: Cultrix, 1969, p. 36).

6. Sem Palavras[*]

A poesia concreta — muito embora a quisessem morta, decadente ou academizada seus muitos adversários — continua a doer e a incomodar. É o que prova a reação irritada de alguns leitores diante de certas produções recentes do grupo paulista — os "poemas semióticos" de Décio Pignatari, Luís Ângelo ou Ronaldo Azeredo e meu "olho por olho", que um biacadêmico "poeta de vanguarda" qualificou de "inqualificável". Realmente, nenhum adjetivo poderia definir melhor a poesia concreta e até a própria poesia de vanguarda. "Admirável", "vitoriosa", "instaurada" etc., em suma, "qualificável", é mesmo a outra. A poesia de vanguarda (e no momento não há outra senão a poesia concreta) é precisamente aquela que não se ajusta aos cânones classificatórios da historiografia literária e que, por definição, se destina a fornecer um mínimo de redundância informativa, um máximo de informação original, imprevista, "inqualificável".

[*] Publicado originalmente no *Correio da Manhã*, 9 de abril de 1967.

A perplexidade gerada pelas novas realizações da poesia concreta talvez explique o fato curioso ocorrido em São Paulo, onde o organizador de um inquérito sobre a poesia brasileira, no qual o "concretismo" era um dos temas centrais de discussão — como o revelam as próprias entrevistas publicadas —, entendeu de cassar os direitos poéticos e até a palavra dos poetas concretos, sob o pretexto de que o "concretismo", suprimindo a palavra, deixou de ser literatura e assim, "presuntivamente, deixou de convir diretamente a uma análise da situação atual da poesia brasileira".[1] Sim, a poesia concreta é inconveniente. E inconveniente pela razão mesma de que põe em xeque essa pseudonoção de literatura e de poesia como compartimento estanque, desvinculado das demais artes, desligado das transformações tecnológicas, de poesia-em-estufa, *in vitro* e não *in vivo*.

Ora, em primeiro lugar, todo poeta (e alguns críticos) sabe que poesia não é literatura, ou pelo menos não é bem literatura. Já o diz Pound, em seu ensaio sobre Camões:

> Se a poesia fizer parte da literatura — o que eu muitas vezes estou inclinado a duvidar, pois a verdadeira poesia está em relação muito mais próxima com o que de melhor se fez em música, em pintura e em escultura, do que com qualquer parte da literatura que não seja verdadeira poesia; se, todavia, Arnold considerava a poesia como parte da literatura, então, sua definição de literatura como "crítica da vida" é a única notável blasfêmia que foi gerada pela frigidez de sua mente. O espírito das artes é dinâmico. As artes não são passivas nem estáticas, nem, num certo sentido, reflexivas, embora a reflexão possa assistir a seu nascimento. A poesia é tanto "crítica da vida" quanto o ferro em brasa é crítica do fogo.

E Sartre (será preciso repeti-lo?): "O império dos signos é a prosa; a poesia está do lado da pintura, da escultura, da música". (*O que é Literatura?* — Situações II). E Mário de Sá-Carneiro: "Enfim, para mim, entre a poesia e a 'literatura', há a mesma diferença que entre essas duas artes e a pintura, por exemplo" (*Cartas a Fernando Pessoa*, v. 1). E etc.

Logo, a poesia concreta, ao proclamar-se "antiliteratura", nada mais faz do que explicitar e aguçar um conflito que subjaz na essência da poesia, esse corpo estranho, incômodo e inqualificável que vive a perturbar a "literatura" e a tirar o sono dos "literatos". Já tentei formular uma definição desse conflito, com base na terminologia de Susanne Langer, como uma contradição entre a natureza não discursiva da poesia e os meios (a sintaxe lógico--discursiva da prosa) por ela usualmente empregados. Contradição evidenciada até por artifícios emblemáticos como o metro e a rima, que assinalam algumas das primeiras divergências entre a poesia e a prosa literária. A poesia concreta é ainda "antiliteratura", ou mais restritivamente, "antipoesia", de "poetamenos", "ex-poetas" ou "apoetas", numa outra acepção: a de uma poesia que prefere definir-se em termos antinômicos pelo imperativo ético de não se confundir com a "poesia com *P* maiúsculo" (mas minúscula e sem músculo) que o "sistema" nos impinge. "E eu que não sou nem nunca fui poeta", poetou Mário de Sá-Carneiro. Certos críticos pedestres seriam capazes de tomá-lo ao pé da letra…

Enquanto a "suspicácia indígena" trata de descobrir os meios de exorcizar o fantasma da poesia concreta, antes mesmo de tentar compreender o sentido de suas experiências e de sua evolução, em outras partes do globo há sinais de maior visão e maior sensibilidade para a coisa nova. Entre eles, a grande mostra "Between Poetry and Painting" (Entre a Poesia e a Pintura) realizada em outubro de 1965, no ICA, Institute of Contemporary Arts, de Londres, entidade presidida por Herbert Read. Essa exposição, que reuniu trabalhos de cerca de cinquenta poetas, entre os quais quase toda a equipe de *Invenção*, com seus últimos trabalhos, foi assim apresentada no boletim de outubro de 1965 do ICA:

> A mostra inclui todos os tipos de poesia que se afastam das formas puramente literárias e se estendem aos domínios da visão e da sonoridade. Muitos trabalhos pertencem à área da poesia concreta, isto é, poesia visual construída a partir de letras e palavras em obediência a alguma ideia ou projeto, em contraposição à caligrafia mais intuitiva e gestual exemplificada pela obra do grupo letrista e dos colaboradores de "Rhinozeros". A poesia concreta é o primeiro movimento internacional de poesia e seus componentes se mantêm em estreito contato, quer se encontrem no Brasil, na Checoslováquia, na Alemanha ou nas Ilhas Britânicas. Paralelamente à exposição, foi editado um catálogo, com poemas, depoimentos e biografias de seus participantes; da introdução de Jasia Reichardt, que se reporta a uma formulação de Décio Pignatari: "A ideia de que o poeta é um 'designer' (no sentido mais amplo) da linguagem, aplica-se igualmente à poesia semiótica, semântica, concreta, visual, datilográfica, fonética, mecânica e cinética, e serve de base a esta exposição".

Outras manifestações no mesmo sentido foram as exposições realizadas entre fevereiro e março de 1966, nos Estados Unidos, em Berkeley, Califórnia e em Nova York, e de que também participaram os concretos brasileiros: "Mostra de Poesia Experimental (visual e fonética)" e "Poemas Objetos". No catálogo desta última lê-se:

> No passado, as pinturas e esculturas que tinham implicações literárias ou poéticas eram consideradas com acerto como pertencentes a "meios" ("media") impuros, havendo nisso uma conotação negativa, diversamente do que hoje acontece. Da mesma forma, poemas que tinham fortes características visuais eram tidos, pelo menos na civilização ocidental, como algo não muito "sério". Hoje

a situação se tornou bem diferente. O poeta e o artista visual estão igualmente interessados em explorar todos os recursos necessários para a realização de uma ideia particular. O poema-objeto é a incorporação da obra dos poetas em formas e materiais tradicionalmente associados com as artes plásticas e visuais, e da obra dos artistas em formas e materiais associados com a poesia. As concepções de um "meio" não acompanham mais simplesmente as concepções de outro; ambas se fundem intimamente, estabelecendo o que poderia ser chamado de "intermeio" ("inter-medium").

Sirvam esses exemplos — poderia citar muitos outros — para evidenciar que a "nova linguagem" da poesia concreta só não tem trânsito na concepção esquemática de alguns comentaristas inconformados e/ou desinformados. Os poemas-sem-palavras, os "poemas semióticos", que constituem apenas uma das vertentes da poesia concreta — pois esta, em outros textos, continua a explorar as virtualidades da palavra, com ênfase no parâmetro semântico —, têm sido normalmente apresentados, ao lado de poemas-com-palavras, em publicações e antologias de cunho internacional. O que os distingue da produção propriamente pictórica é a clara intencionalidade semântica. Nesse sentido, cabe ressaltar que tanto o poema-objeto *Sólida* de Wlademir Dias-Pino como os poemas-código de Pignatari, Luís Ângelo e Ronaldo Azeredo possuem "chaves léxicas" para a sua leitura ou decodificação. O mesmo ocorre com o poema visual "olho por olho", que não necessita de "chave léxica" explícita porque se compõe de signos extraídos da realidade cotidiana: uma esteira de olhos arrancados a personagens conhecidos conduz a um triângulo formado por sinais de trânsito, de significado universal: à esquerda, *tráfego proibido*; no centro, *siga em frente*; à direita, *direção única à direita*; e no vértice superior, termo da viagem, o sinal geral de perigo. Esse poema "inqualificável" tem, pois, uma semântica visível a olho nu.

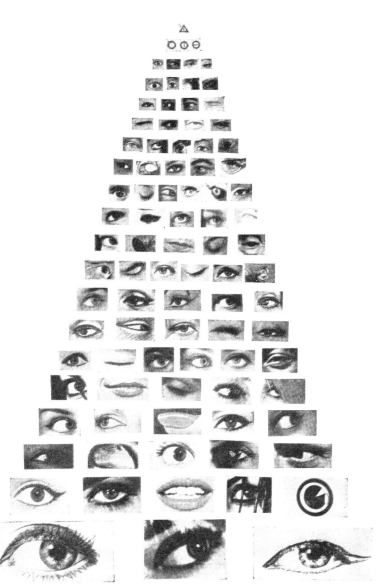

"Olho por Olho", 1964, poema de Augusto de Campos. Página da frente do catálogo dos poemas exibidos na mostra Espetáculo Popcreto, com abertura na Galeria Atrium, São Paulo, 9 de dezembro de 1964. (Coleção do autor)

Paul Valéry afirmou certa vez, com sua implacável clarividência:

> A origem das belas-artes e a introdução de seus diferentes tipos remontam a um tempo que é essencialmente diferente do nosso e a homens cujo poder sobre as coisas e condicionamentos era insignificante comparado ao nosso. Mas o crescimento espantoso que nossos recursos experimentaram em sua adaptabilidade e precisão promete-nos mutações iminentes e de longo alcance na antiga indústria da beleza. Todas as artes têm um aspecto físico que não pode mais ser olhado e tratado como antes; a arte não pode fugir por mais tempo aos efeitos da ciência moderna e dos processos modernos. Nem a matéria, nem o espaço, nem o tempo têm sido nesses vinte anos o que haviam sido antes. É preciso também estar preparado para o fato de que grandes inovações transformarão totalmente as técnicas das artes, de que elas, em consequência, influenciarão as próprias criações e de que eventualmente chegarão a mudar o próprio conceito de arte da maneira a mais fantástica. (*A Conquista da Ubiquidade*, 1934)

Meditem nisso os julgadores apressados da poesia concreta.

Outra das balelas que se tem divulgado sobre a poesia concreta é a de que às teses concretistas não corresponde um ponderável conjunto de poemas capaz de justificá-las. Nada mais inverídico. Os poetas concretos não produzem volumes monumentais, maciços e maçantes, não publicam livros-bolo-de-aniversário, pois sua poesia, entre outras coisas, é uma denúncia contra esse tipo de facilidade e de oportunismo. Mas os cinco números de *Noigandres* e os cinco de *Invenção*, com numerosos poemas concretos (de 1953 a 1967), sem contar as outras publicações, nacionais e internacionais em que estes têm aparecido, além dos livros de Wladimir Dias-Pino, José Lino Grünewald, Edgard Braga,

Pedro Xisto e outros, atestam uma produção constante e diversificada que — isto sim — não foi até hoje estudada, quer em bloco quer individualmente. Sem mencionar o trabalho de poetas concretos estrangeiros, como Gomringer, Ian H. Finlay, Ferdinand Kriwet e tantos outros. E sem falar na produção pré-concreta do grupo paulista, que preparou e criou os pressupostos do movimento no Brasil, e que mereceu, de um alto intelectual não comprometido com a poesia concreta — Mário Faustino —, a apreciação de que, juntamente com a de Ferreira Gullar, se tratava da melhor poesia brasileira aparecida depois de João Cabral.[2]

A poesia nunca se mediu pela quantidade de papel impresso. Toda a obra poética de Mallarmé cabe num pequeno volume. De Arnaut Daniel só nos restam dezoito poemas. Alguns sonetos constituem a glória de Gérard de Nerval. Rimbaud cabe num livro de bolso. Os quase vinte anos de atividade poética dos componentes do grupo da poesia concreta, e os mais de dez anos desta, se traduziram — diferentemente do que querem fazer crer, com ingenuidade ou com má-fé, seus inimigos — em composições que, se não são numerosíssimas, constituem um corpus bastante significativo, e se não requerem grande quantidade de papel para a sua divulgação, se caracterizam pela grande quantidade de informação original — e isso, afinal, é o que importa. E se esses poetas não apresentam, individualmente, suas obras, a culpa não lhes deve ser imputada, mas à timidez ou ao comercialismo dos editores, que ainda não descobriram a poesia de vanguarda (coisa que não acontece na Itália, na França ou na Alemanha, por exemplo). Dos poetas concretos — que o são ou que o foram —, entre nós, somente Ferreira Gullar tem obra publicada em termos de edição comercial e, mesmo assim, dessa obra — a reedição de *A Luta Corporal* acrescida de *Novos Poemas* — foram excluídos os poemas da fase concreta.[3] E, note-se, Gullar só foi reeditado depois de ter renunciado à poesia de vanguarda (sua tentativa de incluir a posteriori os "novos poemas", moderninhos e subdrummondesenvolvidos, na categoria da poesia de vanguarda, é inconvincente e incoerente). Mas *Invenção* 5[4] — mais um lançamento não editorial, contra o sistema — está aí, a demonstrar a vitalidade e a diversificação dos caminhos da poesia concreta.

Em suma, a poesia — ou pelo menos a poesia concreta — não está em crise. Não. Em crise está a crítica, ou pelo menos certa parte dela, incapaz de se reinstrumentar e de compreender as rápidas transformações artísticas que estão se passando ante seus olhos. E não será com rituais bajulatórios, qualificando de "mestres", "ilustres" e "notáveis" a todos os críticos e noticiaristas que têm uma coluna de jornal ou revista à sua disposição — como o fez, no inquérito a que me referi, um festejado poeta-ônibus de academias e vanguardas — que iremos salvá-la dessa crise, mas denunciando-a, ainda que isso nos custe mais antipatias e mais incompreensão. "A poesia", definiu Maiakóvski, "toda, é uma viagem ao desconhecido." Com ou sem palavras, não faz por menos. E não há etiqueta, mordaça ou camisa de força que impeça o poeta de partir.

NOTAS

1. Eliston Altman, "Terceiro Inquérito sobre a Poesia Brasileira", Suplemento Literário de *O Estado de S. Paulo*, 11 mar. 1967.

2. *Coletânea 2* (Mário Faustino: cinco ensaios sobre poesia), "Concretismo e Poesia Brasileira". Rio de Janeiro: GRD, 1964.

3. Ferreira Gullar, *A Luta Corporal e Novos Poemas.* Rio de Janeiro: José Álvaro Editor, 1966. Cerca de dez anos depois, Haroldo de Campos e Décio Pignatari tiveram, finalmente, reunidos em livro seus poemas: *Xadrez de Estrelas* (Antologia. São Paulo: Perspectiva, 1976), e *Poesia Pois É Poesia* (São Paulo: Duas Cidades, 1977).

4. *Invenção 5* — Revista de Arte de Vanguarda. São Paulo, dez. 1966-jan. 1967.

7. Da América que Existe: Gregório de Matos[*]

Sempre entendi que a eterna, adiada e insolúvel querela dos eruditos sobre o que é e o que não é de Gregório de Matos não deveria inibir a fruição e o estudo dos textos que levam seu nome. Que as investigações de paternidade continuem a se processar, com a lentidão cabível, pelas autoridades competentes, contanto que não nos venham opor embargos e prolegômenos à apreciação da "poesia da época chamada Gregório de Matos", como tão bem a batizou James Amado.

Quando a edição de James — *Obras Completas de Gregório de Matos,* Salvador: Editora Janaina — foi lançada, em 1969, na generosidade de seus sete volumes, não faltou quem quisesse desmerecer o empreendimento, sob a alegação de que a obra de Gregório já estava difundida até em demasia. Foi o caso do crítico Heitor Martins, que, num artigo publicado no Suplemento Literário do jornal *Minas Gerais,* de 28 de agosto de 1970, chegou a

---

[*] Publicado originalmente na revista *José* 7, Rio de Janeiro, Fontana, janeiro de 1977.

afirmar que "provavelmente nenhum autor colonial brasileiro (com exceção de Gonzaga) foi tão publicado como Gregório de Matos". Ora, somente no século xix é que se deu, no *Florilégio da Poesia Brasileira*, de Varnhagen (1850), a primeira impressão de parte considerável dos poemas de Gregório, escritos cerca de duzentos anos antes! Tentativas de publicação de obras "completas", mas sempre incompletas e expurgadas, tivemos apenas a de Vale Cabral (que não foi além do volume i, *Sátiras*), em 1882, e a da Academia Brasileira de Letras, aos cuidados de Afrânio Peixoto (1923-33), pobremente reproduzida pela Editora Cultura em 1943. Afora isso, algumas sátiras amenas (ou "amenizadas" com supressões e reticências), geralmente seguidas do conveniente antídoto dos sonetos religiosos, e sempre as mesmas, em uma ou outra antologia. Isso, segundo Heitor Martins, é estar fartamente publicado. Não é de admirar que o mesmo crítico indigite e condene a "liberalidade" de James Amado por não ter censurado os poemas de Gregório. De admirar é que afete preocupação com o "duro índice" do poeta baiano...

Felizmente, os tempos vão mudando. Temos agora uma boa antologia, organizada por José Miguel Wisnik (*Poemas Escolhidos*, Cultrix, 1976). Trabalho bem cuidado pelo editor e pelo "editor"; seleção feita sem preconceitos e com sensibilidade. Pena, apenas, que o prefácio termine, inesperadamente, com uma vaga e gratuita insinuação contra as "vanguardas", acusadas, não se sabe por quê, de "autossatisfação acadêmica", e assim opostas a Gregório. É, no mínimo, estranho esse piparote nas vanguardas, em águas gregorianas. Seria antes de perguntar, indo ao lado adverso — o da crítica universitária ou outra, já nem digo acadêmica, porque seria redundância —, onde andavam as "retaguardas" quando as maltratadas vanguardas postulavam a reavaliação de Gregório[1] e promoviam as de Oswald, Sousândrade, Kilkerry e outros "marginais" literários. Em 1965, por exemplo, eu escrevia:

Se Gôngora, no dizer de García Lorca, estava "só, como um leproso cheio de chagas de fria luz de prata, com o ramo novíssimo nas mãos à espera de que as novas gerações recolhessem sua herança objetiva e seu sentido da metáfora", Gregório de Matos continua a esperar que as gerações mais novas arranquem a máscara de ferro dos "sonetos de piedade e arrependimento" que, em nome do "humano" e do decoro, lhe afivelaram à genial boca do inferno. Para que desta possa jorrar, em toda a plenitude, o mel e o fel de suas sátiras e eróticas, a gargalhada em carne viva acorrentada na garganta barroca. (Suplemento Literário de *O Estado de S. Paulo*, 7 de agosto de 1965)

As "retaguardas" — que eu saiba — não diziam nada.

O campo de propostas da poesia de Gregório é largo e oferece muitas perspectivas de abordagem para o leitor moderno. Num trabalho publicado em 1974 ("Arte Final para Gregório", em *Bahia-Invenção: Antiantologia da Poesia Baiana*, organizada por Antonio Risério), tentei mostrar, sob a forma do *blow up* de uma estrofe do "Marinícolas", a riqueza da tessitura linguística do poeta, nas três dimensões: fanopaica, melopaica e logopaica. Pretendo agora examinar um poema que se insere mais na área da logopeia ("a dança do intelecto entre as palavras"). Um poema que, por sinal, só foi reproduzido parcialmente na antologia de José Miguel Wisnik, o que torna oportuna sua divulgação. Falo da "Regra de Bem Viver, que a Persuasões de Alguns Amigos deu a uns Noivos que se Casavam", cuja segunda parte — precisamente a que foi omitida — me parece de uma espantosa modernidade.

O poema se encontra à página 372 das *Obras Completas*, tomo I, das Edições Cultura, e à página 1089, volume V, da edição de James Amado.

"Regra para a Noiva", a primeira parte, constitui a "Silva", composição em que se alternam versos de dez e seis sílabas, com rimas emparelhadas.

A segunda parte, "Dote para o Noivo Sustentar os Encargos da casa", não é em versos, mas em linhas livres. Estamos, aqui, em presença não mais de um "poema", no sentido tradicional, mas de um texto literário, sem predefinição formal. Uma montagem de ready-mades linguísticos — clichês deslocados de seu contexto e acionados por um mecanismo de equívocos. Processo barroco, sem dúvida, sob o enfoque do duplo sentido. Gracián, *Agudeza y Arte de Ingenio*, Discurso XXXIII — De Los Ingeniosos Equívocos: "*La primorosa equivocación es como una palabra de dos cortes y un significar a dos luces. Consiste su artifício en usar de alguna palabra que tenga dos significaciones, de modo que deje en duda lo que quiso decir*". Processo moderníssimo, se se tem em vista a desliteratização do texto operada pela adoção das aparências de uma linguagem convencional, estruturada para a função meramente comunicativa, como, no caso, o rol dos bens que constituem o dote do noivo. De Gregório a Oswald. A lista de nomes comerciais em "Nova Iguaçu" e a de livros em "Biblioteca Nacional", ambos de *Pau-Brasil*, estão na mesma ordem textual.

No caso de Gregório, o tema-pretexto é o casamento, satirizado através da deformação a que o jogo de equívocos sujeita o elenco dos bens, enxovalhando o enxoval, metamorfoseando-o num rol absurdo de pertences sem valor.

Tal deformação é obtida pela intervenção do poeta na série sintagmática, por ele secionada em dois blocos: à esquerda, o início da frase, e à direita, separado por pontos, o adjunto adnominal — uma locução adjetiva (formada quase sempre pela preposição "de" + substantivo), que compõe com o substantivo do bloco inicial uma expressão lexicalizada, infiltrando um novo significado que subverte o primeiro. Exemplos: *uma casa para morar… de botões; duas fraldas… da serra; uma salva… de artilharia; uma quinta… feira.*

O detonador desse mecanismo é o trocadilho por homofonia,

que vai desde as soluções mais óbvias àquelas mais complexas, que envolvem múltiplos significados e interferem na estrutura frásica, distorcendo-a, como é o caso de "saia", com tríplice direção semântica e diversa função gramatical: *uma saia* (substantivo comum: peça do vestuário feminino) *de malha* (substantivo composto, "saia de malha", com o significado de "cota de malha") *e outra saia* (flexão verbal, terceira pessoa do singular do subjuntivo do verbo "sair") *de dentro a fora*. Outro exemplo de interposição complexa de significados: *Quatro memórias para os dedos... da Morte, do Inferno, do Paraíso, e outra de Galo*; aqui, a palavra "memória" é empregada em diversas acepções: memórias (anel de noivado) para os dedos; memórias (narrações) da Morte, do Inferno, do Paraíso; memória de galo, composto lexicalizado, com o sentido de "memória fraca"; o sintagma *memórias da Morte* pode evocar uma outra expressão lexicalizada, "memórias do túmulo", com a significação de "respeito ou consideração pelas pessoas que nos foram caras e não mais existem"; como *memórias do Inferno, do Paraíso*, parece implicar o sentido de narrações irreais, em contraposição ao rol de bens materiais alinhados sob a rubrica "peças de ouro"; a formação sugerida por *dedos... da Morte* concorre, por sua vez, para esvaziar de significado concreto a descrição. Um terceiro e último exemplo: *Dois contadores da Índia... Manuel de Faria e Sousa e Fernão Mendes Pinto*; a palavra "contador" é empregada no sentido de "móvel antigo", comportando o qualificativo da Índia; e também no sentido de "contador de histórias", ou, secundariamente, de "funcionário encarregado de contas", aplicando-se a Manuel de Faria e Sousa (1590-1649) e a Fernão Mendes Pinto (1509-80), que têm em comum narrativas sobre a Índia; o primeiro é o autor de *A Ásia Portuguesa*, publicado, em Londres, em 1694, sob o título *The portuguese Asia, or the history of the discovery and conquest of índia by the Portuguese*, e o segundo escreveu as fantasiosas *Peregrinações*, que descrevem suas andanças pelo Oriente e que se incluem, aliás, no gênero literário conhecido como "memórias".

A composição é toda ela, pois, uma peça de *double entendre*, montada, em grande parte, sobre *sintagmas automatizados* ("escolhido um componente, o outro é automático", segundo Francisco da Silva Borba) e, sempre, sobre dois ou mais níveis de significado, que supõem uma área semântica virtual, definida pela relação de bens, da qual o leitor é desviado pela interferência perturbadora do adjunto adnominal e seu "ruído" informativo. O vocabulário anexo ao poema de Gregório, transcrito depois deste estudo, põe em evidência as principais direções de leitura sugeridas pelo texto.

No *Caderno do Aluno de Poesia Oswald de Andrade* (1927), há um poema em que, a partir da linguagem dos jogos de salão, Oswald arma uma estrutura textual, construída também em dois blocos sintagmáticos, que tem alguma afinidade com a da composição de Gregório, embora muito menos complexa:

HISTÓRIA PÁTRIA

Lá vai uma barquinha carregada de
Aventureiros
Lá vai uma barquinha carregada de
Bacharéis
Lá vai uma barquinha carregada de
Cruzes de Cristo
Lá vai uma barquinha carregada de
Donatários
Lá vai uma barquinha carregada de
Espanhóis
Paga prenda

Prenda os espanhóis!
Lá vai uma barquinha carregada de
Flibusteiros
Lá vai uma barquinha carregada de
Governadores
Lá vai uma barquinha carregada de
Holandeses
Lá vem uma barquinha cheinha de índios
Outra de degradados
Outra de pau de tinta

Até que o mar inteiro
Se coalhou de transatlânticos
E as barquinhas ficaram
Jogando prenda coa raça misturada
No litoral azul de meu Brasil

Como se sabe, nos jogos de prenda dessa espécie, a pessoa a quem é dada a frase deve completá-la com uma palavra começando pela letra que lhe for indicada e que deve corresponder à que foi imaginada pelo interlocutor. Conforme acerte ou erre, um dos dois pagará a "prenda", o "castigo" imposto pela brincadeira. Partindo da simulação da linguagem desse jogo, Oswald compõe um jogo mais sério, joco-sério, que funciona como um ideograma poético e irônico da história brasileira.

Gregório não fizera por menos, ao satirizar o casamento, colhido em seu aspecto formal e convencional. O matrimônio visto como patrimônio fornece a instigação para esse antipoema, que não lhe poupa as pompas e farpeia as convenções com o instrumento afiado da agudeza poética. Poesia que pinça e que pica, através da linguagem.

É por essas e outras que a "poesia da época chamada Gregório de Matos" não pode ser dispensada sob nenhum pretexto. É uma das raras aparições da alguma América Latina que existe (e que o grande Borges desconhece) e de um Brasil que os próprios brasileiros, no que lhes toca, teimam em camuflar com o museu de cera dos "grandes vultos" das histórias da carochinha literárias. Se não, me digam: que literatura tinham, à época, os puritanos Estados Unidos para contrapor à garra e à farra verbal de Gregório? Há nessa poesia acentos novos, mesmo em relação ao modelo quevediano que inspirou seu Barroco tardio. Sem a boca do inferno de nosso primeiro antropófago, esse baiano e estrangeiro que deglute e vomita o Barroco europeu e o retempera na mulatália e no sincretismo tropical, não há formação — por mais bem-intencionada — que informe o que há de vivo por trás dessa coisa engraçada chamada literatura brasileira.

REGRA DE BEM VIVER, QUE A PERSUASÕES DE ALGUNS AMIGOS DEU A UNS NOIVOS QUE SE CASAVAM[2]

GREGÓRIO DE MATOS

REGRA PARA A NOIVA

Silva

Será primeiramente ela obrigada,
Enquanto não falar, estar calada,
Item por nenhum caso mais se meta

A romper fechaduras da gaveta,
Salvo, se por temer algum agouro,
Quiser tirar de dentro a prata e ouro.

Lembre-se de ensaboar quem a recreia,
Porém não há de ser de volta e meia,
E para parecer mulher que poupa,
Não se descuide em remendar-lhe a roupa,
Mas porém advertindo que há de ser,
Quando ele de raiva a não romper,
Que levar merecia muito açoite
Por essa, que rompeu onte onte[3] à noite,
Furioso e irado
Diante de seu Pai e seu Cunhado,
Que esteve em se romper com tal azar,
E eu em pontos também de me rasgar.
Irá mui poucas vezes à janela,
Mas as mais que puder irá à panela:
Ponha-se na almofada até o jantar,
E tanto há de cozer,[4] como há de assar:
Faça-lhe um bocadinho mui caseiro,
Porém podendo ser, coma primeiro,
E ainda que o veja pequenino,
Não lhe dê de comer como a menino.
Quando vier de fora, vá-se a ele,
E faça por se unir pele com pele,
Mas em lhe dando a sua doencinha,
De carreira se vá para a cozinha
E mande a Madalena com fervor
Pedir a sua Mãe água de flor;
Isto deve observar sem mais propostas,
Se quiser a saúde para as costas.
Isto deve fazer.
Se com o bem casado[5] quer viver;
E se a regra seguir,
Cobrará boa fama por dormir,
Na qual interessado muito vai
Seu Cunhado, seu Pai e sua Mãe.
E adeus, que mais não posso ou mais não pude;
Ninguém grite, chiton, e haja saúde.

DOTE

PARA O NOIVO SUSTENTAR OS ENCARGOS DE CASA

Uma casa para morar .... *de botões*
Com seu quintal .... *de ferro*
Um leito .... *de carro*
Uma cama.................................. *de bobas*
Com seus lençóis .... *de Itapoã*
Suas cortinas .... *de muro*
Um vestido de seda........................ *de fogo*
Um guarda-pé............................. *de topadas*
Um vaqueiro .... *do sertão*
Dois gibões................................ *de açoites*
Um com mangas.......................... *de mosquetaria*
Outro com mangas........................ *de rede*
Uma saia .... *de malha*
Outra saia .... *de dentro a fora*
Uma cinta .... *de desgostos*
Um manto de fumo........................ *de chaminé*
Dois pares de meias .... *canadas*
Uns sapatos .... *de pilar.*

ROUPA BRANCA

Duas camisas.......................... *de enforcado*
Arrendadas com as rendas.............. *do verde peso*
Duas fraldas.......................... *da serra*
Dois lenços de caça[6] .... *do mato*
Dois guardanapos..................... *de cutilaria*
Para a mais roupa duas peças de pano .... *do rosto.*

TRASTES DE CASA

Uma caixa grande..................... *de guerra*
Outra meã .... *de muchachins*

E outra pequenina .... *de óculos*
Dois contadores da Índia .... *Manuel de Faria e Sousa e*
Fernão Mendes Pinto
Duas cadeiras .... *do espinhaço*
Uma cadeira para o estrado .... *de navio*
Dois caixões......................... *de fervura*
Uma armação fresca para a cama .... *de xaréus*
Um espelho .... *de viola.*

PEÇAS DE OURO

Uns brincos .... *para as orelhas de junco*
Dois cordões......................... *para o pescoço de franciscanos*
Duas manilhas para os braços........... *de copas e espadas*
Quatro memórias para os dedos .... *da Morte, do Inferno, do*
Paraíso, e outra de Galo.

PEÇAS DE SERVIÇO OITO

O Canário, o Cãozinho, o Pandalunga, o Vilão, o Guandu,
o Cubango, a Espanholeta e um valente negro em Flandres.
Para chamar estes negros uma campainha .... *na garganta*
Dão-lhe mais duas toalhas .... *de arrenegado*
Uma salva .... *de artilharia*
Para se alumiar duas velas .... *de gávea*
Para rezar umas contas .... *de quebrados*
Para sair fora uma rede............................ *de arrasto*
E para a limpeza um servidor .... *de Vm.*

COMESTIVOS

Carneiro... *de sepultura*
Picado... *de bexigas*

Tortas . . . . *de um olho*
Pastéis. . . . . *de estrada*
Almôndegas . . . . *de capim.*

FRUTAS

Figos . . . . *fêmeas*
Limas . . . . *surdas*
Maçãs . . . . *de espada e*
                                                                                       escaravelho.

PARA OS DIAS DE PEIXE

Caldo . . . . *de grãos*
Agulhas . . . . *de osso*
Lampreias . . . . *do termo.*

DOCES

Morgados . . . . *sem renda*
Marmelada . . . . *de caroço*
Cidrão . . . . *de pé de muro*
E muitos doces. . . . . *afagos.*

PARA SEUS DIVERTIMENTOS

Uma quinta . . . . *feira*
Com duas fontes . . . . *nos braços*
E para os gastos 500 selos. . . . . *na fralda.*

VOCABULÁRIO DO POEMA

casa
1 = habitação
2 = abertura na roupa

quintal
1 = pequeno terreno
2 = medida de peso

leito
1 = armação da cama
2 = superfície dos carros sobre a qual se assenta a carga

cama
1 = leito
2 = camada/ *de bobas* (boubas) > *bouba* = pequeno tumor na pele

lençol
1 = peça de cama
2 = lençol (de água) *de Itapoã*

cortina
1 = peça de tecido para janelas
2 = pequeno muro, parte do muro

seda
1 = tecido fino
2 = pelo de certos animais

botão
1 = peça do vestuário
2 = *botão de jogo* = pequena bola de ferro, que depois de aquecida, se usava como cautério

guarda-pé
1 = (ant.) saia que as mulheres usavam por baixo das roupas
2 = espécie de botas usadas pelos vaqueiros

vaqueiro
1 = traje de pastor
2 = condutor de vacas/ *do sertão*

gibão
1 = vestidura antiga; casaco curto
2 = (?) talvez derivado de *giba*, corcunda/ *de açoites*

manga	1 = parte do vestuário
	2 = hoste de tropas/ *de mosquetaria* = grande porção de mosqueteiros
	3 = parte que fica nas extremidades da rede de pescar/ *de rede*

saia	1 = peça do vestuário da mulher
	2 = *saia de malha* = cota de malha, armadura para resguardar o peito e o ventre
	3 = terceira pessoa do sing. do subjuntivo do verbo *sair*

manto 1 = capa *de* *fumo*[1] = crepe para luto
2 = escuridão *fumo*[2] = fumaça/ *de chaminé*

meia	1 = (subst.) peça do vestuário
	2 = (adj.) metade de uma/ *canada* = antiga medida de capacidade

sapatos	1 = calçados comuns
	2 = de *pilar* (v. t.), pisar no gral (vaso de pedra), com o pilão > *sapatos de pilar*, provavelmente sapatos rústicos

camisa	1 = peça do vestuário
	2 = camisa de enforcado

arrendado	1 = ornado de renda
	2 = dado ou tomado de arrendamento

renda	1 = tecido com fio de linha ou seda
	2 = rendimento/ *do verde peso* > *ver-o-peso*, casa fiscal onde se examinava o peso dos gêneros para venda

fralda	1 = parte inferior da camisa, cueiro
	2 = parte inferior da encosta; sopé/ *da serra*

caça   1 = *cassa*, tecido transparente de algodão ou linho/ *lenço de cassa*
            2 = *caça*, animal que se caça/ *caça ao mato*

pano   1 = tecido
            2 = manchas que aparecem no rosto > *pano do rosto*

caixa   1 = *caixa de guerra* = tambor
            2 = *caixa de muchachins* > muchachim (ant.), rapaz que ia nas procissões vestido de panos variegados
            3 = *caixa de óculos* = de guardar óculos; pessoa que usa óculos

contador 1 = móvel antigo, espécie de armário
            2 = contador (de histórias)/ *da Índia*

cadeiras 1 = móveis
            2 = quadris/ *do espinhaço* = das costas

cama   1 = leito de dormir
            2 = leito de peixes/ *de xaréus* = peixes grandes, mas ordinários

espelho   1 = objeto que serve para refletir imagens
            2 = abertura no tampo de instrumentos de corda/ *de viola*

orelha   1 = o órgão da audição
            2 = apêndice na base de algumas plantas; componente do nome de várias plantas: orelha-de-burro, orelha-de pau, *orelha-de-junco*

cordão   1 = corrente de ouro
            2 = fio grosso/ *de franciscanos*, usado como cinto pelos frades dessa ordem religiosa; "cordão-de-são-francisco", planta

manilha	1 = pulseira
	2 = nome de certas cartas em alguns jogos/ *de copas e espadas*

memória	1 = (ant.) anel que se dá para comemorar algum fato; anel de noivado
	2 = lembrança/ *memória de galo* = memória fraca
	3 = *memórias*, narrações

campainha	1 = sineta manual
	2 = úvula/ *na garganta*

salva	1 = bandeja
	2 = descarga *de artilharia*

vela	1 = círio
	2 = pano para impelir o barco/ *de gávea*

contas	1 = peças de rosários ou terços
	2 = operação aritmética/ *de quebrados*, dinheiro miúdo

rede	1 = tecido fino de malha, para segurar o cabelo
	2 = tecido de malhas largas para apanhar peixes/ *de arrasto*

servidor	1 = criado
	2 = *um servidor de Vossa Mercê*, expressão formal usada em cartas e dedicatórias

carneiro	1 = animal
	2 = jazigo/ *de sepultura*

picado	1 = carne cortada em pedaços miúdos
	2 = marcado com pintas ou sinais/ *de bexigas*

torta	1 = espécie de pastelão
	2 = estrábica, vesga/ *de um olho*

pastel	1 = iguana
	2 = desenho feito com lápis/ *de estrada*
figo	1 = fruta
	2 = (ant.) filho, do cast. "hijo"/ *figo fêmea*
lima	1 = fruta
	2 = ferramenta/ *surda*, pouco sonora
maçã	1 = fruta
	2 = *maçã de espada* = a cabeça onde se prende o espigão da lâmina
	3 = *maçã de escaravelho* = maçã de marfim
agulha	1 = peixe, peixe-agulha
	2 = pequena haste para coser/ *de osso*
lampreia	1 = peixe
	2 = ?/ *do termo* = declaração escrita nos autos
morgados	1 = espécie de pastéis
	2 = *morgado*, propriedade vinculada; coisa muito rendosa
cidrão	1 = doce feito de cidra de casca grossa
	2 = arbusto
doce	1 = (subst.) iguaria
	2 = (adj.) meigo > *doces afagos*
quinta	1 = fazenda
	2 = *quinta-feira*, dia da semana
fonte	1 = chafariz
	2 = úlcera/ *nos braços*
selo	1 = estampilha
	2 = marca ou sinal sem valor

NOTAS

1. Veja Haroldo de Campos, "Por uma Poética Sincrônica" (*Correio da Manhã*, 22 out. 1967), reproduzido, sob o título "Poética Sincrônica", em *A Arte no Horizonte do Provável* (São Paulo: Perspectiva, 1969); Affonso Ávila, *O Lúdico e as Projeções do Mundo Barroco*. São Paulo: Perspectiva, 1971.

2. Adotei, por mais completa, com pequenas correções, a versão da edição de James Amado, exceto quanto à disposição da última linha, que me parece mais correta no texto da Academia. Em James está: "E para os gastos... 500 selos na fralda". As variantes significativas do texto da Academia são registradas nas notas.

3. Na edição da Academia está: anteontem.

4. Na edição da Academia está: coser. O contexto admite os dois significados: cozer (cozinhar) e coser (costurar).

5. Na edição da Academia está: bem estreado.

6. Na edição da Academia está: cassa.

8. Revistas Re-Vistas: Os Antropófagos[*]

Cette branche trop négligée de l'anthropologie ne se meurt point, l'anthropophagie n'est point morte.

Alfred Jarry, "Anthropophagie", 1 mar. 1902

Para comer meus próprios semelhantes Eis-me sentado à mesa.

Augusto dos Anjos, "À mesa", *Eu*, 1912

1

Das revistas ligadas ao modernismo, as mais características e representativas foram *Klaxon* e a *Revista de Antropofagia*, ambas publicadas em São Paulo.

[*] Publicado originalmente como introdução à edição fac-similar da *Revista de Antropofagia*, São Paulo, Abril/Metal Leve, 1975.

A primeira foi *Klaxon*. Graficamente a mais bela, com seus tipos decorativos, sua numeração graúda e o choque visual de suas capas e contracapas: o enorme "A" vertical vertebralizando as palavras.

Espantosamente frágil, ingênua, amadorística. Um primeiro toque-de-reunir modernista, no ambiente hostil da época, depois da bravura da Semana. Mas também um "salve-se quem puder" modernoso, onde a maior parte naufraga em ondas subfuturistas ou pós-impressionistas — ressaca internacional de arte moderna.

Os melhores poemas de *Klaxon* estão na quarta capa: os anúncios espaciais *Coma Lacta, Guaraná Espumante* e os criativos pseudoanúncios de Pantosopho, Panteromnium & Cia., proprietários da Grande Fábrica Internacional de Sonetos, Madrigais, Baladas e Quadrinhas.

Dentro, há os poemas prometedores de Luís Aranha. Os de Mário de Andrade, ainda incipientes, cheios de tiques, retóricos. De Oswald, nem há colaboração poética. Um trecho de *A Estrela de Absinto* e algumas notas, "Escolas & Ideias", esboço ainda imaturo da linguagem dos manifestos posteriores. O resto — que fazer? — era o resto. Guilherme. Menotti. Sérgio Milliet. Colaboração internacional do segundo ou terceiro time europeu: Nicolas Bauduin, Guillermo de Torre, Antonio Ferro e uns franceses, belgas e italianos que ninguém sabe mais quem são. Escassez de matéria-prima num terreno movediço onde, entre outras ervas, até poema de Plínio Salgado dava. Ruim, é claro.

Confusão teórica. O "Balanço de Fim de Século" de Rubens Borba de Moraes (no nº 4) mistura, numa mesma salada, cubistas, dadaístas, futuristas, unanimistas, bolchevistas e espíritas. Crítica impressionista (e indulgente). De uma resenha de Mário sobre *A Mulher que Pecou* de Menotti:

Mais um livro do nosso admirável colaborador. […] O novo livro de Menotti del Picchia assim julgamos: Dos milhores da literatura brasileira. [...] A figura de Nora é uma figura humana. Move-se como poucas outras da ficção nacional. [...] Como língua: virilidade, expressão, beleza. Imagens luxuriantes. Repetições. Adjetivação sugestiva. Descrições magníficas. Poesia. [...] Menotti del Picchia é um artista.

Um modernismo mitigado, tolerante, não isento de compromissos com a linguagem convencional e com os valores da tradição. "Sabe o que é para nós ser futurista? É ser kláxico", já ironizava Oswald. O manifesto do primeiro número prometia. Mas de que adiantava Mário de Andrade preferir Pérola White a Sarah Bernhardt, se ele continuava perdendo tempo com Guiomar Novaes ("É meu dever explicar por que considero a senhorinha Novaes uma pianista romântica")?

Claro que nossos modernistas da primeira hora — considerado o contexto desinformado e provinciano — podem ser olhados com maior brandura. Mas se estou enfatizando, com crueza, aspectos negativos da produção modernista no primeiro e significativo periódico dos moços da Semana de 22, é exatamente para que se possa entender a posição crítica que, em relação aos seus próprios companheiros, assumirão, mais adiante, Oswald e os "antropófagos" mais radicais.

2

Revista de Antropofagia. Duas fases ("dentições") nitidamente distintas. A primeira, revista mesmo, em formato de 33 por 24 centímetros, com modestas oito páginas: dez números, editados mensalmente, de maio de 1928 a fevereiro de 1929, sob a direção de Antonio de Alcântara Machado, gerência de Raul Bopp. Depois, veio a nova fase (a da segunda dentição, como esclarecia o subtítulo) da revista, agora limitada a uma página do *Diário de S. Paulo*, cedida aos "antropófagos" por Rubens do Amaral, que chefiava a redação do jornal na época. Foram dezesseis páginas, publicadas com certa irregularidade, mas quase sempre semanalmente, de 17 de março a 1º de agosto de 1929 (a 16ª página saiu, por engano, com o mesmo número da anterior). Nos quatro primeiros números, além do subtítulo, a indicação: *Órgão do Clube de Antropofagia*. A partir do quinto: *Órgão da Antropofagia Brasileira de Letras.*

Na primeira dentição, a revista está ainda marcada por uma consciência ingênua não muito distante da que informou o modernismo klaxista, apesar dos seis anos decorridos. Raul Bopp depõe depois (1966): "A antropofagia, nessa fase, não pretendia ensinar nada. Dava apenas lições de desrespeito aos canastrões das Letras. Fazia inventário da massa falida e uma poesia bobalhona e sem significado".

É verdade que lá está, no primeiro número, o genial "Manifesto Antropófago de Oswald", que junto com o "Manifesto da Poesia Pau-Brasil", publicado dois anos antes, resulta na formulação mais consistente que nos deixou o modernismo. Mas Oswald já estava quase sozinho. Nos dez números da revista, o único texto que se identificava plenamente com as ideias revolucionárias do manifesto era "A 'Descida' Antropófaga", artigo assinado por Oswaldo Costa, igualmente no nº 1. Um dublê de Oswald (até no nome) que diz:

Portugal vestiu o selvagem. Cumpre despi-lo. Para que ele tome um banho daquela "inocência contente" que perdeu e que o movimento antropófago agora lhe restitui. O homem (falo do homem europeu, cruz-credo!) andava buscando o homem fora do homem. E de lanterna na mão: filosofia. [...] Nós queremos o homem sem a dúvida, sem sequer a presunção da existência da dúvida: nu, natural, antropófago.

E lança um dos slogans do movimento: "Quatro séculos de carne de vaca! Que horror!".

Comparar as incisivas tomadas de posição dos dois Oswaldos com a "nota insistente" publicada "no rabinho do primeiro número da revista" e assinada por Alcântara Machado e Raul Bopp:

— Ela [a *Revista de Antropofagia*] está acima de quaisquer grupos ou tendências;

— Ela aceita todos os manifestos mas não bota manifesto;

— Ela aceita todas as críticas mas não faz crítica;

— Ela é antropófaga como o avestruz é comilão;

— Ela nada tem que ver com os pontos de vista de que por acaso seja veículo.

— A *Revista de Antropofagia* não tem orientação ou pensamento de espécie alguma: só tem estômago.

Estômago resistente. A ponto de abrigar, sem aparente indigestão, de Plínio Salgado a Yan de Almeida Prado... Claro que Oswald e os "antropófagos" radicais, que, logo mais, na segunda dentição, refugariam a anta, opondo-lhe a imagem do tamanduá ("Por isso não queremos anta, queremos tamanduá. O nosso bicho é o tamanduá-bandeira. Nossa bandeira é o tamanduá. Ele enterra a língua na terra, para chupar o tutano da terra. As formigas grudam na língua dele, mordendo, queimando. Ele engole as formigas"), não iriam se conformar com essa deformação da imagem do antropófago — o avestruz, ave de apetite onívoro e estômago complacente e, aliás, estrangeira...

Emblemática da política cultural da revista, nessa primeira fase, a imagem do avestruz mostra como a antropofagia — excetuados os casos de Oswald e Oswaldo — era tomada em seu sentido mais superficial pela maioria, não ultrapassando, no mais das vezes, a ideia da "cordial mastigação" dos adversários ostensivos do modernismo. É o que explica a assimilação indiscriminada de autores que nada têm a ver com os pressupostos da antropofagia como movimento. O que faz, por exemplo, no nº 5, um sr. Peryllo Doliveira, da Paraíba, com seu pedaço de poema "A Voz Triste da Terra" ("Mas agora meu Deus é impossível voltar!")? O que faz Augusto Frederico Schmidt com o poema penumbrista "Quando eu Morrer", no nº 10? Estômago de avestruz!

Mas a despeito da indefinição teórica e poética, a *Revista de Antropofagia* não deixou de contribuir, mesmo nessa primeira fase, como veículo — o mais importante da época — para a evolução da linguagem de nosso modernismo. Não bastasse o "Manifesto de Oswald", associado ao bico de pena de Tarsila (uma réplica do *Abaporu* ou *Antropófago*, um de seus mais notáveis quadros), lá estão: o fragmento inicial de *Macunaíma* (nº 2), o radical "No Meio do Caminho" de Drummond (nº 3), que reaparece, epigramático, com "Anedota da Bulgária", no nº 8; "Sucessão de São Pedro", do melhor Ascenso Ferreira (nº 4); "Noturno da Rua da Lapa" de Manuel Bandeira (nº 5); "República", de Murilo Mendes (nº 7), então bem impregnado de "pau-brasil" e bastante à vontade numa revisão desabusadamente poética e crítica de nossa história, iniciando a série que irá integrar o volume de poemas *História do Brasil* (1932), lamentavelmente excluído da edição *Poesias* (*1922-55*), em 1959. E algumas das primeiras produções de Raul Bopp (Jacó Pim-Pim), Jorge de Lima, Augusto Meyer e outros. Curiosidades: poemas de Josué de Castro e Luís da Câmara Cascudo, crônica de Santiago Dantas.

O que há de mais afinado com o espírito irreverente da Antropofagia, em sua face mais autêntica e agressiva, é a seção "Brasiliana", que aparece em todos os números e onde se reúnem, à maneira do *sottisier* de Flaubert, notícias de jornais, trechos de romances, discursos, cartões de boas-festas, anúncios, circulares — textos ready-made que denunciam a amena poluição da imbecilidade através da linguagem cotidiana e convencional. Como o anúncio compilado no nº 3, verdadeiro poema-*trouvé*:

"A CRUZ DA TUA SEPULTURA ENCERRA UM MISTÉRIO — Valsa com letra; foi escrita junto a uma campa. Vende-se à rua do Teatro, 26."

Alcântara Machado tem, na revista, aproximadamente, o papel de Mário em *Klaxon*. Os editoriais e as resenhas de livros ficam a seu cargo. Disso ele se desincumbe com muita agilidade e certa graça, mas na base de um gosto-não-gosto que, se tem mais acertos do que erros, nem por isso ultrapassa o plano da disponibilidade subjetiva, dentro de uma genérica defesa do "moderno". Um Mário de Andrade folclorizante comparece, ainda, com o poema "Lundu do Escritor Difícil" e pesquisas músico-regionais.

Sintoma da progressiva irritação de Oswald — que, no nº 5, já polemiza com Tristão de Ataíde em torno do cristianismo — é a publicação do seguinte aviso no nº 7:

SAIBAM QUANTOS

Certifico a pedido verbal de pessoa interessada que o meu parente Mário de Andrade é o pior crítico do mundo mas o melhor poeta dos Estados Desunidos do Brasil. De que dou esperança.

JOÃO MIRAMAR

A irritação viraria descompostura na segunda dentição da revista, que brota com dentes muito mais afiados na página dominical do *Diário de S. Paulo* de 17 de março de 1929, um mês depois de se extinguir a primeira série.

3

Segunda dentição. A fase em que a antropofagia vai adquirir seus definitivos contornos como movimento. Raul Bopp permanece, revezando-se na direção com Jaime Adour da Câmara. Geraldo Ferraz é o secretário da Redação ("Açougueiro", na terminologia antropofágica). Com Oswald de Andrade e Oswaldo Costa à frente, os "antropófagos" descarregam todas as suas baterias, sob nome próprio ou através de um dilúvio de pseudônimos mais ou menos botocudos ou trocadilhescos: Cunhambebinho, Odjuavu, Japi-Mirim, Freuderico, Jaboti, Braz Bexiga, Júlio Dante, Cabo Machado, Tamandaré, Pinto Calçudo, Poronominare, Guilherme da Torre de Marfim, Cunhambebe, Coroinha, Menelik (o morto sempre vivo), Marxilar, Piripipi, Tupinambá, Pão de Ló, Le Diderot, Jacó Pum-Pum, Seminarista Voador e outros. Destes, sabe-se seguramente que Tamandaré, que assinava os terríveis "Moquéns", era Oswaldo Costa. Pinto Calçudo (personagem do *Serafim*), Freuderico (Freud + Frederico Engels ou Nietzsche?), Jacó Pum-Pum (o Pim-Pim era Raul Bopp) têm todo o jeito de Oswald.

Transferindo-se para a página de jornal, a *Revista de Antropofagia* só aparentemente empobreceu. Ganhou dinamicidade comunicativa. A linguagem simultânea e descontínua dos noticiários de jornal foi explorada ao máximo. Slogans, anúncios, notas curtas, a pedidos, citações e poemas rodeiam um ou outro artigo doutrinário, fazendo de cada página, de ponta a ponta, uma caixa de surpresas, onde espoucam granadas verbais de todos os cantos. Um contrajornal dentro do jornal.

Mas o que pretendiam, afinal, os renovados "antropófagos" com o terrorismo literário de sua página explosiva?

Restabelecer a linha radical e revolucionária do modernismo, que já sentiam esmaecer-se na diluição e no afrouxamento. E mais do que isso. Lançar as bases de uma nova ideologia, a última utopia que Oswald iria acrescentar ao que chamaria mais tarde "a marcha das utopias".

É disso que tratam os artigos que atuam como "editoriais" da página. Alguns dos principais, sob o título "De Antropofagia", datados uma ou outra vez do Ano 375 da deglutição do Bispo Sardinha, à maneira do "Manifesto Antropófago". Os "Moquéns", de Tamandaré (Oswaldo Costa). E outras intervenções explícitas ou implícitas de Oswald e Oswaldo.

A antropofagia não quer situar-se apenas no plano literário. Ambiciona mais. "A descida antropofágica não é uma revolução literária. Nem social. Nem política. Nem religiosa. Ela é tudo isso ao mesmo tempo" (nº 2 — "De Antropofagia"). Condenando "a falsa cultura e a falsa moral do ocidente", os "antropófagos" investem contra os espiritualistas, os metafísicos e os nacionalistas de inspiração fascista, mas recusam também os extremismos da esquerda canônica:

> Nós somos contra os fascistas de qualquer espécie e contra os bolchevistas também de qualquer espécie. O que nessas realidades políticas houver de favorável ao homem biológico, consideraremos bom. É nosso. [...] Como a nossa atitude em face do Primado do Espiritual só pode ser desrespeitosa, a nossa atitude perante o marxismo sectário será também de combate. [...] Quanto a Marx, consideramo-lo um dos melhores "românticos da Antropofagia". (nº 1 — "De Antropofagia")

Um saudável anarquismo parece animar o grupo, enquanto busca a definição de um novo humanismo, revitalizado pela visão do homem natural americano.

Se não se preocupam exclusivamente com literatura, não deixam os "antropófagos" de fazer a crítica interna do modernismo e o corpo de delito de todos quantos, seguidores da primeira hora do movimento, derivaram para uma atitude moderada ou reacionária. Disso se encarrega sistematicamente Oswaldo Costa na série "Moquém", dividida em: I — Aperitivo, II — Hors d'Oeuvre, III — Entradas, IV — Sobremesa, V — Cafezinho.

De "Hors d'Oeuvre": o valor do modernismo

é puramente histórico, documental, igual, num certo sentido, ao do arcadismo, do romantismo, do parnasianismo e do simbolismo, entretanto superior a todos eles porque já representava, de fato, uma tentativa de libertação. [...] Mas não compreendeu o nosso "caso", não teve coragem de enfrentar os nossos grandes problemas, ficou no acidental, no acessório, limitou-se a uma revolução estética — coisa horrível —, quando a sua função era criar no Brasil o pensamento novo brasileiro. Se o índio dos românticos era o índio filho de Maria, o índio dele era o índio major da Guarda Nacional, o índio irmão do Santíssimo. O movimento modernista foi, assim, uma fase de transição, uma simples operação de reconhecimento, e nada mais. Daí a pouca ou nenhuma influência que ele exerceu sobre os espíritos mais fortes da geração. A confusão que trouxe foi tamanha que à sua sombra puderam se acomodar, numa democracia de bonde da Penha, o sr. Sérgio Buarque de Holanda e o sr. Ronald de Carvalho, o sr. Mário de Andrade e o sr. Graça Aranha, e até o sr. Guilherme de Almeida.

O requisitório de "Hors d'Oeuvre" prossegue: "[ao modernismo], movimento unicamente artístico, faltou exatamente sensibilidade artística. [...] Mas o movimento modernista não produziu coisa alguma? Produziu. Produziu *Macunaíma*". Ressalvando *Macunaíma*, "o nosso livro cíclico, a nossa Odisseia", que "os antropófagos reivindicam para si", Oswaldo Costa arremete contra a poesia dos modernistas da época:

a nossa poesia se libertou de uns para escorregar noutros preconceitos. Ao invés da poesia essencial, o que temos — na "escola mineira" e nos intelectuais do Nordeste influenciados pelo sr. Mário de Andrade, à exceção de Jorge de Lima e de Ascenso Ferreira, nos quais ponho as minhas esperanças — é poesia de acidentes, de ornatos, de detalhes, de efeitos. Pensamento novo não criamos.

De "Entradas": "Que espírito novo trouxeram à nossa poesia, por exemplo, Ronald de Carvalho e Guilherme de Almeida, que o sr. Mário de Andrade não se cansa de enaltecer, e, como, quando e por que Antonio de Alcântara Machado reformou a nossa prosa?". As transigências de Mário de Andrade ("Mutirão de sabença da r. Lopes Chaves") não são poupadas:

Foguetes à poesia bobalhona de Augusto Frederico Schmidt, peguem na madeira. Correspondência amorosa com o que há de mais medíocre na intelectualidade do Brasil inteiro, zumbaias a Alcântara Machado e outras bexigas da nossa Barra Funda literária. […] Quem classificou de finíssimo o ouvido de poeta do sr. Alberto de Oliveira, no que, aliás, acertou porque o farmacêutico é isso mesmo — poeta de ouvido. Quem faz discursos ao sr. Gomes Cardim, credo! Não somos nós, antropófagos, que graças a deus literatos não somos. É o sr. Mário de Andrade, o cérebro mais confuso da crítica contemporânea.

Pergunta final: "Em sete anos, que resultou para nós da Semana de Arte Moderna?".

Em "Cafezinho", o último artigo da série de "Moquéns", resumia-se a carga contra o "falso modernismo", comparado ao índio que Oswaldo Teixeira desenhara para o centenário de Alencar: "O índio do sr. Teixeira é a fotografia fiel do falso modernismo brasileiro. Como ele de índio só tem a intenção do sr. Teixeira, o falso modernismo brasileiro só tem o rótulo". Por trás dele — concluía-se — está a ACADEMIA. E os modernistas? "Empalhados como pássaros de museu, vivem agora nas estantes acadêmicas, purgando o remorso da Semana de Arte Moderna." Conselho antropófago: "A rapaziada deve se prevenir contra a mistificação. Deve reagir a pau".

E o pau comeu, brandido pelos Oswaldos e todos os seus pseudônimos, contra os modernistas academizantes. Em "Mário de Andrade, Alcântara e outras expressões da timidez acadêmica ou da modernidade tímida". Em Graça Aranha: "O acadêmico carioca é um homem confuso e sem espírito, cuja inteligência inutilmente se esforça em atrapalhar todas as noções conhecidas, todas as noções copiadas". Em Alcântara Machado: "o burguês brilhante [...] Ficou sendo o nosso França Júnior, como já disse Menotti. Mas para que mais França Júnior? [...] O que conduziu Alcântara na estreia foi o prefácio de *Pathé-Baby*. Por esse caminho, ele ia bem. Traiu-se. Virou importante. Carioca. Não nos interessa". Em Mário de Andrade: "o nosso Miss S. Paulo traduzido no masculino [...] Salva-o *Macunaíma*. Provável evangelho de que ele se nega a consciência. Por quê?". Em Guilherme de Almeida, "Pierre Louis de celuloide". Em Paulo Prado, que cometeu os "absurdos incríveis de atribuir ao ouro e à luxúria todos os nossos excessos infantis". Nos espiritualistas. Em Tristão de Ataíde ("Tristinho de Ataúde", "Conselheiro Acácio do modernismo") e seu Primado Espiritual ("Prima do Espiritual"). Em Tasso da Silveira e *Festa*, "revista caracteristicamente provinciana", "vanguarda que marcha com mil precauções para não estragar os sapatos". Em Augusto Frederico Schmidt, "vate místico", o primeiro prontuariado do "fichário antropofágico". Nos verde-amarelistas. Em Menotti del Picchia, "Le Menotti del Piccollo", "a Tosca do nosso analfabetismo literário", "o Júlio Dantas de Itapira". Em Cassiano Ricardo, "cuja ossada, descoberta por nós, veio confirmar a existência do homem fóssil da Lagoa Santa". Em Cândido Mota Filho: "o cândido Sr. Motta filho confunde tudo. Depois acha tudo confuso". Em Plínio Salgado, acusado de pastichar Oswald, e em sua Escola da Anta ("a Anta morreu de indigestão retórica"). E noutros mais. Em Ribeiro Couto, "vate consular". Em Drummond, que se solidariza com Mário, dizendo que "toda literatura não vale uma boa amizade"...

O "Manifesto do Verde-Amarelismo", ou da Escola da Anta, publicado no *Correio Paulistano* em 17 de maio de 1929, é contestado no nº 10 da revista (12 de junho de 1929), no artigo "Uma adesão que não nos interessa", com implacável lucidez: "Não! Não queremos como os graves meninos do verde-amarelo restaurar coisas que perderam o sentido — a anta e a senhora burguesa, o soneto e a academia". Diante do manifesto desse arremedo de movimento, pretensamente vanguardista, mas que afirmava: "Aceitamos todas as instituições conservadoras, pois é dentro delas mesmo que faremos a inevitável renovação do Brasil, como o fez, através de quatro séculos, a alma de nossa gente, através de todas as expressões históricas", o tacape antropófago vibrou sem piedade:

O que louvamos nesses *cinco abnegados dedinhos de mão negra conservadora* é uma coragem — a de se declararem sustentáculos de um ciclo social que desmorona por todos os lados e grilos de um passado intelectual e moral que nem na Itália está mais em voga! Pândegos! [...] Os verdamarelos daqui querem o gibão e a escravatura moral, a colonização do europeu arrogante e idiota e no meio disso tudo o guarani de Alencar dançando valsa. Uma adesão como essa não nos serve de nada, pois o "antropófago" não é índio de rótulo de garrafa. Evitemos essa confusão de uma vez para sempre! Queremos o antropófago de knicker-bockers e não o índio de ópera.

Descontados os aspectos mais superficiais e panfletários das investidas da segunda dentição, é preciso reconhecer que os antropófagos puseram o dedo na ferida do modernismo. Que nascera comprometido, e agora, apenas engatinhando, já se encaminhava, em rebanho, para as Academias. Nem o "conflito fraterno" entre Oswald e Mário pode ser reduzido — como já quiseram fazer crer — a questões pessoais ou de suscetibilidade. Se Mário de Andrade foi talvez mais duramente atacado do que os outros é porque, de fato, recuou. Em 1924, no posfácio à *Escrava que não é Isaura*, ele já dizia suspeitamente: "Acho que um poeta modernista e um parnasiano todos nos equivalemos e equiparamos". E porque os antropófagos sentiam na deserção progressiva do criador de *Macunaíma* — a epopeia antropofágica que eles admiravam a ponto de querer "confiscá-la para si" — uma perda bem maior do que as outras... Em suma, Oswald e sua tribo de antropófagos se insurgiram contra a descaracterização e a diluição da revolução modernista. Podem ter se excedido numa ou noutra tacapada. Mas estavam cheios de razão.

A despeito do predomínio dos artigos e notas de briga, a *Revista de Antropofagia*, nessa segunda fase, não descuidou da colaboração criativa. Sobressaem os dois poemas de Oswald ("Sol", com seus cortes bruscos, e o reiterativo e lapidar "Meditação no Horto"), que não constam de seus livros. Raul Bopp publica trechos de seu poema mais significativo, "Cobra Norato". Murilo Mendes aparece com a excelente "Canção de Exílio" e outras composições da série da *História do Brasil*. O colaborador internacional é Benjamin Péret, que, mesmo não valendo muita coisa como poeta, representava, de qualquer forma, o surrealismo, ainda em plena ebulição. É certo que vários dos poemas publicados ficam numa zona confinante com a do verde-amarelismo. Caso dos poemas regionalistas de Jorge de Lima. Mas foram os verde-amarelistas que tentaram grilar o terreno da "poesia pau-brasil". E, além disso, há em geral nos antropófagos uma nota sempre mais agressiva, mais debochada e zombeteira, que falta aos subprodutos bem-comportados e ufanistas dos verde-amarelos.

Dois poemas, ainda, me chamam a atenção pela radicalidade de suas proposições. São assinados por pseudônimos, mas têm a cara de Oswald. Um, no nº 6, é um ready-made, extraído da sucessão das palavras no dicionário:

O POEMA DE CÂNDIDO DE FIGUEIREDO

Z, 1457.

zabandeira
zabelé
zabra
zabucajo
zabumba
zaburro
zaco
...

Cunhambebe

Outro, um epigrama contra os verde-amarelistas:

COMBINAÇÃO DE CORES

Verdamarelo
Dá azul?
Não.
Dá azar.

Jacó Pum-Pum

Desenhos (e reprodução de quadros) de Tarsila, Cícero Dias e a revelação de Pagu (Patrícia Galvão), como desenhista e poeta, complementam esse quadro criativo.

Mas a caixa de surpresas da página é cheia de notas instigantes. Por exemplo, a anedota "Confúcio e o Antropófago" (no nº 1), que, hoje, tem certo sabor maoísta. As citações e a defesa de Sade (nº 5): "Por enquanto Sade espera que a fogueira abrase o mundo". A discussão-manifesto em torno da Gestalt e da antropofagia, por Oswald (nº 9). A notícia sobre o lançamento das bases de um "Direito antropofágico" pelo jurisconsulto Pontes de Miranda — "um direito biológico, que admite a lei emergindo da terra, à semelhança das plantas" (nº 13).

O penúltimo número da *Revista* — 19 de julho de 1929 — dá notícia da primeira exposição de Tarsila no Brasil, inaugurada no dia anterior no Rio de Janeiro. E anuncia a organização do Primeiro Congresso Brasileiro de Antropofagia, para o estudo de "algumas reformas de nossa legislação civil e penal e na nossa organização político-social". Entre essas teses estão: o divórcio, a maternidade consciente, a impunidade do homicídio piedoso, a nacionalização da imprensa, a supressão das academias e sua substituição por laboratórios de pesquisas. Ilustrando a página, *Antropofagia*, quadro nº 1 do catálogo da exposição de Tarsila. O último número — 1º de agosto de 1929 — traz uma ampla reportagem sobre as repercussões da mostra. O editorial "De Antropofagia" é curto e virulento. Entre outras coisas:

> Somos pelo ensino leigo. Contra o catecismo nas escolas. Qualquer catecismo. Não é possível fazer o Brasil embarcar na canoa furada da Prima do Espiritual. Reagiremos pois contra toda e qualquer tentativa nesse sentido. Viva Freud e nosso padrinho padre Cícero!

Conta Raul Bopp que "cresciam, diariamente, as devoluções de jornais, em protesto contra as irreverências antropofágicas". Por causa dessas reações, Rubens do Amaral viu-se compelido a acabar com a página. O Congresso de Antropofagia também gorou. Raul Bopp:

> Desprevenidamente, a libido entrou, de mansinho, no Paraíso Antropofágico. Cessou, abruptamente, aquele labor beneditino de trabalho. Deu-se um *changé de dames* geral. Um tomou a mulher do outro. Oswaldo desapareceu. Foi viver o seu novo romance numa beira de praia, nas imediações de Santos. Tarsila não ficou mais em casa.

Desagregou-se o grupo. Em outubro de 1929 vieram o crash da Bolsa e a crise do café. Oswald e Pagu se engajam no Partido Comunista. E o criador de *Serafim Ponte Grande*, julgando-se curado do "sarampão antropofágico", virou "casaca de ferro na Revolução Proletária".

As ideias e concepções da antropofagia foram postas de lado por muito tempo. Só em 1945, depois de sua ruptura com os comunistas, é que Oswald, intelectualmente recuperado, se dispôs a aprofundar os temas antropofágicos. É o que fará especialmente em dois estudos: *A Crise da Filosofia Messiânica* (1950) e *A Marcha das Utopias* (1953). Pôde-se então compreender, com maior precisão, a seriedade do pensamento oswaldiano e da tese antropofágica, concebida por ele como "a terapêutica social do mundo moderno". Mas a *Revista de Antropofagia* fica como documento vivo das primeiras refregas, exemplo até dramático de uma luta que Oswald travou nas condições as mais difíceis, praticamente ilhado, com alguns poucos, contra a maré da geleia geral que acabou envelopando quase todos os seus companheiros da revolução modernista.

4

Sabe-se que a *Revista de Antropofagia* e o "Manifesto Antropófago" tiveram um precedente na revista *Cannibale* e no "Manifeste Cannibale Dada" de Francis Picabia, ambos de 1920. Não há
nada de espantoso nisso. Com os sucessos arqueológicos e etno-
lógicos e a voga do primitivismo e da arte africana, no começo do
século, era natural que a metáfora do canibalismo entrasse para a
semântica dos vanguardistas europeus. Mas, dentro de *Dada*, o
"canibal" não passou de uma fantasia a mais do guarda-roupa
espaventoso com que o movimento procurava assustar as mentes
burguesas.

Com Oswald foi diferente. Embora citasse expressamente
Montaigne e Freud (*Totem e Tabu* é de 1912), é possível que ele
tenha recebido alguma sugestão do canibalismo dadaísta, entre-
visto nas viagens que fez à Europa, entre 1922 e 1925. Mas a ideologia do movimento antropófago só muito artificialmente pode
ser assimilada ao canibalismo picabiano, que, por sinal, não tem
ideologia definida nem constitui, em si mesmo, movimento algum. *Cannibale*, revista dirigida por Picabia, "com a colaboração
de todos os dadaístas do mundo", só teve dois números: 25 de
abril e 25 de maio de 1920. Não há nada na revista, nenhum texto,
em que se leia qualquer plataforma que pudesse identificar um
"movimento canibal". Quanto ao "Manifeste Cannibale Dada",
publicado em *Dadaphone* (o sétimo e último número da revista
Dada — 7 de março de 1920), é um típico documento dadaísta:
"[...] dadá, só ele, não cheira a nada, não é nada, nada, nada; é
como vossas esperanças: nada. como vossos paraísos: nada. como
vossos ídolos: nada". Um niilismo que nada tem a ver com a generosa utopia ideológica da nossa antropofagia.

Não. Nem o "Manifesto Antropófago" nem a *Revista de Antropofagia* se parecem com seus antecessores picabianos, por mais

que os bandeirinhas de nossa crítica judicativa queiram pilhar Oswald em impedimento. Como diz Décio Pignatari: "Toda vez que vem à tona, o cadáver de Oswald de Andrade assusta. E sempre aparece um prático audaz disposto a conjurar o cachopo minaz". Mas, como observou Benedito Nunes na lúcida série de artigos *O Modernismo e as Vanguardas* (*Acerca do Canibalismo Literário*), em que pulveriza o auto de fé de um dos martins-pecadores de nossa crítica literária, que tentava reduzir mecanicamente às matrizes do "canibal" dadá-futurista a "antropofagia" brasileira: "a imagem do canibal estava no ar. Por isso, quem se aventure a estabelecer os antecedentes literários privilegiados que ela teve, será obrigado a recuar de autor, indefinidamente". O próprio Benedito Nunes cita, como exemplo, Alfred Jarry e os *Almanaques do Père Ubu*, "um dos quais registra guloseimas para os *amateurs anthropophages*". Do mesmo Jarry, eu lembraria um texto talvez ainda mais explícito: o artigo "Anthropophagie", que é de 1902, e do qual extraí uma das epígrafes deste estudo. Depois de analisar as dimensões da antropofagia na concepção de Oswald de Andrade, assim conclui Benedito Nunes: "A imagem oswaldiana do antropófago e o conceito respectivo de assimilação subordinam-se, portanto, a uma forma de concepção que os vários canibalismos literários da época reunidos não podem preencher".

Oswald, de resto, clarificando seu pensamento, distinguiu, em *A Crise da Filosofia Messiânica*, a antropofagia ritual do mero canibalismo (antropofagia por gula ou fome):

A antropofagia ritual é assinalada por Homero entre os gregos e, segundo a documentação do escritor argentino Blanco Villalta, foi encontrada na América entre os povos que haviam atingido uma elevada cultura — astecas, maias, incas. Na expressão de Colombo, *comían los hombres*. Não o faziam, porém, por gula ou por fome. Tratava-se de um rito que, encontrado também nas outras partes do globo, dá a ideia de exprimir um modo de pensar, uma visão do mundo, que caracterizou certa fase primitiva de toda a humanidade. Considerada assim, como *weltanschauung*, mal se presta à interpretação materialista e imoral que dela fizeram os jesuítas e colonizadores. Antes pertence como ato religioso ao rico mundo espiritual do homem primitivo. Contrapõe-se, em seu sentido harmônico e comunial, ao canibalismo que vem a ser a antropofagia por gula e também a antropofagia por fome, conhecida através da crônica das cidades sitiadas e dos viajantes perdidos. A operação metafísica que se liga ao rito antropofágico é a da transformação do tabu em totem. Do valor oposto, ao valor favorável. A vida é devoração pura. Nesse devorar que ameaça a cada minuto a existência humana, cabe ao homem totemizar o tabu.

Em matéria de precursões, mais intrigante é constatar que a poesia "antropófaga", na base do indianismo às avessas idealizado por Oswald, já a praticava, em temas e formas, cinquenta anos antes, um outro Sousa Andrade — o maranhense Sousândrade —, que no Canto II do *Guesa* (1884) tem coisas como esta:

> (*Antropófago Humáua a grandes brados*)
> — *Sonhos, flores e frutos,*
> *Chamas do urucari!*
> *Já se fez cai-a-ré,*
> *Jacaré!*

> *Viva Jurupari!* (*Escuridão. Silêncio*)

A observação não escapou a Edgard Cavalheiro, que intitulou um seu artigo sobre Sousândrade, de 1957: "O Antropófago do Romantismo". O que vem confirmar a vocação autônoma da antropofagia brasileira — sua congenialidade, como diria Antonio Candido — relativamente às concepções europeias.

Sousândrade. Eis aí um autêntico *precursor*. Isso, sem esquecer o conselho de Borges:

> No vocabulário crítico, a palavra "precursor" é indispensável, mas teríamos de purificá-la de toda a conotação polêmica ou de rivalidade. A verdade é que cada escritor cria os seus precursores. A sua obra modifica a nossa concepção do passado, como há de modificar o futuro.

5

Em *A Marcha das Utopias* e *A Crise da Filosofia Messiânica*, na década de 1950, Oswald procura dar mais consistência às suas ideias em torno da antropofagia, vista como "uma filosofia do primitivo tecnizado". Fundindo observações colhidas em vários autores, mas principalmente em Montaigne ("De Canibalis"), Nietzsche, Marx e Freud, redimensionados pelas teses de Bachofen sobre o matriarcado, cria sua própria utopia de caráter social ("No fundo de cada utopia não há somente um sonho, há também um protesto").

Imaginava o poeta que as sociedades primitivas seriam capazes de oferecer modelos de comportamento social mais adequado à reintegração do homem no pleno gozo do ócio a ser propiciado pela civilização tecnológica. Para Oswald, o ócio a que todo homem teria direito fora desapropriado pelos poderosos e se perdera entre o sacerdócio (ócio sagrado) e o negócio (negação do ócio). Para recuperá-lo, propunha a incorporação do homem natural, livre das repressões da sociedade civilizada.

A formulação essencial do homem como problema e como

realidade era capsulada neste esquema dialético: primeiro termo: tese — o homem natural; segundo termo: antítese — o homem civilizado; terceiro termo: síntese — o homem natural tecnizado. A humanidade teria estagnado no segundo estágio, que constitui a negação do próprio ser humano, e no qual fora precipitada pela cultura "messiânica".

Contra a cultura "messiânica", repressiva, fundada na autoridade paterna, na propriedade privada e no Estado, advogava a cultura "antropofágica", correspondente à sociedade matriarcal e sem classes, ou sem Estado, que deveria surgir, com o progresso tecnológico, para a devolução do homem à liberdade original, numa nova Idade de Ouro.

Conotação importante derivada do conceito de "antropofagia" oswaldiano é a ideia da "devoração cultural" das técnicas e informações dos países superdesenvolvidos, para reelaborá-las com autonomia, convertendo-as em "produto de exportação" (da mesma forma que o antropófago devorava o inimigo para adquirir suas qualidades). Atitude crítica, posta em prática por Oswald, que se alimentou da cultura europeia para gerar suas próprias e desconcertantes criações, contestadoras dessa mesma cultura.

Tudo somado, o grande pecado de Oswald parece mesmo o de ter escrito em português. Tivesse ele escrito em inglês ou francês, quem sabe até em espanhol, e sua antropofagia já teria sido entronizada na constelação de ideias de pensadores tão originais e inortodoxos como McLuhan, Buckminster Fuller (*Utopia or Oblivion?* — a utopia tecnológica — mais uma contribuição para a marcha das utopias), John Cage ("Como melhorar o mundo. Você só tornará as coisas piores") e o mais recente Norman O. Brown, que em *Love's Body* ressuscita os temas do canibalismo freudiano e do matriarcado de Bachofen. Pensadores da América, todos eles, por sinal.

A antropofagia, que — como disse Oswald — "salvou o sentido do modernismo", é também a única filosofia original brasileira e, sob alguns aspectos, o mais radical dos movimentos literários que produzimos. Por isso é da maior importância que se ilumine o "caminho percorrido", no qual a *Revista da Antropofagia* é etapa indispensável. Ilhado pela ignorância e pela incompreensão, Oswald parecia ter perdido a batalha. "Venceu o sistema de Babilônia e o garção de costeleta", chegou a escrever. Mas ele ressuscitou, nos últimos anos, para nutrir o impulso das novas gerações. Tabu até ontem, hoje totem. Nesse banquete totêmico, não devemos comemorar, mas comer a revista. Como ele queria. SOMOS ANTROPÓFAGOS.

... & CIA.

9. O Enigma Ernani Rosas*

Quando eu estudava a "harpa esquisita" de Pedro Kilkerry, consultando os indispensáveis estudos de Andrade Muricy — *Panorama do Movimento Simbolista Brasileiro* e "Presença do Simbolismo" (em *A Literatura no Brasil*, coletânea crítica dirigida por Afrânio Coutinho) —,[1] chamaram-me a atenção os textos também dissonantes do catarinense Ernani Rosas, já tão afastada da comedida prática simbolista brasileira como próximos do pós--simbolismo radical dos portugueses Sá-Carneiro e Fernando Pessoa. Intrigou-me, ainda, a sucinta e misteriosa informação de que uma das plaquetas do autor — o *Poema do Ópio*, de 1918 —

---

* Publicado originalmente na *Revista da USP* 7 — setembro-novembro de 1990 e, em edição própria, *O Enigma Ernani Rosas* (Ponta Grossa: Editora UEPG, 1996). Posteriormente a essas publicações, surgiram mais duas coletâneas da poesia de Ernani Rosas, editadas pela Universidade Federal de Santa Catarina (UFSC), respectivamente em 1997 e 2008. *História do Gosto e Outros Poemas*, seleção de inéditos, organizada por Ana Brancher, com bibliografia de Iaponan Soares; e *Cidade do Ócio: Por entre Sonetos e Retalhos*, sob a organização de Zilma Gesser Nunes, contendo a obra completa do poeta.

SILENCIOS

Ondulação da côr, teória das horas,
cristalina garganta, irmã dos rouxinóis:
com que, ansia coloris as karmicas auróras?...
crepusculo eterial de acórdes e bemóis!...

Os raios dastros são ritos,
sangrando em rubis noturnos,
euclásas e crisoprasos
ardendo em brilhos soturnos
de crepusculos e ocásos..

Descem os ultimos refléxos
num vislumbre cristalino,
calice d'oiro e hialino,
que a minha sêde aguardasse,
agua fria que passasse!...

Iniciam-se de sêda
uns idillios em prelúdio:
sônha o cysne de uma Lèda,
mais o sentido de um múdo!

Uma princêsa descança
a sombra de uma alamêda:
todo longe é uma esp'rança
e a hora fenéce em sêda...

Silêncios, poema de Ernani Rosas, plaqueta, mesmo título, 4 pp., sem data.
(Coleção do autor)

Pelas charnêcas a Lúa
constella de diamantes a verêda...

E a hora é Salomé sob esplaúsos de Luz.

Esmoréce o vesperal,
cristalisa-se o som
num ritmo de espetral...
Delirio de opalino,
que as cousas embalava !...
quando a luz irial
somnambulo evoláva,
como um lyrio outônal
pendente no Abandono ..
Agônisa uma voz.. é talvez a princêsa ? ..
parece, que morreu :
vae pela tarde um laivo de Tristeza,
num'asa adëja agóra para o Céu !...

As cisternas, ao fundo notiluzem Luar...

O jardim adorméce...
de anseio e de scismar...
uma fonte ao correr
amórtece,
Sou Deus a conceber !...
O'ram as flôres por mim,
destilam essencia e olôr...
Sou a hora do Sol-pôr !
que esparze aflúx jardim
em forma de saúdade e suplicas de Amôr !...

Sombra de Aparição, que dorida te enclinas,
qualquer cousa possues de hieratica no Amôr :
beijando a ára asúl da hora, que ajardinas...
E's o pintor irréal das télas do Sol-pôr !...

era dedicada ao próprio Sá-Carneiro e a Luís de Montalvor, de quem Ernani Rosas fora amigo. Uma conjunção de personalidades que os poemas pareciam ratificar, mas que ficou reticente, sem maiores explicações.

No *Panorama do Movimento Simbolista Brasileiro* figuram apenas 27 composições, tudo quanto Muricy pôde reunir das obras dispersas do poeta — o suficiente, porém, para marcar uma presença e uma linguagem incomuns em nosso meio. A par das afinidades com a poesia de Sá-Carneiro e de Montalvor, a aguda percepção de Muricy soube detectar nos textos de Ernani Rosas traços mallarmaicos ("Ernani Rosas levou a linhagem mallarmeana até uma indestrinçável interpenetração de hermetismo e nonsense") e mesmo surrealistas ("Precursor de certos aspectos do verbo suprarrealista, é manifesto na sua obra um paralogismo, quase uma irracionalidade, como a duma bela planta tropical monstruosa. É o verbo encantatório em estado larval").

Pouco pôde aduzir, no entanto, o sensível crítico de nosso simbolismo, sobre a vida de Ernani Rosas. Nascido em 1886,[2] no Desterro (hoje Florianópolis), filho de Oscar Rosas — simbolista de primeira hora e amigo pessoal de Cruz e Souza —, o poeta, ainda jovem, transferira-se para o Rio de Janeiro, onde viveu obscuramente, exercendo profissões humildes, e morrera, esquecido, em Nova Iguaçu, em 1954. A pouco mais do que isso se resumiriam as informações biográficas. Obras publicadas, apenas as plaquetas. *Certa Lenda numa Tarde* (1917), *Poema do Ópio* (1918) e *Silêncios* (s.d.). Muricy falava ainda de "copiosa produção inédita", embora apenas pequena parte dela houvesse sido incorporada à antologia do *Panorama*.

Desejoso de saber mais, tive oportunidade de conversar com o próprio Andrade Muricy sobre o poeta e sua obra. Segundo o crítico, que o conhecera pessoalmente e de suas mãos recebera alguns inéditos, tudo o mais se extraviara, guardado numa caixa ou mala com muitos escritos, que havia ficado com os parentes do poeta, depois de seu falecimento. Nada mais se poderia fazer. Como recordação de nosso encontro e prêmio de meu interesse, Muricy presenteou-me com duas das chamadas plaquetas de Ernani Rosas — preciosas mas modestíssimas publicações, que nem capa possuíam: *Certa Lenda numa Tarde: Paráfrasis de Narciso por Rictos da Cruz* (anotado à mão: Hernani Rosas filho de Oscar Rosas), oito folhas, sem data de edição, contendo os poemas "Sombra Idílica", "As Ninfas" e "Narciso", com datas esparsas que vão de 1913 a 1917; e *Silêncios*, apenas quatro folhas, sem data e sem o nome do autor.

Foi, assim, com surpresa e prazer, que recebi o volume das *Poesias de Ernani Rosas*, publicado em fins de 1989, em Florianópolis, pela Fundação Catarinense de Cultura (edição comemorativa do centenário de nascimento do poeta), com organização, apresentação e notas de Iaponan Soares e Danila Carneiro da Cunha Luz Varella.

Por essa edição fica-se sabendo da existência de um acervo do poeta, recolhido, por iniciativa de Affonso Várzea, ao arquivo da Academia Catarinense de Letras. De acordo com os organizadores, os poemas reunidos na atual publicação "não representam um terço da obra de Ernani Rosas, que ainda permanece inédita, em manuscrito, à espera de leitura cientificamente adequada capaz de elucidar com segurança as dificuldades de cada texto". Preferiram eles, diante de material de transcrição problemática, às vezes quase ilegível, optar por aquelas composições que se encontravam em forma definitiva, como as já divulgadas em folhetos ou jornais e aquelas que o autor deixara datilografadas para divulgação. De qualquer forma, é animadora a perspectiva de se conhecer melhor a poesia e os processos compositivos de Ernani Rosas que nos propicia essa relevante edição, consideravelmente ampliada, de sua obra.

Além dos poemas divulgados por Andrade Muricy, com leituras nem sempre coincidentes, e omitida apenas a quadra "Quando o Vento Sul…" (que, segundo Muricy, lhe fora ditada pelo autor), essas *Poesias* compreendem, ainda, outras composições avulsas (publicadas na imprensa ou datilografadas para publicação), uma série de inéditos integrando o projeto de um livro organizado pelo autor sob o título *Ópio: Poemas Ilusionistas*, e finalmente uma coletânea de mais cinco poemas inéditos manuscritos.

Em todo o conjunto há numerosas variantes, algumas vezes ocorrendo repetição de poemas com títulos diferentes — um material que suscita problemas de fixação de texto aqui e ali não inteiramente resolvidos, apesar do esforço dos organizadores, que listam as principais variantes e confrontos no capítulo "Considerações sobre esta Edição". Assim, por exemplo, a transcrição do poema *Silêncios*, que ficou a carecer de cotejo, não confere totalmente quer com a de Andrade Muricy, quer com a impressão original do poema: na terceira linha, a nova edição traz "colores" em vez de "coloris" (segunda pessoa do plural do verbo "colorir"), que deve prevalecer em função da métrica; na sétima, além de alterar-se a duvidosa palavra "euclasas" para a mais plausível "euclásias" (a forma correta seria "euclásios"), acentua-se "crisópraso", quando a rima exige "crisopraso"; na 35ª, está "agonizava" por "agoniza" (substituição mais uma vez desautorizada pela métrica); e na 47ª, "Sou a boca do Sol-pôr!", em lugar da "Sou a hora do Sol-pôr!", também mais consentânea com o metro. Como os autores se utilizam da segunda edição do *Panorama*, de Muricy, agravam-se às vezes desnecessariamente os problemas de confronto: nessa edição, no poema "Narciso" (da plaqueta *Certa Lenda numa Tarde*), aparece, provavelmente por erro de revisão, "desde" em lugar de "desce", como está, de forma correta, na primeira edição. Já em "As Ninfas", do mesmo livro, atribuem os organizadores ao autor a expressão "Sonhos do Sol Poente", cotejando-a com "Sonho do

Poente", que assim está em Muricy e no original impresso, sem esclarecer se a alteração foi feita de próprio punho por Ernani Rosas. Alguns erros de revisão, infelizmente comuns nas edições brasileiras (jamais consegui que imprimissem "aromoso" e não "amoroso" no poema "Harpa esquisita" de Kilkerry…), complicam ainda mais a ecdótica: na comparação do poema "Salomé III" com a versão de Andrade Muricy ("Depois de te sonhar"), aparece, nas variantes da página 26, "chegando Espelhos" em vez de "cegando Espelhos", e "Som de Alardes" em lugar de "Som de Alarde" (que a rima impõe), conforme está, acertadamente, na página 78, onde o poema aparece por inteiro. Por outro lado, "raios d'Astros", como está nessa página, por "raios d'Astro" é inaceitável (será lapso de escrita ou de cópia), pois quebra o decassílabo, dando-lhe uma sílaba a mais, erro não presumível em tão bom versejador como é Ernani Rosas. O mesmo se diga em relação a algumas alterações, que não podem ser acolhidas, por danificarem a métrica; e o caso do "para" que substituiu a forma contraída "pra" em "Pra mim, tudo num Luar se estagnou", linha de abertura do poema "Sombra Idílica", imprescindível para que "luar" ocupe, como deve, a sexta tônica do verso. A métrica e a rima são elementos definidores no estabelecimento dos textos poéticos; não podem ser relegados.

Não obstante esses pequenos percalços, a nova edição é rica e generosa na revelação de textos inéditos, bem como na acoplagem de variantes. E além do mais, oferece, nos primeiros capítulos (pp. 9-19), diversas informações adicionais sobre a biografia de Ernani Rosas, até aqui tão escassamente delineada. Ficam-se conhecendo maiores detalhes sobre sua presença no Rio de Janeiro, sua atividade jornalística, sua amizade e correspondência com Ronald de Carvalho (que, numa carta datada de março de 1915 o chama afetuosamente de "meu caro e apenumbrado irmão das cousas silentes, dos gatos, do aroma e da morte") e com o poeta português Luís de Montalvor. Quanto a este, cabe registrar a carta em que convida Rosas a colaborar na revista *Orfeu*, "este sonho enorme que vamos realizar o que tu tomarás parte a seu tempo", e da qual consta ainda esta curiosa advertência:

> Trata de arranjar coisas tuas, mas com *juízo* e unidade, coisas absolutas e necessárias para a orientação do *Orfeu*. Dá a Ronald o que fizeres! Porque tu sabes, além do seu grande talento ele tem mais juízo do que tu, pois ele é o talento gerador da *moratória* e dos *câmbios invertidos*...

Fornecem-nos, também, os organizadores, alguns dados sobre as privações do poeta, que começam com o falecimento do pai, em 1925, e sobre seus últimos tempos, época em que vivia num humilde sítio nos arredores de Nova Iguaçu, onde o foi encontrar, "magríssimo e espigado, como asceta hindu", o escritor Affonso Várzea. Em princípios de 1955 — esclareça-se —, e não em 1954 como supunha Muricy, viria ele a falecer de síncope cardíaca, em extrema pobreza.

No que tange às ligações entre Ernani Rosas e os poetas de *Orfeu*, essas informações complementam as que encontramos no livro *O Modernismo Brasileiro e o Modernismo Português: Subsídios para o seu Estudo e para a História de suas Relações* (Porto, 1986), de Arnaldo Saraiva, que, além de fixar definidamente o período em que Luís de Montalvor esteve no Brasil (de dezembro de 1912 a fins de 1914 ou ao início de janeiro de 1915), contém referências e documentos sobre o contato de Ernani Rosas com o poeta português; através das pesquisas de Arnaldo Saraiva verificamos que Ernani Rosas assistiu a conferências de Montalvor em 1913, e que Ronald de Carvalho, em carta de março de 1915, prometera enviar ao amigo português, já em Lisboa, destinados à revista *Orfeu*, versos de alguns brasileiros, entre os quais Ernani Rosas.

Não há dúvida quanto à influência da poesia de Sá-Carneiro

sobre a de Ernani Rosas. Primeiramente assinalada por Muricy, e também sublinhada por mim na *ReVisão de Kilkerry*,[3] tal influência é reafirmada por Saraiva, que aventura a hipótese de sua extensão a Ronald de Carvalho (como também sugerira Muricy) e aos menos conhecidos Carlos Maul e Eduardo Guimarães. Em nenhum desses casos, porém, essa influência — se é que ocorreu — assume a relevância que assumiu a de Sá-Carneiro na poesia de Ernani Rosas; aqui, não foram apenas temas e motivos — como o de Salomé, já presente em outros simbolistas como Eugênio de Castro, homenageado por Ernani Rosas com a dedicatória do poema "Narciso" —, mas a própria linguagem, em seu arrevesamento sintático, em seus neologismos e formações vocabulares, que foi afetada, distanciando o poeta das convenções parnaso-simbolistas em que se moviam os demais brasileiros citados.

Ao publicar, em 1965, o artigo "Kilkerry: Palavras-Chave",[4] em que abordava o tema das ligações entre a poesia de Sá-Carneiro e a de Rosas, desconhecia eu o estudo que Cleonice Berardinelli só divulgara na revista portuguesa *Colóquio 12* (Lisboa, fevereiro de 1961), e que, através da referência de Saraiva, vou descobrir agora, reproduzido em *Estudos de Literatura Portuguesa* (Lisboa: Imprensa Nacional, Casa da Moeda, 1985) sob o título "Ernani Rosas e Sá-Carneiro" (pp. 203-11). Nas poucas páginas desse lúcido trabalho evidenciam-se, pelo cotejo dos versos entre os dois poetas, as afinidades, mais do que isso, as ressonâncias do idioleto sá-carneiriano na poesia do brasileiro — patentes, por exemplo, na frequência do adjetivo "ruivo" ("o meu ruivo destino às mãos da lenda enleio", "te arruivam de topázio os sonhos de ametista"), utilizado em versos que Cleonice Berardinelli filia aos do poema "Certa Vez na Noite, Ruivamente…", do autor de *Indícios de Oiro*, observando que, com esse sentido, tal adjetivo só é encontrável em outro simbolista brasileiro, precisamente Pedro Kilkerry ("Sombras de voz hei no ouvido/ — De amores ruivos, protervos —/ Um pó vibrante de nervos”);[5] e flagrantes, também, em construções verbais como "Cismo singrar-me lírio nessas tranças…", ou em compostos como "ópio-indolente"; ou ainda em ideações temáticas e vocabulário diretamente hauridos no poeta português, como é o caso dos versos: "E a alma que anseia, se retarde,/ no olhar do Além em nostalgia…" ("Elegia", de *Poema do Ópio*, 1918), certamente inspirados na linha "a minh'alma nostálgica de além…" do poema "Partida" (1913), de *Dispersão*.

Mais do que afinidade, houve, portanto, influência. O que não significa demérito, antes qualidade e discernimento, já que as ousadias da linguagem poética de Mário de Sá-Carneiro não tinham paralelo entre nós (se ressalvarmos a poesia de Pedro Kilkerry, mal conhecida e apreciada em seu próprio meio, a Bahia. Tal influência, de resto, se afigura plausível pelo fato de Montalvor ter sido o maior divulgador da poesia de Sá-Carneiro no Brasil. Segundo Arnaldo Saraiva, diversas das conferências de Montalvor tinham por objeto a nova poesia de Portugal. E Saraiva nos fornece ainda outras informações relevantes. Em carta de dezembro de 1915, Sá-Carneiro enviava a Montalvor exemplares de *Confissões de Lúcio* e *Dispersão* para serem distribuídos a intelectuais e jornalistas do Rio de Janeiro. A Milton de Aguiar, um outro amigo — este, brasileiro —, o poeta remetera os autógrafos dos sonetos "Salomé", datado de 2 de novembro de 1913, e "Certa Vez na noite, Ruivamente", de 31 de janeiro de 1914, os quais viriam a integrar o volume póstumo *Indícios de Oiro*. Dois poemas do livro *Dispersão* — "Vontade de Dormir" e "Escavação" — foram publicados, respectivamente, nas revistas *Fon-Fon* (21 de janeiro de 1914) e *Careta* (20 de junho de 1914). A difusão dos poemas de Sá-Carneiro entre os intelectuais do círculo brasileiro de Montalvor resolveria, assim, o enigma da homenagem de Ernani Rosas em *Poema do Ópio*, na já mencionada dedicatória (que não deveria ter faltado nesta nova edição): "aos irmãos de Salomé: L. de

Montalvor, R. de Carvalho e M. de Sá-Carneiro". Ademais, em versos como "Sol-posto ungindo o mar. Incensos d'Oiro" ("Elegia da Quimera"), não deixaria Luís de Montalvor de influenciar o poeta brasileiro — conforme anota Saraiva —, embora possivelmente fosse o próprio Montalvor influenciado por Sá-Carneiro.

Só muitos anos depois, na década de 1940, quando as Edições Ática publicaram as *Poesias* de Sá-Carneiro (1946), sua linguagem renovadora voltaria a repercutir entre nós, na obra nascente de alguns dos então denominados "novíssimos", marcadamente no livro *Poemas*, de Cyro Pimentel, editado pelo Clube da Poesia, em São Paulo, em 1948. Equivocadamente vinculada por uma crítica superficial à "geração de 45", a obra de Cyro constituiu um caso único de poesia moderna pós-simbolista, dissonante e abstrata, ainda mal compreendido e avaliado entre nós. Nele, como ocorrera com Ernani Rosas, a influência de Sá-Carneiro não foi despersonalizadora; assimilada e retrabalhada com novos elementos, resultou em criações pessoais e autônomas. "Crianças-espelhos", "distância-saudade", "amores-noivos", "corpo cítiso", "corpo-arbusto", "mãos-anélitas", "Asas-Quiálteras" — inéditos conglomerados de palavras cunhados por Cyro Pimentel sob o incentivo das inovações do poeta português — eram um choque de renovação em nossa linguagem poética. Por outro lado, mesmo as marcas patentes do idioleto sá-carneiriano, como o sintagma "nostálgico de além"[6] e os desdobramentos de personalidade — a característica outridade do poeta —, ganham em Cyro um toque de abstratização e uma refração linguística peculiares, além de um ritmo próprio:

> *Colunas centrais impedem o voo icário,*
> *De um incontido amor, às paragens solares:*
> *E inoculado de azul o ser volta*
> *E é um céu*
> *Nostálgico de além, saudoso de outro!*

O anacronismo e a excentricidade da poesia inicial de Cyro Pimentel, que impedem que seja incluída quer na "geração de 45", quer nas tendências construtivistas de sua própria geração, dão--lhe contornos sui generis. Esses poemas serão talvez melhor compreendidos, dialeticamente, como uma reserva de potencialidades experimentais simbolistas. Postas entre parênteses pela urgência da revolução primitivo-coloquial de nosso modernismo, virão a ser recuperadas, em vários graus, na década de 1950, justificando, em termos nacionais, as "ReVisões" de Sousândrade e de Kilkerry (como a de Ernani Rosas), estes últimos como ápices radicais da segunda fase do simbolismo, colhidos no levantamento crítico operado por Muricy. De qualquer modo, considerações de ordem estético-evolutiva não devem obstar o reconhecimento dos resultados poéticos, e é preciso dizer que *Poemas* de Cyro Pimentel é um dos mais belos livros de poesia de minha geração, com achados inesquecíveis. Cito ao acaso: "Ah! o lento corpo! Rio sem destino para o mar"; "Deformei a vida para melhor me situar retângulo"; "Ouço as árvores executando trombetas"; "Quero tua ausência para mais sentir ausente"; "A cidade dos Girassóis, o cemitério das cidades construídas"; "Vida, Asa — Espectro — diluí-me na solidão dos céus,/ Ilhas sem mim"; "Passamos ao Além sombreados de Asas-Quiálteras,/ Habitantes de esferas sem pauta, olhos sem pátria"; "Eu caminhante, sou a imaginação de mim"; "Áleas de rosas olham-se para o último sonho"; "Sê, fonte, apenas um desejo".

Notas dissonantes como essas foram feridas por um Kilkerry, quase sozinho, em sua "Harpa Esquisita" (1909): "Pairas... Em frente, o mar, polvos de luz — estrelas... [...] E chamas a onda: 'irmã'. E em fósforo incendeia/ Na praia a onda do mar, ri com dentes da espuma. [...] E és náufrago de ti, a harpa caída, agora". E também por nosso Ernani Rosas, nos versos de 1913-8.

O diálogo que se estabelece entre sua poesia e a de Sá-Carneiro, admitida a influência deste, longe de desacreditá-lo, o situa numa posição-chave, em termos de assimilação e reinvenção de inflexões novas, até então não adquiridas pelo simbolismo brasileiro, num momento em que as correntes de vanguarda europeias já experimentavam liberdades linguísticas e perquirições do inconsciente que só o futuro modernismo tornaria viáveis entre nós.

Já em sua primeira plaqueta, *Certa Lenda numa Tarde*, subtitulada *Paráfrasis de Narciso* (fórmula que me sugere antes o vocábulo grego original que o plural, parecendo corresponder a "Paráfrase" e não "Paráfrases" como consta da nova edição), Ernani Rosas exibe a estranheza de sua linguagem, sem parâmetros no âmbito do simbolismo brasileiro. Embora dedicado a Eugênio de Castro, o texto de "Narciso" (1913), o mais antigo poema da coletânea, dialoga na verdade com Sá-Carneiro, em alexandrinos arrojados:

> *Vislumbro esse jardim, onde a demência erra?*
> [...]
> *como por mim se ausenta esse luar, que sinto?*
> [...]
> *vislumbro esse jardim em que órbita se encerra?*
> [...]
> *há mãos de musa a urdir a minha inquietação.*
> [...]
> *onde irá ter o seu suspiro de oiro aéreo?...*
> [...]
> *Eu sinto sepultar-me a noite d'além-fim!*
> *espelho-me a sonhar à sombra do jardim...*
> [...]
> *meu contemplo deliu-se lindo a oiro pálido...*
> *sou todo anel de Lua em linfa cristalina,*
> [...]

O outono a fenecer em meus gestos de seda,
[…]
Perdi-me. O meu Olhar era o mais lindo abismo,
em que eu flor divaguei demência, num aroma…
quebrou-se a gesto d'Alma… à beira dele cismo
e sonho essa ilusão de ser olor, que assoma…
através do meu ser — vago espelho sem-fim!
aclaro-me a cismar no meu místico-Fim…

D'além-mar, a voz do narcísico poeta português:

Numa ânsia de ter alguma cousa,
Divago por mim mesmo a procurar.
Desço-me todo, em vão, sem nada achar
"Escavação", 1913

Sinto os meus olhos a volver-se em espaço!
[…]
O bando das quimeras longe assoma…
[…]
A cor já não é cor — é som e aroma!
"Partida", 1913

— Ó pântanos de Mim — jardim estagnado…
"Apoteose", 1914

Num sonho de Íris morto a oiro e brasa
"Distante Melodia", 1914

Há Oiro marchetado em mim, e pedras raras,
[…]
Percorro-me em salões sem janelas nem portas.
"Taciturno", 1914

Repare-se, nas linhas de Ernani Rosas — mais acentuadamente simbolistas —, o domínio das sonoridades ("o meu suspiro de oiro aéreo"), a ousadia sintática ("eu flor divaguei demência"), o neologismo ("meu contemplo"), os compósitos inusuais ("além-fim", "místico-Fim").

Nos demais sonetos que compõem a série, a mesma estraneidade. No nº I, de "Sombra Idílica", há uma "voz que se oira e arde". "Oirar-se" (e o desusado verbo "airar" ou "ourar" tem duplicidade semântica, podendo significar "prover de ouro" ou "desvairar") é já levar ao paroxismo aquele "excesso de ouro" (Sá-Carneiro) compartilhado pelos dois poetas. No nº II, a bela linha "Inquietação da tarde sibilina", e a volta ao tema de Narciso: "vi-me passar no Espelho d'hora antiga…", que reaparece no nº III: "Perdi-me… toda uma ânsia me revela/ sombra de Luz em corpo de olor vago" ("Perdi-me dentro de mim/ Porque eu era labirinto", dirá o outro Narciso em "Dispersão", 1913). No nº IV, uma nova constelação sonorista ("iriado lírio de luar nas Linfas…") e o retorno às sinestesias que confundem os sentidos: "Cismo singrar-me lírio nessas tranças". Nos dois sonetos que recebem o título de "As Ninfas", a linha a destacar é a do primeiro: "Ó cabelos das ninfas — oiro a arder-Me!", que ecoam a "voz que se oira e arde" do inicial.

A "alma nostálgica de além", de Sá-Carneiro, ressoa em "Elegia", o primeiro texto de *Poema do Ópio* (1918):[7] "E a Alma, que anseia, se retarde,/ no olhar do Além em nostalgia…". E o tema de Salomé, que irmana os dois poetas, se insinua no soneto: "A luz que sobre si…", onde desponta uma ousadia lexical: "O corpo, ópio-indolente,/ oscila, desfalece ao meu desejo irreal…", capaz de dialogar com os "Enlevos de Ópio — Íris-abandono…" do poeta português ("Anto", 1915). E aqui, a variante do poema "Salomé" (1914), de Rosas, dedicada a Ronald de Carvalho, trazida à luz pela nova edição, concorre com linhas significativas e até superiores em originalidade à versão conhecida: "Angelizada voz nessa Tarde de Lises/ perdeu-se… em Outro-Azul espiritualizou-se (contra: "Angelizada voz numa noite em que os lises/ floriam pelo azul… na lenda humanizou-se". Ou: "Sobre Ela a florir junto à Cisterna, Louca!/ o disco singular da lua estagnou-se/ em Raios que eram Alma, e um Lírio em sua Boca…" (contra: "Lúgubre agonizava à sombra da cisterna:/ E uma voz de perdão, mais rude do que doce,/ Parecia falar pela ilusão eterna!…").

A sombra de Salomé percorre os poemas restantes, mas de uma Salomé fragmentária e eterizada, que a afasta da Salomé mais corpórea e convencional de Eugênio de Castro (não obstante lhe deva sugestões léxicas e *topoi* imagéticos) e se avizinha da Salomé de Sá-Carneiro, já a meio caminho da Herodias de Mallarmé.[8] No soneto "O meu ruivo destino às mãos da lenda enleio" é a própria Salomé que monologa: "Acordei como a luz piscina num jardim". Em "Não serás tu, a sombra…", um cisne mallarmaico projeta na água a bizarria de "todo um zainfe lunar em névoa constelada" (zainfe = manto de Tanit, deusa cartaginesa). Já em "Quem és tu, loba…", a voz do Narciso-poeta volta a se imiscuir num verso que é um esplêndido poema dentro do poema, em duas palavras: "Inesperadamente, entardeci!".[9] Mas o soneto ainda nos reserva uma outra beleza em sua última linha: "Coluna envolta à vida dos teus dedos". No soneto "O Sonho-Interior", ressaltam os versos que compactam espelhamentos reflexivos: "Perdeu-se-me ao Sol-Por teu rastro amado". "Velaram-se Sudários teus Espelhos…" ("O Fantasma", 1916). O soneto seguinte, "Depois de te sonhar…", traz a linha "vesti teu Ser a raios d'Astro e Olvido", e o sintagma "Horas de Sonho-Asa", que remete à dicção de Sá-Carneiro, trazendo à memória compósitos como "Horas-platina", ou "tempo-Asa", de "Apoteose" (1914); e no soneto "Outubro, O Sol", a linha "Anda um tecer de luz a oiro em seda!" poderia conversar com o verso "Num sonho de Íris morto a oiro e brasa", de

"Distante Melodia" (1914). O último soneto da sequência, "A tarde o poente desfia…", heptassílabo, condensa admiravelmente as imagens em breves aglomerados paratáticos:

Cintilos d'Astros, Poema!
Diluir d'Opalas, Jardim…
De Salomé: o Diadema.

"Contam que o teu olhar urde", em versos heterométricos, é uma das mais marcantes composições dessa fase, embora se concentre mais descritiva e realisticamente na dança de Salomé e, desse modo, se mostre algo tributária do poema dramático de Eugênio de Castro. Todavia, a rica elaboração de Ernani Rosas não deixa de se fazer presente, como neste trecho, em que as sequências aliterativas em *m* e *n*, girando em torno da consoante labiodental *t*, criam um clima sinestésico através de uma teia de atrações fonêmicas:

Teimosa, oculta mão te impele para o crime,
fascinas, fascinada…
És toda encantamento e tentação sublime…
Vens d'alma constelada…
Tudo te encanta e tenta em torno de teus pés…
Cavam-se abismos…
A própria tentação por ti é fascinada,
te arruivam de topázio os olhos de ametista…

Nesse poema e em alguns outros da série "salomeica" se evidenciam, também, os processos de reelaboração utilizados por Rosas relativamente às suas fontes ou matrizes estilísticas, no confronto com "Salomé" de Eugênio de Castro.

Vocábulos como "piscinas", "pedrarias", "repuxos", "crótalos", "sedas" e "alamedas" derivam do léxico de Eugênio de Castro para o poema de Ernani Rosas, porém rearranjados e compactados em notações abstratizantes:

EUGÊNIO DE CASTRO
Salomé deita a comer aos peixes,
Que na piscina são relâmpagos de joia.

ERNANI ROSAS
Despertam do palácio os jardins e as piscinas...

EUGÊNIO DE CASTRO
Corre por toda ela um suor de pedrarias,
Um murmúrio de cores.
[...]
Os repuxos cantantes
Aclamam Salomé que entra no peristilo...

ERNANI ROSAS
Acorda a escuridão: como que desabrocham
florentes, orquestrais as franças dos repuxos,
como flores sensuais feitas das pedrarias...

EUGÊNIO DE CASTRO
Diz-lhe, agitando, à luz da lua adamantina,
Seus crótalos de buxo, onde ardem cabuchões.

ERNANI ROSAS
Como que a lassidão do ambiente se constela
e os crótalos vibrando adejam em torno dela,
parecem ter anseios...

Mesmo onde é mais ostensivamente devedora de Eugênio de Castro, a linguagem de Rosas tende a divergir para regiões menos convencionais. É como se o olhar crítico do poeta brasileiro procedesse a uma releitura da Salomé do mestre português, selecionando-lhe os momentos e o léxico menos descritivos e aí operando uma filtragem, por deslocações e sínteses, no sentido de uma relação mais abstrata com o tema.

Assim, a linha em que o movimento de dança é definido por uma variação intrarrímica em torno de terminais consoantes em "ança":

Como que adormecida ela avança a dançar

que condensa duas linhas separadas da descrição de Eugênio de Castro:

a infanta avança então, ao som dos burcelins...

e

Dir-se-ia que dança adormecida...

de mais morigeradas assonâncias.

Os versos finais da "Salomé" de Eugênio de Castro exemplificam ao mesmo tempo a aproximação e o contraste entre os dois poetas:

Cantam, de Salomé no perfil de moeda,
Dourada p'la ambição, os olhos de ametista,
E junto do tetrarca a sua voz segreda;
— Dá-me a cabeça de João Batista!
Treme o tetrarca, ouvindo tal:

— Preferira dar-te
Toda a baixela, todo o meu tesouro...
Mas, breve, a um gesto seu, um escravo negro parte,
Uma espada levando e um grande prato de ouro...

Sob a leitura de Ernani Rosas, os sintagmas de Eugênio de Castro explodem fragmentariamente para pontos diversos dos poemas "salomeicos". O "prato de ouro" se fixa no final de "Contam que o teu olhar urde..." num contexto mais vago:

Quase desfalecida
Suplicam-lhe os anéis...
Ao som dos burcelins e crótalos, tentada,
Salomé traz às mãos egrégio prato de oiro!...

onde veio parar também a estranha palavra "burcelins" que já ouvíramos no verso "E a infanta avança então ao som dos burcelins...", de Eugênio de Castro. Mas os "olhos de ametista", aqui não assimilados por Rosa, se introjetam nos versos iniciais:

te arruivam de topázio os olhos de ametista

e o "perfil de moeda" engasta-se na quadra inicial de um dos sonetos da série:

Depois de Te sonhar Mistério ido
e de seguir-Te e ouvir-Te em Hora leda,
vesti teu Ser a raios d'Astro e Olvido,
de Antiguidade o teu perfil de Moeda.

As palavras-rimas "seda" e "alameda" oferecem outro exemplo expressivo de apropriação criativa:

EUGÊNIO DE CASTRO

Longe, na alameda,
Cantam pavões à luz da lua merencória...
E Salomé, cerrando as pálpebras de seda,
Adormece a pensar na sua glória...

ERNANI ROSAS

Há rondas de faisões na soturna alameda...

Aqui não há rima. Porém o par "alameda/seda" comparece em vários dos sonetos "salomeicos" do *Poema do Ópio:*

Amara-me o bailado à lua na alameda
[...]
Do parque atravessando a transparente seda
"O meu ruivo destino..."

na demência autunal duma Alameda...
[...]
ante o cerrado teu Olhar de seda,
"O Sonho-Interior"

Guardo um rumor de folhas na alameda
[...]
Anda um tecer de luz a oiro em seda!
"Outubro, o Sol..."

Fulgores da rubra seda
Na dolência carmesim
Que vai do poente à alameda...
"À tarde o poente desfia..."

E em *Silêncios*, onde o tema de Salomé reaparece, mais decantado, numa elaboração abstratizante:

Uma princesa descansa
à sombra de uma alameda:
todo longe é uma esperança
e a hora fenece em seda...

Um último exemplo. O tríptico analógico "navio", "serpente", "borboleta", usado por Eugênio de Castro para configurar os movimentos ondulantes da bailarina:

Ninguém te vence, flor, nas danças voluptuosas!
Ora altiva, ora lânguida, ora inquieta,
Traçando no ar gestos macios como rosas,
És navio, serpente e borboleta!

é desenvolvido por Ernani Rosas em sugestões imagísticas dispersas pelo texto, sem a rígida equivalência dos elementos comparativos:

E ao som d'harpas ideais, de cítaras e liras
de profanos Poetas...
a tua silhueta rompe da escuridão,
como uma borboleta
quimérica e irreal...
tendo o corpo colmado a lúcido brocado,
traz lírios à cintura...
E os dedos a bater são remos a brilhar...
[...]
São asas de falena ao sol a cintilar;
metálico florir em torno a dissonar —
Azul esplende a chama em carícias de serpe
que se enrosca em seu braço.

A imagem admirável que une diretamente os dedos a bater e os remos a brilhar contrasta com a descrição mais corriqueira no trecho correspondente da "Salomé" de Eugênio de Castro:

Radioso o véu, mais leve que um perfume,
Cinge-a, deixando ver sua nudez morena,
Dos seus dedos flameja o precioso lume,
E em cada mão traz uma pálida açucena.

Salomé está ainda presente — conforme já acentuado — na plaqueta *Silêncios*, em que Ernani Rosas (talvez possuído da mesma inquietação que levou Kilkerry aos derradeiros experimentos de "Longe do Céu, Perto do Verde Mar" e "Ad Juvenis Diem") prossegue em sua exploração dos ritmos heterométricos e encontra uma linguagem mais pessoal. O poema começa com um alexandrino pregnante e original:

Ondulação da cor, teoria das horas.

Não sem algumas reminiscências de Eugênio de Castro — as "euclasas e crisoprasos" têm algo das "cornamusas e crotalos" de "Ambientes" do poeta português —, passa Ernani Rosas dos dodecassílabos iniciais ao heptassílabo, para chegar à concisão destas estrofes lapidares, que rivalizam com o simbolismo avançado de "Horas Ígneas" de Kilkerry:

Iniciam-se de seda
uns idílios de prelúdio:
sonha o cisne de uma Leda
mais o sentido de um mudo!

Uma princesa descansa
à sombra de uma alameda:

todo longe é uma esperança
e a hora fenece em seda.

Pelas charnecas a Lua
constela de diamantes a vereda...
E a hora é Salomé sob expulsos de Luz.

"Expulsos", o enigmático neologismo, engastado no alexandrino que sintetiza o momento mágico ("a hora é Salomé"), vai se encontrar com outro — "noctiluzem" — no dodecassílabo "As cisternas, ao fundo noctiluzem luar". Entre as linhas finais, mais um achado — o decassílabo "beijando a ara azul da hora, que ajardinas", onde reluz esta "ara azul da hora", decantação das "aras" de Mallarmé e Pessoa.

Ernani Rosas é um criador de esplêndidos versos, e seus "avulsos" — poemas que vão de 1904 a 1947 — mostram que o poeta manteve ao longo dos anos, com algumas recaídas simbolistas, a nova linguagem conquistada nos anos 1913-4. Se, em alguns poemas mais antigos, como no soneto "Versos", de 1908 ("Ó capitosos, delirantes, beijos!"), denota influência de Cruz e Souza, já dois anos depois mostra certa dicção diferenciada: "Ó noites de Luar! Prenúncios d'Além vida...", ou "Transformação genial de Fera em andorinha...". De 1912 é também a linha "Passeia, à luz cerâmica das Eras" ("Misticismo do Outono"). De 1913: "Infância embalsamada num Sol-pôr" ("Espiritualismo"). Do mesmo ano é o longo poema "Elogio dos Vitrais" — revelado pela nova edição — que, como *Silêncios*, principia com uma linha significativa:

Corpo de som e cor, forma velada.

e cresce em abstrações e complexidades metafóricas:

Como um vento de Morte e de segredo
Que passasse entre as folhas sem movê-las...
[...]
O Sol abrindo a Alma em forma d'Íris...[10]
[...]
O pôr do Sol da Vida nos Olhares,
Olha! o Além é o eleito de Almas brancas...
[...]
Ó Tristeza infinita da Tristeza,
[...]
Astros! olhos sombrios do mistério!...

Em 1913 rememora, já em plena dicção renovada pelo pós--simbolismo português:

Volto a cismar, ao cais de onde parti...
— e do naufrágio a Lenda a recompô-la...
num poeta em que há anos pereci...

versos que poderiam casar-se perfeitamente aos de Sá-Carneiro:

Começam-me a lembrar anéis de Jade
De certas mãos que um dia possuí.
"Apoteose", 1914

Sobrevivo em 1956, solitário, anacrônico, despaisado, dirá, no entanto, magnificamente, no soneto "Lúcifer":

vivem mármores d'alma no poente!
[...]
e o espelho em que me vi é tudo auroras!...

"Quimera", de 1944, traz, ao lado de um bem simbolista "Mocho do Tédio", a linha "da nossa astral, cruel decepção", que ecoa o distante "desdém Astral" do poema "Taciturno" (1914), de Sá-Carneiro. De um dos últimos sonetos de Ernani Rosas, datado de 1947, um verso relampagueia, fugindo ao convencional em que parece ter recaído sua linguagem:

Passou metade-luz por noite escura.[11]

Os outros avulsos, que formam o conjunto de inéditos reunidos na nova edição sob o título *Ópio: Poemas Ilusionistas* (textos datilografados, datados de 1907 a 1915), não alteram o quadro delineado, embora proporcionem, além de algumas variantes curiosas, momentos brilhantes em que Ernani mostra sua versatilidade estilística. Em linhas curtas, como:

Outono d'Oiro
o ar aloirece
[...]
tudo é vislumbre
duma hora d'Asas
[...]
perfume em ser-Me
"Canção à Alma", 1916

(o último verso merece cotejo com o de Sá-Carneiro — "Catedrais de ser-Eu por sobre o mar...", de "Distante Melodia", 1914).

Em hexassílabos do porte de:

A luz prende no chão
a Asa da folhagem:
Ó Almas que nos dão,
o Olor de si e aragem
"Fim do Dia", 1913

Ou em heptassílabos:

Espalto[12] de sombra à escada
do sonho pra Alma tua...
é penumbra olorisada,
que sobe do Outono à Lua!

Penumbra loira de sons
pelos mouriscos vitrais,
há crepúsculos de Tons,
morrendo sob Canais...
"Balada", 1915

Existo nas noites brancas,
sou um sono no jazigo:
tenho Saudade de Mim
pela cisma, que te sigo!...
"Balada d'Ausência e da Saudade", 1916

("E, hoje, quando me sinto/ é com saudades de mim", está em "Dispersão", 1913, de Sá-Carneiro.)

Ainda, em octossílabos:

Correndo em horas hialinas
a um luar de ânsias e de ais
minha saudade — Turmalinas

por ti em joias irreais.
"Elegias do Sol e da Sombra", 1916

saudoso adeus de roxo em ti
espiritual violeta d'alma
que a luz do dia não sorri
[...]
Quisera assim fixar-te a oiro
Ó minha azul melancolia
toda a luar na estrada a oiro
a lua fonte d'alma fria

Amortalhada à nostalgia
vais a sangrar os pés d'aurora
num roxo Fim que o dia chora
de Mim murmura a pedraria
"Elegias do Sol e da Doçura", 1916

Ricos de achados, os decassílabos e dodecassílabos em que tantas vezes se expressaria:

A vida-Sol, que finda ruivamente...
"Choupos da Tarde", 1907

Toda velha Tristeza duma luz, no Outono,
envelheceu de azul o meu quarto deserto
"Tristeza da Lâmpada", 1915

Sonolência da cor! Cai indolência verde,
[...]
Vespas de fluidas Asas,

que se agitam no ar; Linfa a filtrar luares!
"Melancolia", 1915

ressurjo. Amo o luar do meu Não-Ser...
"Insônia à Lâmpada", 1914

(em Mário de Sá-Carneiro encontramos: "Há vislumbres de não ser", em "Rodopio", 1913).

Seu rastro de anilado era Neblina...
[...]
aclarando-se anéis, eram jacintos...
que feneciam sob Lábios-Beijos!
"A Sombra Dolorida do Sossego", 1915

E como Solitário a Tempos-Idos
"Reino Desejado", 1916

Sonharei a visão de Fim de luz em Mim?
[...]
o desejo tem mãos com garras de marfim...
[...]
descendo de Mim mesmo em sombra amanhecida
"Exílio", 1916

(esta última linha sugerindo comparação com o "Rolo de mim por uma escada abaixo", de "Manucure", 1915, de Sá-Carneiro).

Irrealizei-me Luz de teus baços Vislumbres
morrente d'Oiro à tarde em Ânforas, Olência...
[...]
Água sinistra e azul ofelizada em Lua!
"O Amor do Irreal", 1916

Carne-Alada d'Além cheia d'Anseio
Ida-Sombra esvaída no Desejo
e na Teia da Lenda em que me enleio
"Síbaris", 1914

o Silêncio! Dum Tom maresiado
gela-se agonizante a luz no Ar
"Lâmpada Dormente", s.d.

A nova edição nos revela ainda outros avulsos, nos capítulos IV e V. Mantém-se o quadro. Versos experimentais pós-simbolistas infiltrando-se em meio às fórmulas do simbolismo convencional:

A sombra é Deus — penumbra d'Ópio ascensa![13]
[...]
e monges d'água errante da nascente
sonhando com carenas em paisagem!
"Crepúsculo", 1912

qual lume dolores diáfano e absono,
[...]
Memoriado Outono! quedou-se de neve...
"Lilases, Violetas, Memórias do Outono...", 1913

Teu corpo para mim velou-se a véus
de roxa languidez, a lises d'alma...
"Uma Noute Morria de Saudade", 1915

Vi mundos através dum sonho ido,
Galeras a singrar à luz da tarde em Thul...
[...]

Pedraria aflitiva em rastro sibilino
"Excêntrico Singrar", 1916

Rei exilei-me em teu ruivo cismar.
"Noite Egípcia", 1915

(uma radicalização do verso "— Ao meu redor eu sou Rei exilado", de "Distante Melodia", de Sá-Carneiro, 1914).

Visão leda do Sol à cor extinta...
Ausento-Me! É a tu'alma e meu jazigo,
erro no oiro astral que tarde pinta.
"Carta pr'Além-Túmulo", 1916

O exemplário oferecido é, ao meu ver, mais do que significativo. Em que pese a precariedade de muitos desses avulsos — rascunhos talvez não definitivos, muitos deles, já que se notam, com relativa frequência, falseios de métrica, incompletudes frásicas ou carências de pontuação —, a altitude desses versos nos surpreende e comove. Precárias, de resto, são as próprias "edições" feitas em vida do poeta — não mais do que folhas pobremente impressas e com muitos erros tipográficos. Tudo faz crer que Ernani Rosas, boêmio e inadaptado à vida prática, não desfrutava de condições econômicas muito favoráveis. É o que parecem corroborar os dados que a nova edição acrescenta à sua parca biografia.

Se a linguagem de Ernani Rosas tem sua individualidade até certo ponto afetada pela porosidade que oferece a outros estilos — e nisso ele difere de Pedro Kilkerry, dono de um idioleto mais pronunciado —, essa circunstância não chega a tolher-lhe a invenção, patente na reelaboraçao crítica e seletiva que leva o poeta a soluções extraordinárias e a configurações linguísticas inteiramente estranhas à tradição e ao contexto brasileiros.

No soneto "Para que, alma, o esforço", que, segundo Muricy, lhe foi ditado pelo autor, aparece o compósito "inter-azul-sonhar":

Para que esse teu tantalizar
do sonho, em louvor de quem não sabe
medir a altura imensa que nos cabe
para adejar no inter-azul-sonhar...

Em Sá-Carneiro encontramos por duas vezes a expressão "inter-sonho": no título de um poema de 1912, do volume *Dispersão*, e no verso "Idade acorde de Inter-sonho e Lua", de "Distante Melodia", 1914 (*Indícios de Oiro*). Quem sabe se o insólito acréscimo com que Ernani Rosas recompôs o composto, ao introjetar-lhe aquele "azul" que o erige em colagem mimética e cria a diferença qualitativa — novo no novo —, possa sinalizar a sensibilidade crítica com que nosso poeta recepcionou os avanços da poesia portuguesa de *Orfeu*, mérito que não é desprezível no quadro do diluente pós-simbolismo brasileiro.

Com semelhante criatividade Gregório de Matos soube ler e apropriar o Barroco espanhol. Assim, em seu "Epigrama", simploriamente impugnado por Sílvio Júlio como plágio de Quevedo (quadras iniciais do romance "Refiere él mismo sus defectos en bocas de otros"):

QUEVEDO
Muchos dicen mal de mí,
y yo digo mal de muchos:
mi decir es más valiente,
por ser tantos y ser uno.
Que todos digan verdad,
por imposible lo juzgo;
que yo la diga de todos,
con mi licencia lo dudo.

Por eso no los condeno.
por eso no me disculpo;
no faltará quien nos crea
a los otros y a los unos.

GREGÓRIO
Querem-me aqui todos mal,
mas eu quero mal a todos,
eles, e eu por nossos modos
nos pagamos tal por qual:
e querendo eu mal a quantos
me têm ódio tão veemente,
o meu ódio é mais valente,
pois sou só, e eles são tantos.[14]

Uma leitura não preconcebida dos textos em questão registra, desde logo, o desvio criativo com que Gregório glosou os versos de Quevedo, modificando-os e dando-lhes outra dimensão semântica e poética. O "dizer mal" de "muitos" polariza-se no "querer mal" de "todos". A indiferença risonha entre a verdade ou a mentira do "dizer" converte-se em "ódio veemente". A própria divergência de intensificação sonora entre as rimas — consoantes em Gregório, quando eram apenas toantes em Quevedo — contribui para a maior tonicidade e dramaticidade do texto do baiano que, além de condensar e reordenar as quadras quevedianas, extrai a sátira da pauta ligeira dos jogos de espírito para projetá-la, em cheio, no âmbito dos conflitos existenciais e contextuais, potencializados ao máximo: um contra todos. "Que me quer o Brasil que me persegue?", desafiaria, em outro passo, o poeta, como que prefigurando o desentendimento secular — que até hoje subsiste — entre sua obra e o presunçoso menosprezo dos marinícolas literários de todos os tempos, "os néscios que motejam"…

Contrariamente ao que imaginam certas mentes redutoras e mesquinhas de nossa crítica comparatista, por vezes alambicadas de eruditismos, mas notoriamente incompetentes para aferir valores artísticos, nem sempre a influência desqualifica a criatividade e a invenção. Estas também se explicitam na capacidade de discernir a informação renovadora, no saber assimilar e dominar as linguagens de transformação de uma época. *"To gather from the air a live tradition"*: o *paideuma* poundiano. Transformar o tabu em totem. Antropofagia: de Quevedo e Góngora por Gregório; de Sterne por Machado; de Cendrars por Oswald. Por mais que assuste aos papiloscopistas de plantão de nossa subcrítica acadêmica, a metáfora antropológica oswaldiana se ajusta como luva à situação da literatura brasileira, tanto em sua mais inteligente recepção quanto em suas mais sensíveis rupturas com as matrizes europeias, de onde proveio.[15] Antropofagia, insisto (e só mesmo um néscio cobraria precisão cronológica à metáfora). Ter o faro do tempo, reconhecer o novo, injetá-lo na circulação sanguínea do corpo contextual e ser capaz de renová-lo.

NOTAS

1. *Panorama do Movimento Simbolista Brasileiro*. Rio de Janeiro: Instituto Nacional do Livro, 1952; 2. ed., Brasília, idem, 1973; *A Literatura no Brasil*. Rio de Janeiro: S. José, 1959. v. III, tomo 1.

2. Registrem-se aqui, para melhor contextualização do poeta, as datas de nascimento de alguns de seus contemporâneos: 1885 — Kilkerry; 1888 — Pessoa; 1890 — Sá-Carneiro, a quem este estudo quer homenagear especialmente, em seu centenário [1990].

3. *ReVisão de Kilkerry*. São Paulo: Fundo Estadual de Cultura, 1971 (2. ed. ampliada. São Paulo: Brasiliense, 1985).

4. No Suplemento Literário de *O Estado de S. Paulo*, de 31 jul. 1965. Incluído como capítulo em *ReVisão de Kilkerry*.

5. A nova edição das *Poesias* de Ernani Rosas divulga na seção de Inéditos, "Ópio: Poemas Ilusionistas", entre textos que os organizadores supõem "datilografados de 1912 a 1914", o soneto "Choupos da Tarde", datado de 1907, onde se encontra a linha "A vida — Sol, que finda ruivamente...". Se a data for correta, a influência, no caso, se tempera com os naturais pendores da linguagem em formação do poeta brasileiro.

6. "A minh'alma nostálgica de além" ("Partida", 1913, *Dispersão*).

7. Compõem o *Poema do Ópio* os seguintes textos: "Elegia" [quadras], "A luz que sobre si...", "A glória a constelar...", "O meu ruivo destino...", "Não serás tu, a sombra...", "Alucina-te a cor...", "Quem és tu, loba...", "O Sonho-Interior", "Depois de Te sonhar...", "Outubro, O Sol...", "À tarde o poente desfia..." [sonetos] e "Contam que o teu olhar urde..." [versos heterométricos].

8. O poema dramático "Salomé" (1896), de Eugênio de Castro, foi recentemente analisado entre nós por Álvaro Cardoso Gomes, que, com propriedade, identifica "os estilemas da Salomé simbolista", e ao mesmo tempo assinala as limitações do poema, que lhe parece ser "frio, descritivo e, em muitas passagens, não passar de prosa rimada" (veja "Salomé, *starlet* simbolista", em *O Poético: Magia e Iluminação*. São Paulo: Perspectiva, 1987, pp. 51-88). Quanto a *Herodias*, de Mallarmé, às complexidades de sua simbologia e de sua linguagem, remeto-me ao estudo "De Herodias à Jovem Parca", acompanhado da tradução do poema "Herodíade", em *Linguaviagem* (São Paulo: Companhia das Letras, 1987).

9. "*M'illumino d'immenso!*", diria Ungaretti em semelhante totalização imagética.

10. Cf. Sá-Carneiro: "Ela chama-me em Íris. Nimba-se a perder-me" ("Salomé", 1913). "Num sonho de Íris morto a oiro e brasa" ("Distante Melodia", 1914).

11. A primeira edição do *Panorama do Movimento Simbolista Brasileiro*, de Muricy, estampa à p. 57 do v. III, em precária impressão, uma versão manus-

crita deste poema, sob o título "Soneto", com ligeiras variantes (na linha em questão lê-se: "Passou metade Luz por noite escura"). Minha citação provém da segunda edição, onde, sob o nome "Tísica", se transcreve outra versão, que veio a ser adotada pelos organizadores das *Poesias*. Além desse soneto, Muricy acrescentou os poemas "Trago de Hamleto a Dúvida", "Quando o Vento Sul" e "Para que Alma, o Esforço", que não figuraram na edição anterior.

12. *Espalto* = tinta escura que os pintores aplicavam sobre o escarlate. A palavra forma com *euclasas* (euclásio = mineral que ocorre em forma de cristais prismáticos, às vezes usado como gema) e *espalusos* (?) um estranho tríptico de vocábulos raros ou inventados no idioleto poético de Ernani Rosas.

13. Note, nesses versos, o emprego de palavras raras: *ascensa* de "ascender" utilizada como adjetivo, associada ao substantivo "ascenso", termo de astronomia, indicando a ascensão de um astro. Mais adiante: *ábsono* (dissonante), com o acento deslocado para a paroxítona a fim de rimar com "outono"; *memoriado*, do verbo "memoriar", assim como *maresiado*, que aparece nos versos anteriormente referidos, a partir de um suposto verbo "maresiar"; além de um duvidoso *dolores* que pode ser erro de transcrição por "d'olores".

14. Uso o texto da edição de James Amado, *Obras Completas de Gregório de Matos* (Salvador: Janaína, v. III, 1968, p. 707). Nas *Obras Completas* das Edições Cultura (São Paulo, 1943, tomo II, p. 155), baseadas na publicação da Academia Brasileira de Letras, há algumas variantes: "E eu quero mal a todos"; "Nos pagamos tal por tal"; "Pois sou só, e eles tantos". A versão de Sílvio Júlio confere com esta última, exceto no terceiro verso: "eles e eu, por vários modos" (*Reações na Literatura Brasileira*, 1937, pp. 102-35).

15. No livro *O Anticrítico* (São Paulo: Companhia das Letras, 1985), adotei um estilo que denominei "prosa porosa" — uma forma de metalinguagem recortada e modulada em linhas poemáticas, para contrastar a linguagem polida e empolada das academias e universidades. Entre os textos ali incluídos está "Arte Final para Gregório", originalmente publicado na revista *Bahia Invenção* (1974), no qual afirmo que Gregório de Matos foi "o primeiro antropófago experimental da nossa poesia". A asserção repercutiu nos setores de letras da USP, cuja postura, pautada pela exclusão do Barroco na *Formação da Literatura Brasileira*, de Antonio Candido, era de franca hostilidade em relação à produção nacional daquele período. Um professor, apostando em demonstrar a falta de originalidade do poeta baiano, tachou de anacrônica minha colocação, que nada mais faz do que usar de uma licença metalinguística — um pré-kafkianismo pós-kafkiano, se assim posso dizer, inspirado em Borges e seu notável "Kafka e seus precursores". Outro professor, menos tacanho, veio, porém, a acolher minha expressão, em antologia que organizou sobre o poeta, ainda que sem me dar o devido crédito, o que àquela altura seria por certo uma heresia imperdoável naquela universidade...

10. Oswald, Livro Livre*

Quando, em 1949, visitei Oswald, em companhia de Décio Pignatari, Haroldo de Campos e Nilo Odália, não esperava receber o presente magnífico. A certa altura, animado pela conversa com os jovens postulantes a escritor, Oswald retirou-se por um momento e voltou com quatro exemplares das *Poesias Reunidas O. Andrade* (Edições Gaveta, em largo formato, com ilustrações de Tarsila, Segall e do autor) e os ofertou, com seu autógrafo, a cada um de nós (a mim coube o n.º 136 dessa edição de apenas duzentos exemplares).

Os livros — o que restava da edição de 1945 — estavam empilhados, se bem me lembro, no alto de um armário numa dependência interna do apartamento. Oswald os distribuía, assim, generosamente, aos poucos amigos e simpatizantes. Tal era a solidão do poeta, já quase sexagenário, que, "de facho em riste, bancando o Trótski, em solilóquio com a revolução permanente" — como

---

* Publicado originalmente no Suplemento Letras, do jornal *Folha de S.Paulo*, 8 de fevereiro de 1992.

Capa de caderno de Oswald de Andrade, utilizado para os primeiros esboços da capa do *Primeiro Caderno do Aluno de Poesia Oswald de Andrade*. Reproduzida pelo autor. (Coleção particular de Rudá de Andrade © Oswald de Andrade)

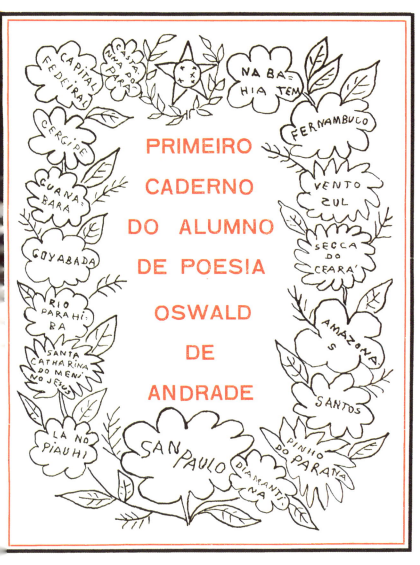

Capa do livro *Primeiro Caderno do Aluno de Poesia Oswald de Andrade*, de autoria de Tarsila do Amaral. Reproduzida da primeira edição do livro, 1927. (Coleção do autor © Tarsila do Amaral)

o descrevera Patrícia Galvão um ano antes —,[1] continuava a vociferar contra tudo e contra todos em defesa do modernismo e da antropofagia, à espera do resgate das futuras gerações.

As *Poesias Reunidas* compendiavam os dois únicos livros de poemas anteriormente publicados por Oswald — *Pau-Brasil* (1925) e *Primeiro Caderno do Aluno de Poesia Oswald de Andrade* (1927) —, acrescentando-lhes o inédito "Cântico dos Cânticos para Flauta e Violão" e alguns "Poemas Menores". De *Pau-Brasil* não consta a tiragem; o *Primeiro Caderno* tinha apenas trezentas cópias. Vinte anos depois, a essa pequena safra estava reduzida toda a fortuna editorial da poesia de Oswald, cuja obra só começaria a ser redimida com a publicação, em 1966, das novas *Poesias Reunidas*,[2] que receberiam o acréscimo do poema "O Escaravelho de Ouro" (1946). Não fora melhor a sorte dos romances-invenção *Memórias Sentimentais de João Miramar* (1924) e *Serafim Ponte Grande* (1933), ou a das peças teatrais *O Homem e o Cavalo* (1934), *A Morta*, *O Rei da Vela* (1937), como eles não reeditadas e até então não representadas.

No entanto, este *Primeiro Caderno do Aluno de Poesia Oswald de Andrade*, impresso na tipografia da rua de Santo Antônio, nº 19, no amplo formato de 26,5 x 21,5 centímetros, com capa de Tarsila e desenhos de Oswald, tipos em duas cores (todos os títulos em vermelho), é possivelmente o mais belo livro de poesia de nosso modernismo.

O mais belo enquanto conjunto coerente de poemas, enquanto risco e ousadia de linguagem, enquanto concepção plástica e material do livro. A edição construída por Oswald e Tarsila tem a ver não só com a poesia propriamente dita, mas com um conceito de reformulação da linguagem visual do livro, que a põe em contato com os grandes cometimentos das vanguardas europeias, na continuidade do caminho aberto por Mallarmé, em "Un Coup de Dés" (1897), "nada ou quase uma arte", prefácio de um hipotético "livro" — um livro livre, que começaria a ser escrito coletivamente em nosso século.

Para ficar só em alguns exemplos, bastaria lembrar, como fenômeno grupal, as edições dos livros cubo-futuristas, transmentais ou construtivistas russos, que associaram poetas como Khliébnikov, Maiakóvski, Krutchônikh, Kamênski, Iliazd a artistas plásticos do porte de Malevich, Rodchenko, Rozanova, Gontcharóva, Larionov, El Lissitzky e incorporaram até o entusiasmo de críticos como Roman Jakobson, que, com o pseudônimo de Aliágrov, participou como poeta, ao lado de Krutchônikh, em 1915, de um insólito livro *zaúm* (transmental): sobre a capa-colagem, um coração vermelho de papelão tendo, pregado, um botão de camisa; no interior, entre os poemas, em gravuras coloridas, as cartas de baralho de Olga Rozanova. Em *Pro Eto* (Disto), 1923, os poemas de Maiakóvski aparecem articulados com as fotomontagens de Ródtchenko; em *Dliá Gólossa* (Para voz), do mesmo ano e também de Maiakóvski, integram-se definitivamente ao projeto visual, elaborado por Lissitzky apenas com recursos tipográficos, em duas cores (vermelho e preto), como um guia funcional de leitura.

Assim, os textos poéticos foram se extraindo das constrições gráficas convencionais, ao mesmo tempo que a ideia de "ilustração" evoluía no sentido de maior interpenetração com o poema e de adequação mais profunda ao livro como um todo. Um outro exemplo, certamente caro aos nossos modernistas — Paulo Prado possuía uma das raras cópias, a nº 119, dedicada pelo autor a ele e a "*tous les amis de San Paolo*", em 1924 —, foi *La Prose du Transsibérien et de la Petite Jehanne de France*, de Blaise Cendrars, volume impresso em várias tintas e ilustrado com "cores simultâneas" por Sonia Delaunay, em 1913: um livro-sanfona, que, desdobrado, atingia cerca de dois metros de comprimento (acoplados, os 150 exemplares da tiragem anunciada alcançariam a altura da Torre Eiffel, "*tour du monde*"...).

Nossas revistas modernistas — especialmente *Klaxon*, do ponto de vista plástico — tentariam responder às provocações das congêneres *Lacerba*, *Dada*, *Blast* e tantas outras. Nos projetos de livro, porém, o atrevimento visual tendia a restringir-se à capa, não se aventurando à programação interna.

Foi Oswald, com a cooperação de Tarsila, quem deu a mais significativa resposta, um pouco em *Pau-Brasil*, e muito neste *Primeiro Caderno*, que inspiraria pelo menos uma outra peça de exceção: o amadorístico mas instigante *Álbum de Pagu* desenhescrito pela jovem discípula de dezoito anos, em 1929 — livro único que, entregue a Tarsila, só veio a ser redescoberto e difundido na década de 1970, quase meio século depois. Resposta a uma tradição nova — a da valorização visual do livro, inconfundível com a edição de luxo e só ocasionalmente assimilável à do livro de artista — que começaria a se perder nos anos 1930: um dos últimos exemplos expressivos seria a primeira edição, em 1931, de *Cobra Norato*, de Raul Bopp, com capa de Flávio de Carvalho; este ainda manteria o brio modernista no nº 1 da *RASM* (*Revista Anual do Salão de Maio*), publicada em 1939, com sua capa brutalista, de alumínio, que incorporava algo das experiências futuristas do *Libro-macchina Bullonato* (Depero/Azari, 1927) e do *Libro di Latta* (Marinetti/Albissola, 1932). Como projeto definido e coletivo, tal tradição só viria a ser retomada pela poesia visual dos anos 1950.

Seria indispensável resgatar mais esse aspecto inovador da rica personalidade do poeta, reproduzindo em fac-símile, com sua diagramação, dimensões, cores e tipos, design e desenhos, o livro original — o "livro livre" de Oswald. Que, aliás, não se limitou a ilustrar a obra; teve participação decisiva na própria organização gráfica do livro, como o comprova o documento ora revelado, pertencente ao arquivo particular de Rudá de Andrade: um cader-

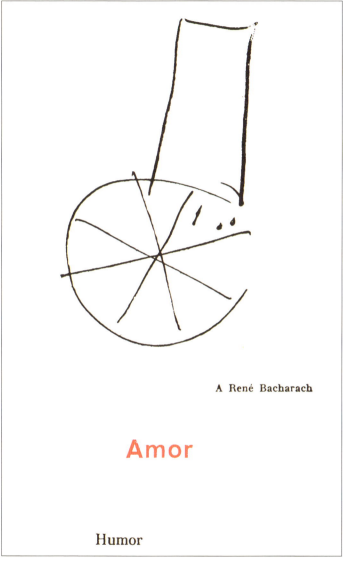

"Amor", poema de Oswald de Andrade, do *Primeiro Caderno do Aluno de Poesia Oswald de Andrade*. Reproduzido da primeira edição do livro. (Coleção do autor © Oswald de Andrade)

no estudantil, em cuja cobertura Oswald assinalou, de próprio punho, algumas de suas interferências, modificando os nomes dos estados nos brasões e rascunhando o título e os créditos: "Caderno de Exercícios Pertencente ao Aluno de Poesia Oswald de Andrade. Começado em 1925. Acabado em 1926. Capa de Tarsila. Autoilustrações do autor". Um esboço de layout a indicar que foi do próprio poeta a concepção da capa.

No espaço generoso da edição original, que o jogo entre tipos vermelhos e pretos ilumina, os poemas respondem mais viva e funcionalmente às "ilustrações" intertextuais: as barquinhas da "história pátria" dialogam com seus ícones "infantis"; o Brás de "delírio de julho", com suas janelas-ideogramas; o Cadillac de "o Pirata", com o correspondente garrancho-nuvem-de-pó. E nós os sentimos inseparáveis desses desenhos, tal como o "hotel esplanada", com seu elevador amoroso, já nos parecia indissociável do poema gráfico ("não funciona"), que felizmente não deixou de acompanhá-lo nas reedições posteriores. Aqui, retomam sua projeção definitiva os poemas-síntese "Fazenda", "Crônica", "o Pirata", que ocupam, cada qual, a dimensão de uma página ampla, dando espaço à explosão e ao choque. Mais do que todos, o poema inicial "Amor" (título em vermelho) revigora, na concisão unilinear do "Humor", sobre o silêncio amplificado da página, com seu estranho e insinuante desenho abstratizado (que, para aumentar a perplexidade do leitor, aparecerá invertido na edição das *Poesias Reunidas*: cogumelo? Árvore? Roda-gigante?).[3] Amor. Humor. A poesia, "a descoberta/ das coisas que eu nunca vi".

Ao enfatizar a importância da recuperação material do Oswald-de-corpo-inteiro da edição original, noto que falei pouco de sua poesia ou de sua poética. Mas esta já foi recuperada, a partir dos anos 1960. Oswald já faz parte da corrente sanguínea de nossa poesia. Já somos todos oswaldianos. Seria ocioso, talvez, embora não me pareça impertinente, lembrar aqui a operação de reoxigenação executada por Oswald, dentro dos quadros do modernismo, nas poéticas exaustas do convencionalismo pós-parnasiano (o pós-simbolismo radicalizado de um Kilkerry ou de um Ernani Rosas guardaria reservas de modernidade a ser exploradas por outros veios, no futuro).

"The Age demanded." A Era exigia a ruptura do cilício métrico, o abandono do *sermo nobilis*, da retórica empostada de academismos ou empastada de deliquescências, e demandava urgentemente o hausto da linguagem cotidiana, a imediatez do jornal e do cinema — imaginação sem fios, palavras em liberdade, como pregavam os futuristas, antes de todos. A essas demandas vieram responder, a seu tempo, nossos modernistas.

Oswald, radical em tudo, buscou na incivilidade do antropófago (o mau selvagem) e nas incorreções e molecagens da infância ("O netinho jogou os óculos/ na latrina") as armas-metáforas para proceder à sua correspondente deslavagem cerebral, seu "grau zero da escrita", seu marco zero. O "Manifesto da Poesia Pau-Brasil" (1924) e, logo mais, o "Manifesto Antropófago" (1928) estão em plena sintonia com a poesia que praticou e, mais do que a ilustram, a esclarecem: é "ver com olhos livres". Tudo já está ali: da "contribuição milionária de todos os erros" à "síntese", à "invenção" e à "surpresa".

Entre a poesia de *Pau-Brasil* e a do *Primeiro Caderno* não há, talvez, diferença essencial, senão de grau. "Em comprimidos, minutos de poesia", equacionara Paulo Prado em sua introdução a *Pau-Brasil*. Já praticante do poema-minuto, Oswald avança no *Primeiro Caderno*, radicalizando o radical, até o poema instantâneo, o poema-flash, de duas ou três linhas, associando-se aos poucos modernos que tentaram com sucesso o miniepigrama — um Cendrars, um Pound, um Maiakóvski, um Ungaretti, um Cummings. E chega ao poema-de-uma-nota-só, síntese das sínteses: "amor-humor". Semente de outras revoluções, o gesto radical faz lembrar as rupturas mais significativas com a tradição em pintura — o *Quadrado Branco sobre Branco* de Malevich, logo respondido pelo *Preto sobre Preto* de Ródtchenko, em 1918 —, embora a poética de Oswald, movida a riso e ação, não se esgote nessa prática nem sistematize tal gesto limite. Ao definir a poesia de Oswald como "uma poesia ready-made",[4] Décio Pignatari trouxe à baila uma outra modalidade de radicalismo, o de Marcel Duchamp, mais afeiçoado, talvez, à tipologia do humor oswaldiano. Levando a comparação ao campo da música — e tais símiles não se traduzem, evidentemente, em identidade, mas em pontos de referência e interiluminação —, eu recordaria a personalidade do compositor-poeta Erik Satie. De Satie, que Oswald admirava —[5] e que, como ele, passou por um longo processo de descrédito até ser reabilitado, na década de 1950, pela voz indisciplinada de John Cage —, caberia acentuar aqui o despojamento, o "*retour à la simplicité*" (Cocteau) e sobretudo a face *satierik* (para recorrer ao anagrama perfeito de Picabia) — o riso subversivo contra a obra "séria", exibido em epigramas musicais que metamorfoseiam o clichê em nonsense. E, especificamente com relação ao *Primeiro Caderno*, o Satie de *Sports et Divertissements* (1914), que, numa sequência ininterrupta de anedotas-composições, mistura textos brevíssimos e notas musicais em partituras-poemas caligrafadas em preto e vermelho, a demandar, também, o fac-símile, pois o design faz parte da criação.

Mais do que com a de Villa-Lobos, cuja prolixidade está nas antípodas de sua verve sintética — malgrado seja o Villa-Lobos dos anos 1920, do *Noneto* e dos *Choros* (o nº 3, de 1925, dedicado, por sinal, a Oswald e Tarsila), o melhor e o mais moderno dos Villas —, a obra poética de Oswald parece ter em comum com a de Satie o absoluto desprezo pelos valores "artísticos". O Oswald poeta (nisso diverso do prosador pós-machadiano) não é um *syntaxier* ou um artesão como Mallarmé. Há em sua poesia — avessa, como é, a toda estilização literária e, por outro lado, aberta ao elementarismo da linguagem crua, à colagem brutalista e aos malapropismos da fala cotidiana — uma natural adesão a tudo quanto seja por definição "não poético", assim como o ruído (já incorporado por Satie na criação de *Parade*, 1917, cuja partitura previa até sirenes, tiros de revólver e máquinas de escrever) é aparentemente "não musical"; uma recusa crítica, que tanto se aparenta à renúncia feroz e humorada de Satie ("J'emmerde l'Art") quanto à de Duchamp, ao abandonar a pintura "retiniana". Será essa uma outra chave para se entender o "livro livre" de Oswald. Ao seu ver-com-olhos-livres, haveria de corresponder um ouvir-com-ouvidos-livres.

Para completar o prazer desse reencontro definitivo com a poesia de Oswald, seria preciso ouvir a gravação que ele fez de alguns de seus poemas, entre os quais "Balada do Esplanada" e "Soidão" (do *Primeiro Caderno*). Pouco importa a precariedade técnica desses registros feitos despretensiosamente, em família, nos últimos anos de vida de Oswald. Quem ouve o poeta dizendo o trecho inicial do "Cântico dos Cânticos para Flauta e Violão", com a voz ligeiramente embargada pela emoção na linha "cais da minha vida quebrada", não esquece, e não pode deixar de sentir quase em casa a presença dessa poesia incorrigível que uma versão não "corrigida" pelos padrões convencionais traria para ainda mais perto de nós.[6]

NOTAS

1. "Contribuição ao julgamento do Congresso de Poesia" (1948), em Augusto de Campos, *Pagu: Vida-Obra*. São Paulo: Brasiliense, 1982, pp. 182-4; nova ed., rev. e ampl., São Paulo: Companhia das Letras, 2014, pp. 251-4.

2. Oswald de Andrade, *Poesias Reunidas O. Andrade*. Intr. e org. de Haroldo de Campos; capa de Flávio de Carvalho. São Paulo: Difusão Europeia do Livro, 1966.

3. Segundo Rudá de Andrade, a posição correta do desenho seria mesmo a da primeira edição. Ele se recorda de um comentário de Nonê (Oswald de Andrade Filho) afirmando que a imagem representaria um canhão da guerra de 1914.

4. Décio Pignatari, "Marco Zero de Andrade", em *Contracomunicação*. São Paulo: Perspectiva, 1971, pp. 141-55.

5. "Se houve ultimamente um gênio em França, esse se chamou Erik Satie…", escreve Oswald de Andrade em *Ponta de Lança* (São Paulo: Martins, 1945, p. 113. 5. ed. São Paulo: Globo, 2004, p. 158).

6. As leituras de Oswald, preservadas por Rudá de Andrade, vieram a ser incluídas no CD *Ouvindo Oswald* (Funarte, 1999), totalizando cerca de treze minutos. A meu cargo ficou a coordenação literária e o roteiro. Cid Campos se incumbiu da produção musical e do tratamento sonoro dos textos. Participaram do CD, complementando as leituras de Oswald, os poetas Décio Pignatari, Haroldo de Campos, Omar Khouri, Paulo Miranda, Walter Silveira, Lenora de Barros e Arnaldo Antunes, além do autor deste estudo.

11. Errâncias de Sousândrade*

"Ouvi dizer já por duas vezes que 'o *Guesa Errante* só será lido cinquenta anos depois'; entristeci — decepção de quem escreve cinquenta anos antes." A frase tão doloridamente veraz com que o poeta definiu suas exíguas expectativas de comunicabilidade integrava o texto — "Memorabilia" — que redigiu como introdução à edição norte-americana de um dos fascículos de seu poema, em 1877. Mas o prognóstico era ainda otimista. Foram precisos quase cem anos para que sua poesia passasse a ser plenamente compreendida. Em dezembro de 1960, começava a ser publicada no jornal *O Correio Paulistano* a série de estudos "Montagem: Sousândrade", que Haroldo de Campos e eu assinamos; e, em 1964, lançava-se a primeira edição de nossa *ReVisão de Sousândrade* (Obelisco Editora), estudos e antologia poética, contendo também importante colaboração de Luiz Costa Lima. Extraiu-se em fascículo especial uma separata intitulada "O inferno de

---

* Publicado originalmente como introdução à edição *O Guesa*, de *Joaquim de Sousândrade* (São Paulo: Annablume, 2009. Selo Demônio Negro).

Wall Street", constituída pelas 176 estrofes epigramáticas que integram o Canto x do poema *O Guesa*.

Muita água correu. O poeta, que morreu empobrecido, aos setenta anos, e vendendo parte de sua fazenda (a "Quinta da Vitória", como a chamava) para sobreviver — "Estou comendo as pedras da Vitória", dizia ele —, continuou a ser negado e sonegado por muitos. Mas o "terremoto clandestino" de sua poesia não passou mais despercebido. Repristinado, tomou novo alento e ultrapassou fronteiras. Ainda hoje, crescem as pesquisas em torno da obra de Sousândrade, as mais recentes noticiadas e divulgadas na rede eletrônica. Em pleno século xxi, a solitária estrela do poeta brilha em seu "Wall Street Inferno", entronizado na prestigiosa antologia *Poets For The Millenium: The University of California Book of Romantic & Postromantic Poetry* (2009).

O maranhense Joaquim de Sousa Andrade, ou Sousândrade, como preferia ser nomeado (1832-1902), situa-se historicamente na segunda geração do romantismo brasileiro, mas foi de fato também pré-simbolista e protomodernista. As ousadias de sua poesia fazem-no um autor difícil de classificar. Vislumbram-se traços simbolistas já em sua primeira coletânea de poemas, *Harpas Selvagens* (1857), características que se acentuarão na linguagem alegórica e abstratizante de *Novo Éden: Poemeto da Adolescência* (1893) e nas contundentes elipses de *Harpa de Ouro* e *Liras Perdidas*, que permaneceram inéditas durante a vida do poeta. Seu mais ambicioso poema, o épico *O Guesa*, mostra notáveis antecipações modernistas na epigramática das seções "O Tatuturema" e "O Inferno de Wall Street" dos Cantos ii e x.

Chamava-se inicialmente *Guesa Errante*. Nas palavras do próprio poeta (na introdução, "Memorabilia", 1874), "em 1858 foram escritos os três primeiros cantos do *Guesa*, impressos dez anos depois". Efetivamente, saíram eles em *Impressos* — 1º e 2º volumes (1868 e 1869), ambos editados no Maranhão. *Obras Poé-*

ticas (1º volume), Nova York, 1874, incluiu o *Guesa Errante* (Cantos I a IV). Dois outros fascículos, com o título *Guesa Errante*, editados também em Nova York, deram continuação ao poema com paginação numerada em sequência aos Cantos precedentes: com data de 1876, vieram os Cantos V a VII, prefaciados com uma segunda "Memorabilia"; o último fascículo, sem data expressa, trouxe o Canto VIII (X, na edição definitiva) com a terceira "Memorabilia", datada de 1877 (o poeta residiu em Nova York de 1871 a 1885). A edição mais completa, intitulada simplesmente *O Guesa* e contendo treze cantos, nem todos concluídos, saiu em Londres, sem data. Conjectura-se que tenha sido publicada entre 1884, última data aposta pelo poeta ao Canto-Epílogo, e 1888, ano em que um volume foi depositado no British Museum. Sob o título "O Guesa, o Zac", o jornal maranhense *O Federalista* publicou em exemplares de março de 1902 as estrofes fragmentárias do que se propunha ser uma continuação do Canto XII, atualizando referências históricas do poema, incluída a deposição e o exílio de d. Pedro II. A desconexão com o texto anterior faz supor que se trata de material embrionário, não definitivo. Foi, aliás, publicado com a nota de inconcluso pelo poeta, que morreria no mês seguinte.

O "Guesa", Sem Lar ou Errante, figura lendária dos antigos índios colombianos — os "muíscas"—, era um menino raptado e destinado à peregrinação e ao sacrifício em tributo a Bochica, deus do Sol. Depois de um longo percurso ritual pela "estrada do Suna", que teria sido palmilhada pelo deus, era sacrificado aos quinze anos de idade; atado a uma coluna, em praça circular, imolado pelas flechas dos sacerdotes ("xeques"), tinha o sangue recolhido em vasos sagrados e o coração oferecido a Bochica. As fontes expressas de Sousândrade para chegar a esse mito foram os estudos de Humboldt enfeixados em seu livro *Vues des Cordillères* (1810-3) e a seção "Colombie" da enciclopédia *L'Univers* (1837), redigida por César Famin. Assumindo alegoricamente a persona do índio peregrino, o poeta nos dá um registro poético de seu próprio itinerário de viajante; em estilo fragmentário, de esgarçada semântica, mescla pregnantes imagens da natureza com impressões vivenciais lírico-biográficas, atravessadas por reflexões de teor nitidamente social. Toma o partido dos povos aborígenes da América e dos africanos escravizados contra a opressão e o domínio dos colonialistas. Vivendo no Brasil imperial, preconiza o modelo político republicano, que associa utopicamente ao sistema comunitário dos incas.

Nos Cantos II e X, a destacar-se da cadência geral em quartetos decassilábicos, localizam-se os episódios mais ousados da poética sousandradina sob a forma de duas sequências de estrofes epigramáticas dialogadas. No primeiro episódio que, para efeito de abordagem crítica, Haroldo e eu denominamos de "Tatuturema" — dança orgiástica dos índios amazônicos —, o poeta enfatiza a corrupção dos indígenas pelo colonizador. Ao segundo agrupamento, que assume particular relevância no poema, demos o título de "Inferno de Wall Street", com apoio nos próprios versos contíguos de Sousândrade: "E s'escangalha/ de Wall Street ao ruir toda New York", dizem os versos que precedem a sequência; e algumas estrofes depois de seu final, lemos: "E voltava, do inferno de Wall Street"; ambientado na Nova York da últimas décadas do século XIX, o episódio se abre como uma visitação ao inferno, sob os pregões da Bolsa, e se encerra com o sacrifício do poeta (superposto à persona do poeta latino Lucano) pelos *bears* (especuladores financeiros). Ressalvados, sob a invocação de Washington e de Lincoln, os aspectos positivos do "país da liberdade", Sousândrade põe em foco as contradições do capitalismo em estado selvagem, num cenário apocalíptico de muitas vozes, onde se cruzam os escândalos financeiros e políticos dos *robber barons*" e as vozes rebelionárias que atravessam o país em processo de conturbada industrialização e modernização. Impressionam, na estilística sousandradina, as montagens e/ou colagens "*avant la lettre*", recortadas do noticiário jornalístico nova-iorquino, e a linguagem inovadora onde repontam hibridismos e neologismos surpreendentes.

Apreciações críticas mais minuciosas e pontuais sobre o poeta e sua obra, completadas por glossários das muitas referências do "Tatuturema" e do "Inferno", assim como ampla bibliografia do que se publicou até então, encontram-se em *ReVisão de Sousândrade*; a terceira edição ampliada, a cargo da Editora Perspectiva (2002), inclui a tradução quase completa para o inglês, por Robert E. Brown, da sequência epigramática inserida no Canto x: "The Wall Street Inferno". Biografia e edições completas da obra de Sousândrade foram objeto de relevantes publicações de dois pesquisadores, Jomar de Moraes e Frederick G. Williams: a destacar, deste, *Sousândrade: Vida e Obra*, 1976; organizados por ambos, *Inéditos* ["Harpa de Ouro", "Liras Perdidas", "O Guesa, o Zac"] (1970), *Prosa* (1978,), Edições SIOGE, São Luís, Maranhão. Outros estudos importantes: *Épica e Modernidade em Sousândrade*, de Luiza Lobo (Rio de Janeiro: 7 Letras, 1986; 2. ed. revista, 2005); *A Visão do Ameríndio na Obra de Sousândrade*, de Claudio Cuccagna (São Paulo: Hucitec, 2004). Subsistem interrogações e incógnitas no vocabulário alusivo e elíptico do poeta, que tinha predileção pelos termos provenientes de línguas exóticas, prodigalizando em sua poesia exemplos do poder encantatório das palavras, tão bem estudado por Matila C. Ghyka em seu clássico *Sortilèges du Verbe*, 1949. Décio Pignatari, em seu livro de memórias, *Errâncias* (2000), evocando o poeta Erthos Albino de Souza, outro pesquisador que muito contribuiu para o desvendamento dos enigmas do sousandradês, relata ter ouvido dele sua grande dúvida: "O que será que quer dizer *stsioei* que aparece no 'Tatuturema' [Estrofe 52]?". Pois a resposta está em "Brésil", texto de Ferdinand Dénis, da já citada enciclopédia *L'Univers* (1837), uma das principais fontes do repertório indigenista de Sousândrade: "Os índios de diversas partes da América o chamaram de *stsioei*, o pequeno rei das flores. Os portugueses lhe deram o nome poético de *beija-flor...*".

O Guesa constitui o que os autores da *ReVisão* denominaram "um périplo transcontinental", que tem o seguinte percurso: Cantos I a III — descida dos Andes até a foz do Amazonas; Cantos IV e V — interlúdios no Maranhão; Canto VI — viagem ao Rio de Janeiro (à Corte); Canto VII — viagem de formação à Europa; África (o Canto foi apenas iniciado, restando inconcluso); Canto VIII — novo interlúdio no Maranhão; Canto IX — Antilhas, América Central, golfo do México — viagem para os Estados Unidos; Canto X — Nova York, viagens pelos Estados Unidos; Canto XI — oceano Pacífico, Panamá, Colômbia, Venezuela, Peru; Canto XII — ao longo do oceano Pacífico para o sul, até as águas argentinas, cordilheira andina, com incursões pela Bolívia e pelo Chile; Canto XIII — retorno ao Maranhão (também não concluído). Transcrevo da mesma *ReVisão*, por pertinente:

> Estas viagens, cumpridas em tempos diversos, são interpretadas num único périplo mental, intertemporal, alimentando o contexto do poema com referências históricas e geográficas, que se mesclam às intervenções pessoais do poeta-guesa-errante, às suas reminiscências e reflexões. O Maranhão (a Quinta da Vitória, na ilha de São Luís) é a Ítaca desse novo Ulisses e, simultaneamente, o termo da "estrada do Suna", da longa peregrinação ritual.

Para maior facilidade de apreensão do longo e complexo texto, transcrevo ainda — acrescida de algumas anotações entre colchetes — a sinopse temática que figura na *ReVisão* e proporciona ao leitor um quadro relativo de referências:

Canto I — Andes. Tema do culto do sol. Conquista dos incas pelos espanhóis. Descida dos Andes até o Amazonas. Tema da "Brasileira esquiva" (a mulher americana) [A Uiara]. Excelências da natureza. A índia ("fogosa indiana"). Infância e solidão do Guesa (monólogo ao vento). ["Vê-se como tão rápido anoiteço"]. O Guesa perante o imperador [d. Pedro II]. Tema da adolescência e da morte (noturnidade).

Canto II — Descrição da natureza amazonense. Aurora. Tema do selvagem sem porvir (submetido pelo colonizador). Danças (não as de guerra, mas ritos degradados). Recordação dos grandes tempos dos "formosos guerreiros reluzentes" (o "bom selvagem"). Apóstolos falsos (falsificação da religião). Dança lúbrica dos índios decadentes do Amazonas — o "Tatuturema" (críticas à justiça, à nobreza e ao clero). [Ocaso. "Os derradeiros fogos do ocidente." Contrastes (século XVIII): Ajuricaba, o índio rebelde, que se lançou nas águas do Amazonas. Lobo d'Almada, governador da capitania de São José do Rio Negro, "o virtuoso cidadão".]

Canto III — O jovem Guesa dormindo. Sonho de amores. *Lied* do luar e da princesa da onda. O Guesa em viagem: miragens e aparições no ar. O morcego. Falsos amigos. Descida do Amazonas. Tempestade no rio. Bonança na selva. Crepúsculo. Noites no Amazonas. Virjanura. A tapera. Os índios decadentes. Catequização. El Dorado: a cobiça do ouro. Servidão do índio e do africano. Marajó. Embocadura do Amazonas. O Guesa faz-se ao largo. Pororoca. Culto inca do sol. A noite e Virjanura.

Canto IV — Guesa (o selvagem puro). Orfandade. Chegada ao Maranhão. Retorno à terra natal e ao lar. Evocação de Gonçalves Dias. Queimada na selva. Orgia. Prostituição (Vênus-cadela). Tormenta. Primeiro amor do Guesa (Virjanura). Cena de amor. Separação dos amantes. Exílio do Guesa, cumprindo seu destino. ["E ele nunca voltou. Nunca se viram/ Voltando o Suna vítimas sagradas,/ Que o sacrifício por destino foram:/ Voltam as multidões sobre as pegadas/ Suas; os Guesas, não."]

Canto v — O jovem Guesa atravessa a mata, rumo à Quinta da Vitória. Em lugar das tribos, os "vilões civilizados" (os "senhores" e os "cabras"). Descrição da mata. A aldeia natal festiva. Duladela (a mulata, a brasileira). O poeta se identifica com o destino do Guesa. Programa poético. ["Ele afinou as cordas de sua harpa/ nos tons que ele somente e a sós escuta."] Miragem (rosal). Ruínas da Vitória. O Benjamim-Romulus. O solar da Vitória. O "signo" (infância, predestinação). Lembranças das pessoas amadas. Calúnia. O mercador ou o Messias. Mãe d'Água. Orfandade (juízes e tutores). Sombras dos antepassados (o ângelus, o pai à porta do casal). Os quilombos da Vitória. Noite (surucucu de fogo, o gênio das ruínas). Monólogo do Guesa ("Ouço as estrelas"). Solidão do Guesa (a esposa, a sociedade, o mundo). A irmã. A mãe, dona Maria Bárbara. Cena da infância (o tifo, o delírio). O espectro materno. A linguagem do firmamento. A lua sobre as ruínas da Vitória.

Canto VI — Tema da estrada do Suna. Baía de Guanabara. Rio de Janeiro. Descrição da natureza. Manco Capac e d. Pedro I. O carnaval carioca. Crítica do "estrangeiro corruptor" (alienação). Homero e Camões. José Bonifácio. Educação do Guesa (conselhos do irmão, empréstimo negado pelo imperador [d. Pedro II]). Fomagatá [espírito mau, na mitologia muísca] — Pedro II. Venda dos escravos da Vitória. Decadência da corte. Meditação do destino do Guesa.

Canto VII — Ibéria. África. Mediterrâneo. Viagem de formação ao "grande mundo". Senegâmbia. Saara. Serra Leoa. Dacar. A serva--amante. Lua-Ísis.

212

Canto VIII — Desembarque do Guesa, náufrago, na terra natal. Invoca a "musa da zona tórrida". Coelus, a esposa-amante. O éden da "Ilha do Sol". "Festas do esplendor do Guesa." Os "moscardos" (amigos falsos, destruidores do lar do Guesa). Extingue-se o amor do Coelus. Esojairam (Maria José). Resta uma filha ao poeta-Guesa.

Canto IX — Nova viagem, dessa vez com a filha. Despedida da Quinta da Vitória. Águas amazônicas. Antilhas. Os inimigos (tema dos "Xeques"). [Revolta dos negros nas ilhas Virgínias; massacre dos senhores — o juiz Soctman e sua filha.] O sacrifício do Guesa previsto pelo poeta. Cena a bordo: o Guesa e a filha. Massacre dos índios pelos espanhóis. Anacaona [a "princesa infeliz" dos Taino, antigo povo das Bahamas, enforcada]. Haiti (Bonaparte). Cuba. São Salvador (Evocação de Colombo). Gulf Stream (Cortez, Guatimozin; Montezuma, Juarez). Furacão no golfo do México. Aproximação das costas dos Estados Unidos.

Canto X — Entrada em Nova York. George Washington. A pátria de liberdade. Central Park (A norte-americana). Utopia do amor e da igualdade cristã na República. [Invocações do progresso: Franklyn. Fulton. Morse.] Meditação mística (Alma-Deus: Uno-Infinito). Evocação da Revolução norte-americana (Cornwallis: Washington). O Guesa às margens do rio Hudson. D. Pedro II (adversidades do Guesa: o juízo, a lei, o foro; os falsos amigos; a educação negada). ["— és rei, sou *guesa*. [...] Diferente missão nos coube."] Lembrança dos amigos vivos e mortos. [Fantasmagorias americanas: Rip Van Winkle/ Washington Irving.] Saraus de Tarrytown (Hela). A capital da República norte-americana. O Capitólio. Morte de Lincoln. Mount Vernon. Os Estados Unidos. A filha no colégio (Sacred Heart). A "Vênus vulgar" (Fiskie). A Lady e a Miss (Ano Bom). O "Inferno de Wall Street". Corrupção no seio da República. O ouro. Saída do inferno. O "jovem povo de vanguarda". A filha. Carrie. Paisagem de neve. A cidade dorme. O Guesa atravessa os plainos nevados de Buffalo. [Visões do Arco-Íris.] Niágara (episódio de Lottie e Edelberto). Alexandre (São Petersburgo) e Garfield (Washington). Catástrofes humanas respondendo à da natureza (o Niágara). Morte de Longfellow. Morte de Emerson.

Canto XI — Oceano Pacífico. Cortez (Queima das naus). Panamá, Hino às Américas. Recordação da mãe. Visão dos Andes (recorrência do Canto I). Libertadores americanos (Bolívar, Lamas, Santander, Sucre, Abreu Lima, Paez). Colômbia e Venezuela. Cotopaxi (serra). [Arco-Íris.] Região desolada (Sombras de Pizarro, Capac etc.). Titicaca (Fundação do império inca). ["Cândida heliolatria" — Manko-Capac, o deus-sol fundador do império inca, filho de Inti e Mama-Quilla, a deusa-lua, e irmão e marido de Mama--Ochlo, deusa ligada ao culto da fertilidade.] Lima. Praça dos Touros. Revolução (Sarau do presidente Balta [José Balta y Montero, presidente do Peru, assassinado em 1872]). "Bela Limeña". Princesa Inca (Chasca). Festa do arado de ouro. O império inca [Tahuantinsuyu]. Divisão: Ataualpa e Huáscar (morte de Huaina-Capac). Invasão espanhola e guerra civil. Ataualpa cai na cilada de Pizarro. Huáscar submete-se a Pizarro (pilhagem do ouro, profanação das virgens do sol, batismo e suplício de Huáscar). Pachacâmac (o deus desconhecido). O Guesa em Lima medita sobre a queda dos impérios. Noite em Titicaca. República (San Martin, Bolívar). Túmulo de Pizarro. Sombras dos incas.

Canto XII — O Guesa desce ao longo do oceano Pacífico para o sul. Cordilheira andina (antiga extensão do império inca. Colômbia. Bolívia. Canção à filha. Talita, acompanhada pela serva-liberta, a ama (a serva-amante do Canto VII?). Desertos de Atacama. Valparaíso. Tempestade no mar. Aconcágua. Elogio do Chile (Salvador-Donoso, glória do púlpito). O índio Araucano, não vencido por Castela (o chefe Caupolican faz o espanhol engolir ouro). Ercilla [Alonso de Ercilla y Zuñiga (1533-94), autor do poema épico "La Araucana"]. Hospitalidade chilena. O Guesa sobe as serras. Cidade de Valdívia (Santiago). Cabo Horn. Ilha de Robinson Crusoé. Tempestade no mar. Fim do planeta. Polo Sul. Carolina e Henrique (episódio dos noivos). Ilha da Desolação. Estreito de Magalhães. Terra do Fogo. Patagônia. Paisagem hibernal. Águas argentinas.

Canto XIII (Epílogo) — O Guesa enfermo. Ínti envia Chasca-albor: órfãos-amantes (Chasca, a estrela da manhã, e o Guesa). Chasca doente. O Guesa convalesce. Chasca parte. O amor puro do Guesa (o Cristo e o Guesa). Recordação do drama familiar do poeta-Guesa. Lala, a atriz. Lembrança de mulheres amadas (Vale-Dula, Lala, Estela, Minnie). Lala (a meretriz) e o poeta. ["Luzeluz dos amores, delirada."] Findas as paixões mundanas, o Guesa volta ao equador, semeando "revolta ideal". O ritual do Guesa derradeiro, arruinado pelos "burglars". A "Vitória". [Invocações da mitologia muísca]: Idacansas [eremita, encarnação de Bochica em seus 2 mil últimos anos de vida] penitente nos vales de Iraca, nas calmarias de "Zuhè-mena" (o dia). Huitaca, "a feiticeira" [a esposa rebelde de Bochica, por este transformada em lua]. Íris. [Bochica retorna num arco--íris e cria a cachoeira de Tequendama.]

O Guesa teve três edições em fac-símile, por iniciativa de Jomar Moraes. As primeiras edições ocorreram em 1979 e 1980 (São Luís, MA: SIOGE). A terceira, em ampliação gráfica, inseriu-se em conjunto fac-similar de obras do poeta, estampado sob o título geral *Poesia e Prosa Reunidas de Sousândrade*, com destaque para "Novo Éden" e para os manuscritos de "Harpas de Ouro" e "Liras Perdidas" (São Luís, MA: AML, 2003) — organização dele e de Frederick G. Williams. Todas as publicações encontram-se esgotadas.

Apurado cultor da tipografia, Vanderley Mendonça, o já afamado editor-guerrilheiro do selo Demônio Negro, idealizou e levou a cabo, em conjunto com a Editora Annablume, uma nova edição sui generis do poema. Não quis recorrer ao fac-símile. Ocorreu-lhe recompor a impressão, respeitada a ortografia da época e aproximados o mais possível os caracteres tipográficos e a estrutura composicional do livro. Aprimorado em sua visibilidade, o texto aparece em corpo maior do que o original, sem os naturais empastamentos e imperfeições da cópia xerográfica, numa encadernação requintada, que tem o aspecto dos livros do século XIX. Ao recolocar em circulação o poema, hoje famoso, mas de difícil acesso, o editor pretendeu proporcionar aos interessados uma leitura-degustação clara e aprazível do volume em sua forma epocal. Uma viagem no tempo que certamente há de contribuir para ampliar o círculo cada vez mais amplo dos admiradores do poeta desentendido em sua época porque viu mais e melhor do que seus contemporâneos e de muitos dos seus pósteros. Dizia Mallarmé: "*des contemporains ne savent pas lire*". Já é tempo de aprender a ler o poeta de *O Guesa*.

12. Re-www-Visão: Gil-Engendra em Gil-Rouxinol*

Ao longo de três edições da *ReVisão de Sousândrade*, por quase quatro décadas, de 1964 a 2002, Haroldo de Campos e eu elaboramos e aperfeiçoamos um índice anotado do "Inferno de Wall Street" — episódio onde são mais densas, numerosas e complexas as referências de *O Guesa*, de Sousândrade. Embora seus verbetes sejam passíveis de correções, acréscimos e esclarecimentos de rastreadores subsequentes, faz-se ainda indispensável a consulta a esse glossário, o mais amplo até agora organizado, e que — trabalho de muitos anos, sem qualquer apoio institucional — por si só oferece um leque básico, ordenado e substancial das crípticas alusões do "Inferno de Wall Street", o que aliás facilita enormemente a tarefa dos pesquisadores de agora, por vezes tão arrogantes quanto avaros em creditar os achados e conquistas dos que os precederam. Entre outras vicissitudes, quando elaboramos nosso índice não se possuíam as facilidades que nos proporciona hoje a infor-

---

* Publicado originalmente na revista eletrônica *Errática*, 2015. Disponível em: <www.erratica.com.br>.

mação digital, que além de fornecer crescentemente mais minuciosos dados sobre as personagens e fatos dos tempos do poeta, viabiliza consultas especiais como as de coleções dos jornais norte-americanos da época em que Sousândrade escreveu muitos de seus textos. Esses periódicos lhe forneceram vasto material para seu "Inferno". Na introdução, "Memorabilia" (1877), à edição nova-iorquina o poeta advertia que, nesse episódio, "conservou nomes próprios tirados à maior parte de jornais de Nova York e sob a impressão que produziam". Portanto, além da identificação dos nomes, toponímicos e personagens, haverá ainda que buscar nessas fontes a matriz das colagens epigramáticas de Sousândrade.

Sem pretender investir mais dilatados esforços no âmbito da pesquisa — o que não se pode presumir quer de minha avançada idade, quer de minha atuação como poeta e "desespecialista" em tudo — nem diminuir o mérito daqueles que a exercitam, experimentei investigar na internet alguns nomes que figuraram com um ponto de interrogação em nosso glossário por serem inencontráveis nos dicionários e enciclopédias e na documentação razoavelmente disponível no universo da informação pré-digital. A colheita foi boa. E está à disposição dos "escoliastas do futuro" (para adotar uma expressão de Haroldo)...

Este é o caso dos verbetes Donahue(s): 8/4, 39: ? e McCauley, Jerry: 92: ? [primeiros números indicando a estrofe, os segundos a linha]. Eis que na internet me aparecem várias informações sobre os dois nomes.

Barney J. Donahue foi o líder dos grevistas ferroviários em Hornellsville, NY, e um dos principais protagonistas da chamada Grande Greve, ocorrida em 1877. Preso em julho desse ano e processado pela Erie Railway Company, foi visitado na prisão por Arthur Schwab, líder comunista, referido também no "Inferno de Wall

Street". Nos jornais americanos encontram-se até numerosas notícias sobre o processo judicial movido contra Donahue, presidido, curiosamente, por um magistrado quase homônimo, Donohue.

8

(Rmo. Beecher pregando:)

— Só Tennyson, só, só Longfellow,

S'inspiram na boa moral:

Não *strikers* Arthurs,

Donahues,

Nem Byron João, nem Juvenal!

3 9

(macdonald, schwab, donahue; *Freeloves*-californias
e *Pickpockets* pela universal revolução:)

— De asfalto o ar está carregado!

⹀ Hurákan! o raio ora cai!

— Canículo mês,

De uma vez,

Vasto *Storm-god* em *Fourth-July*!

Jerry McCauley (1832, Irlanda-1884, Nova York) foi o fundador da Water Street Mission, a primeira instituição de reabilitação nova-iorquina, em 1872. Enviado muito jovem para Nova York, aos cuidados de parentes, levou uma vida marginal de furtos e roubos e passou sete anos em Sing Sing, de 1857 a 1864. Convertido ao cristianismo, iniciou as atividades que o assinalaram como pioneiro das Missões de Recuperação. O edifício onde a Water Street Mission foi instalada tinha sido o local de um salão de danças (daí, a leitura de Sousândrade: "transforma pagodes em templo cristão"). De outro lado, confronta-o o pastor radical Octavius B. Frothingham (1822-95), já identificado em nosso glossário. De 1875 a 1879, Frothingham, depois de várias iniciativas heterodoxas com vistas a criar uma *"free religion"*, passou a pregar para um grande público no Templo Maçônico, esquina da rua 23 com a Sexta Avenida. Orador famoso em sua época, negava a divindade de Cristo e questionava os dogmas do cristianismo. Vários de seus sermões podem ser lidos na internet, na reprodução microfilmada de livros como *The Religion of Humanity* e *The Setting Faith and Other Discourses*, publicados em Nova York, em 1873 e 1878. Num deles, se não em algum jornal nova-iorquino, há de estar a frase pinçada por Sousândrade, *"Christ would not suit our times"*... Na ideogramatização das disputas e quizilas religiosas, Sousândrade mostra-se mais uma vez atual...

92

(Maus-pecadores bons-apóstolos, iluminados às crenças
de remissão e ressurreição dos mortos, vendo JERRY MCCAULAY
e revendo FROTHINGHAM no '*Christ would not suit our times*':)

— *Peccavi* diz um, e transforma
Pagodes em templo cristão;
Num templo o outro: cruz
Com Jesus!
'Cristianismo é superstição!

Passo a outros termos do "Inferno de Wall Street", deixados sob interrogação em nossas edições da *ReVisão*, agora elucidados pelas consultas aos jornais da época.

A estrofe 72 é uma das mais herméticas do episódio, trazendo em seu bojo aquele misterioso "Gil-engendra em gil-rouxinol". À falta de qualquer explicação plausível, tive a ideia de enviá-la a Caetano Veloso, então no exílio em Londres, e assim nasceu a bela canção "Gilberto Gil misterioso", com a qual homenageou seu famoso companheiro musical no CD *Araçá Azul*.

72
(W. Childs, A.M., elegiando sobre o filho de sarah-stevens:)

— Por sobre o fraco a morte esvoaça…
Chicago em chama, em chama Boston.
De amor Hell-Gate é esta frol…
Que John Caracol,
Chuva e sol,
Gil-engendra em gil-rouxinol.
Civilização…ão!…*Court-hall!*

W. Childs A. M., ou seja, George William Childs (1829-94), já fora apontado no glossário como o proprietário e diretor do jornal *Public Ledger*, que começou a ser publicado em 1864. Dados mais precisos podem agora ser acrescidos ao verbete. Amigo do presidente Grant, homenageou-o durante a Exposição de Filadélfia, em 1876, com uma recepção que contou com a presença de d. Pedro II. O jornalista e filantropo gostava também de escrever versos. Foi criticado por Mark Twain no artigo "Post Mortem Poetry", publicado em junho de 1870 no mensário *The Galaxy*, pela mania de inscrever epitáfios para crianças cujo passamento era registrado em seu jornal, vários deles simplesmente repetidos com alteração do nome do falecido, o que Twain apodava de "a poesia mortuária de Filadélfia". Publicações da época tratavam

Childs, desdenhosamente, de "bardo obituário". Numa nota do jornal nova-iorquino *The Sun*, de 16 de maio de 1876, intitulada "A exposição centenária de caixões", ele fora ridicularizado como "o arquifamoso bardo da mortalha e do sarcófago G. Washington Childs A. M.", a cuja poesia bem se ajustaria um grande e lustroso conjunto de esquifes de manufatura nacional que integrava a Exposição Internacional da Filadélfia, inaugurada em 10 de maio daquele ano. Na mesma pauta, Sousândrade o ironiza, provavelmente instigado pela antipatia que lhe provocava a proximidade do abastado empresário com Grant e Pedro II. Não foi possível apurar se realmente existiram os versos ao "filho de Sarah Stevens". O mesmo *The Sun* (13 de maio de 1876) estampara os versinhos de adeus que Childs dedicou a d. Pedro II, e que dão uma boa medida de sua "poesia":

> *Dearest Pedro thou hast left us*
> *We thy lost shall long deplore,*
> *But, perhaps we will meet next winter*
> *On Brazil's imperial shore.*

Sousândrade há de tê-los lido com desprezo.

Sarah Stevens pode agora ser identificada. Vários jornais americanos, entre os quais *The Brooklyn Daily Eagle*, de Nova York, noticiaram um estranho evento ocorrido em 10 de maio de 1876, dia da abertura da Exposição Universal de Filadélfia. Uma jovem mulher, de nome Sarah Stevens, apresentou-se às autoridades dizendo-se culpada de infanticídio. Com o auxílio da mãe, matara e queimara um nascituro, seu filho natural, havia alguns anos. Não suportando mais o remorso, decidira confessar o crime e queria pagar por ele. Não se chegou a comprovar a veracidade dos fatos, julgando alguns que se tratava de uma doente mental.

Hell Gate de amor é esta flor... — diz a linha sousandradina, assim rearticulada, para melhor compreensão. O estreito marítimo da ilha de Manhattan, a que deram o nome de *Hell Gate*, Portão do Inferno, por provocar naufrágios e tragédias com suas rochas, foi objeto de mais de uma tentativa de desobstrução. Em 24 de setembro de 1876 perfez-se a mais bem-sucedida explosão submarina, oficialmente programada, para remover o bloco rochoso. Sousândrade associa as personagens e os fatos, em bruscas elipses, aos incêndios de Chicago e Boston, ocorridos em 1871 e 1872. *Court-Hall* tem a ver com o apelo da autoacusada à Corte de Justiça.

Inclino-me a acreditar que o vocábulo "gil", que também aparece no composto "gil-Jam", na estrofe 123, referido ao jornalista James Gordon Bennet, tem seu significado ligado à ideia de *astúcia*, *esperteza*, como consignam alguns raros dicionários.

Assim, em resumo, eu avançaria a seguinte hipótese exegética para a estrofe. Sousândrade alude a uma suposta elegia do "bardo funerário" W. Childs dedicada ao infanticídio confesso de Sarah Stevens. Para aumentar a irrisão, cita o autor, como o faziam seus detratores, com seu título universitário, A. M. (Artium Magister). *Por sobre o fraco* (a criança queimada) *a morte esvoaça*. A tragédia lhe evoca os incêndios de Chicago e Boston. A vítima é uma flor do amor ilícito ("de amor é esta frol"), que ele compara ao "Hell Gate", título do mortífero estreito marítimo de Nova York, explodido em 1876. Essa flor serviria de nutrimento a um "John Caracol" (um caracol qualquer), que, por sua vez, nutriria uma ave canora. Ou seja, a natureza ("chuva e sol") engendraria a redenção dessa flor pecaminosa, transferindo-a ao ágil rouxinol. A metamorfose não é estranha à tradição mitopoética — lembre-se a fábula ovidiana de Procne e Tereu. A última linha — onde, na versão nova-iorquina de 1877, aquele "ão" é grafado como uma interjeição ("Civilização… ham! *Court hall!*") — é um lamento irônico sobre o estado da civilização, cujo progresso conflita com a barbárie do abominável crime contra a natureza, a clamar por justiça. A melhor leitura aqui me parece ser mesmo "ham!", correspondendo à interjeição inglesa "hmm", denotativa de reflexão ou hesitação. Recorde-se, como pano de fundo, que o tema do amor livre ("*free love*"), ardorosamente defendido por Victoria Woodhull, outra personagem sousandradina, agitou sobremaneira os meios políticos nova-iorquinos nos anos 1870 e é visitado mais de uma vez no "Inferno de Wall Street". Quanto a Victoria Woodhull, sugiro que acessem o texto "Statue of Victory-Profilograma", por mim publicado na revista eletrônica *Errática* <http://www.erratica.com.br/index.php?page=7>.

Aquele "linchado luisiano negro C. Atkinson", a quem se dirige na Estrofe 27 uma "*white-girl*" de "*five years*", também foi notícia.

27

(*White-girl-five-years* ao linchado luisiano negro C. Atkinson:)

— Comer pomo edêneo (má fruta)
É morte e o paraíso perder!
Nem mais Katy-Dids
Nas vides
Ouvir do inocente viver.

Vários jornais relataram que, no dia 27 de novembro de 1875, um jovem negro, chamado Charles Atkinson, acusado de ter estuprado uma menina branca de cinco anos, foi, depois de preso, arrancado da custódia e enforcado numa árvore, em Franklyn, Lousianna. Sousândrade também registra a notícia, em sua colcha de retalhos "infernal". Mas o fato de tê-la convertido na linguagem sintética, verso-ideogramática, de sua poesia faz uma enorme diferença em relação aos precedentes literários do poeta. Evidencia-se a importância que ele atribuía ao simultaneísmo da proposta visual do jornal moderno, antecipando-se à atenção concedida a essa linguagem por Mallarmé, que, de outra forma, a recodificaria poeticamente em 1987 na sublimação visual de "Un Coup de Dés". Sousândrade já a teria assimilado frontalmente, à sua maneira, com a singular estratégia de suas metonímias e elipses, equivalentes a técnicas de colagem e montagem literárias.

Tudo indica que outro nome, Joannes-Theodorus-Golhemus (Estrofe 10), que nosso glossário deu, a partir do próprio texto, como "um pregador", seja Johann Theodorus Polhemus, grafado Golhemus por erro do poeta ou do tipógrafo.

1 0

(Joannes-Theodorus-Golhemus pregando em Brooklyn:)

— Rochedo de New Marlborough!

Gruta de Mammoth! a Mormão

Palrar antes foras!

Desdouras

Púlpito ond' pregou Maranhão!

Johann Theodorus Polhemus é o nome de um pastor protestante, nascido em 1598 na Baviera, Alemanha, que veio ao Brasil em 1635 trazido pela Companhia das Índias Ocidentais para exercer seu ministério em Pernambuco. Com a derrota dos holandeses, foi enviado a Long Island (Nova York), onde faleceu em 1676. Tornara-se, em 1667, "o primeiro pregador da fé reformista em

Brooklyn", de acordo com a matéria "Presbyterian Missions", sobre a história do presbiterianismo nos Estados Unidos, inserida no jornal *The Brooklyn Daily Eagle* de 29 de maio de 1876. Não teria sido essa a fonte de Sousândrade? As datas combinam, porque se trata de uma das primeiras estrofes do "Inferno", publicadas na edição nova-iorquina de 1877. A evocação de Polhemus no jornal de Brooklyn vem de um ministro presbiteriano brasileiro, de nome Chamberlain, então em Nova York, e isso nos leva a outra estrofe do "Inferno", onde ele parece adequar-se à alusão sousandradina que ali se encontra:

89

(Pan-Presbiterianos chamberlainisando:)

— Íncuba mulher do Cordeiro!

Sinagoga de Satanás

'Sposa apocalíptica,

Breck'nrídgica

A corte Herr Galante vos faz!

Na mesma página daquele jornal há uma notícia sobre um sermão proferido pelo pastor rev. dr. Breckenridge, de Missouri. Dois dias antes, nas páginas desse periódico, saíra, sob o título "Presbyterian: Meeting of the General Assembly", a notícia de que Breckenridge, em inflamado discurso, acusava de apostasia a Igreja católica, culpada de idolatria pelo culto à Virgem Maria e aos santos, concluindo que ela não podia ser considerada uma Igreja cristã. O adjetivo "breck'nrídgica" refere-se, como fica evidente, ao pastor W. L. Breckenridge, de Missouri, como é citado, com o nome mais completo, em outras notícias. Tem tanto a ver com o homônimo, vice-presidente dos Estados Unidos — hipótese aventada em nosso glossário —, como aquele "chamberlainisando" com o famoso político inglês... A metralhadora giratória da intertextualidade sousandradina é difícil de acompanhar... Mas revela mais coerência do que aparenta. *"Papers explain"*, os jornais explicam, como está na estrofe 150:

(ROSEMAN lendo cristianíssimos *personals* e aplicando
a *"low people, low punishment"*:)

— *'Papers explain. Certainly, though terrible'...*
Ciência heráldea, *'paradise lost'...*
A 'purring match'!
And lash! and lash!
Chinois-Bennett à *'whipping post'! ...*

Já me ocupei dessa estrofe no estudo "Ecos do Inferno de Wall Street", incluído na terceira edição da *ReVisão*, para elucidar parte da estrofe, que ideogramatiza um escandaloso e pitoresco incidente ocorrido em 3 de janeiro de 1877. Nesse dia, James Gordon Bennet, o jovem diretor do jornal *The New York Herald*, foi agredido a chicotadas, porque, na passagem do ano, embriagado, havia urinado num vaso chinês na casa do pai de sua noiva... O agressor, Frederick May, era o irmão da prometida, cujo casamento chegara a ser anunciado pelo *The Sun* para o dia 2 de janeiro, sem se haver concretizado. Seguiu-se um duelo, com um possível ferimento infligido a May, sem maiores consequências. Mas aquele Roseman continua uma interrogação...

Bennet parece ser um dos bodes expiatórios de Sousândrade. Na estrofe 123, é ameaçado por um certo Marwood de ser enforcado como foi Charles J. Guiteau, em 30 de junho de 1882, pelo assassinato do presidente Garfield. William Marwood (1820-83), não identificado em nosso glossário, foi um carrasco oficial inglês, conhecido à época como especialista em enforcamentos.

123
(HALL-HALL comendo o enxofre de SODOMA;
MARWOOD torcendo os bigodes:)

— Estomacal… até que sonhas
Com 'Lot' e os 'anjos', ou Abraão!
═ Ou Jam'-Benne'-Gord',
A quem corda
De Guiteau espera!. . ah! gil-Jam'!

E não seria interessante saber, por exemplo, de quem são as palavras "*Et tout le genre humain est l'abîme de l'homme*" [E toda a espécie humana é o abismo do homem], citadas na introdução da estrofe 163, assim como aquele duvidoso "*l'ombre accablat*", que se duplica na estrofe anterior? Pertencem à *Légende des Siècles* de Victor Hugo. A internet, com sua profusa indexação de citações, me facilitou também esses achados.

162
(*Panaché* FÍGARO aos sons do *piston-vainqueur*, às ímpias
navalhas afiando, fazendo a bárbaros PROFETAS
e chinó às religiosas de claustro e "drástico":)

— Cara de sopas da Madalena,
L'ombre accablat! l'ombre accablat!
Eh, teu '*Dieu drôle*'!
Sha-casserole
Cria e repúblicas *des toits!*… ah! ah!…

163

(Et tout le genre humain est l'abîme del'homme,
um argueiro cego entre milgrand'olhos cavaleiros;
bombardeio nos consolidados mundos:)

— Oh, Ciclones! Typhons! soçobrem
Naus e aldeias! ruge, Simoun!
== Rev'lução hedionda
Que estronda
De Fígaro às... *noces*, bum, bum!

Ambas as citações são de textos poemáticos que integram a terceira e última série da *Légende des Siècles* (*1859-83*) — seu tomo v, publicado em 9 de junho de 1883 —, inseridos também na edição definitiva, de setembro de 1883, que reorganizou e reuniu todas as séries da epopeia hugoana. Portanto, não antes dessa época redigiu Sousândrade as duas estrofes, próximas da conclusão do "Inferno de Wall Street". A data coincide com um período em que Sousândrade esteve em Paris (entre setembro e dezembro de 1883, segundo Carlos Torres-Marchal). Curioso observar a liberdade com que Sousândrade retira o alexandrino de sua pomposidade retórica para inseri-lo, sob a figura de metonímia, em lugar do nome de Victor Hugo, o personagem que impreca, "argueiro cego entre mil grand'olhos cavaleiros", e ameaça, indignado, a humanidade com ciclones, tufões, revoluções e bombardeios. Assim se inicia o texto de Hugo:

Je ne me sentais plus vivant; je me retrouve,
Je marche, je revois le but sacré. J'éprouve
Le vertige divin, joyeux, épouvanté,
Des doutes convergeant tous vers la vérité;
Pourtant je hais le dogme, un dogme c'est un cloître.

Je sens le sombre amour des précipices croître
Dans mon sauvage cœur, saignant, blessé, banni,
Calme, et de plus en plus épars dans l'infini.
Si j'abaisse les yeux, si je regarde l'ombre,
Je sens en moi, devant les supplices sans nombre,
Les bourreaux, les tyrans, grandir à chaque pas
Une indignation qui ne m'endurcit pas,
Car s'indigner de tout, c'est tout aimer en somme,
Et tout le genre humain est l'abîme de l'homme.
[…]

Na estrofe 162, o sintagma "*l'ombre accablat, l'ombre acca-blat*" preludia e reforça a invocação hugoana. Provém das primeiras linhas do poema "Aux Rois", pertencente ao ciclo *Le Cercle des Tyrans*:

AUX ROIS

I

Est-ce que vous croyez que nous qui sommes là
Nous que de tout son poids toujours l'ombre accabla,
Nous le noir genre humain farouche, nous la plèbe,
Nous, les forçats du sol, les captifs de la glèbe,
Nous qui, de lassitude expirants, n'avons droit
Qu'à la faim, à la soif, à l'indigence, au froid,
Qui, tués de travail, agonisons pour vivre,
Nous qu'à force d'horreur le destin sombre enivre;
Est-ce que vous croyez que nous vous aimons, vous!
Nous vassaux, vous les rois! nous moutons, vous les loups?
[…]

"*L'ombre accabla*", certamente, não "*l'ombre accablat*". Como Pound, Sousândrade não era muito cuidadoso na transcrição vocabular dos muitos idiomas que utilizava em seu poema. Ou seria quem sabe um erro da impressão londrina? De todo modo, a hipótese de um *accablat*, assim grafado na edição, e que corretamente se deveria escrever *accablât*, se usado na forma condicional, não parece prevalecer diante dessa revelação. Uma dúvida surge em torno daquele "*piston-vainqueur*" que aparece em itálico na introdução à estrofe 162. É que a expressão está numa quadra do poema "Chevaux de bois", de Paul Verlaine, incluido em *Romances sans Paroles* (1874).

> Tournez, tournez, chevaux de leur cœur,
> Tandis qu'autour de tous vos tournois
> Clignote l'œil du filou sournois,
> Tournez au son du piston vainqueur.

Sousândrade não o teria lido?

Não é ainda o suficiente para a total decifração dos criptogramas poéticos sousandradinos. Mas lança mais alguma luz sobre eles. Assim como Pound, na compressão ideogrâmica de seus Cantos, faz microcitações que remetem a origens mais complexas — a exemplo de "ongla, ongle" (Canto VI) e "es laissa cader" (Canto CXVII), estilhaços de canções dos trovadores medievais Arnaut Daniel e Bernart de Ventadorn referidos ao contexto da poesia provençal, altamente considerada no elenco de seus vetores culturais — assim também os fragmentos minimais de Sousândrade, como pontas de um iceberg literário, ocultam um painel mais amplo de referências, que cabe desvendar. No caso, Victor Hugo integra o panteão dos caracteres positivos de seu poema, enquanto simboliza o espírito republicano, a crítica moral da sociedade humana e a aspiração da liberdade, para além dos impérios, reinados e tiranias.

Na estrofe 166, o glossário aventava a hipótese de que a referência a uma *"vie drolatique"* poderia constituir uma fusão de dois títulos: *Vie de Jésus* (1863), de Renan, e *Les Contes Drolatiques* (1832), de Balzac, como pareceria sugerir o texto.

166

('*Vie drolatique*' de... RENAN; ZOLA realista:)

— As '*grosses*' grosses madres 'Dianas'
Creem *suas* filhas ricas beber
'O copo de sangue'... a Carnata!
A Tontata!
= Que sângueos 'POTS-BOUILLES' a crer!

Mas o menos conhecido *La Vie Drolatique des Saints*, publicado em Paris em 1883, livro de caricaturas e textos anticlericais de Alfred le Petit (1841-1909), expoente do jornalismo satírico republicano, aponta para outra fonte mais próxima da redação do poema, pela data em que veio à luz. Ao lado de sua biografia e outras informações, a internet divulga-lhe a capa provocativa e várias das ilustrações do livro, que certamente há de ter chamado a atenção em sua época. Victor Hugo é um de seus heróis e Napoleão III, um de seus vilões. O texto faz clara alusão ao romance de Émile Zola, *Pot-Bouille* (título que se poderia traduzir por "boia" ou "rango"), publicado em Paris em 1883, conforme assinalamos em nosso glossário. A expressão "grosse" adjetivando matronas aparece mais de uma vez no romance, ao qual se refere também, na estrofe 161, a menção à Hortense *"gâtée"* (mimada), uma das filhas de uma *"grosse dame"* obcecada pelo casamento delas. Em sua edição atualizada de *O Guesa* (São Luís do Maranhão/ Rio de Janeiro: Ponteio, 2012), Luiza Lobo lê equivocadamente o termo "Pot-Bouille", nas parcas notas que reserva ao "Inferno de Wall Street". Ele ali aparece como "Pot-Bouillé" (e com esse lapso é incorporado ao texto), com o errôneo significado de "roupa suja" e ainda desacertamente associado ao romance *L'Assomoir* (que, aliás, é de 1877 e não de 1822, como está em Lobo).

A internet já me proporcionara a decifração da enigmática palavra "sitsioei", da estrofe 52 do "Tatuturema", que causava grande perplexidade ao poeta e pesquisador Erthos Albino de Souza, e que eu descobri, consultando na web o texto "Brésil", de Ferdinand Dénis, da enciclopédia *L'Univers* (1837), uma das principais fontes do repertório indigenista de Sousândrade. No texto de Dénis o vocábulo "stsioei" aparece assim definido: "Os índios de diversas partes da América o chamaram de *stsioei*, o pequeno rei das flores. Os portugueses lhe deram o nome poético de *beija-flor*…".

5 2

(Coro das Índias:)

— *Stsioei,* rei das flores,
Lindo Temandaré,
Ruge ruge estas asas
De brasas…
Cuidaru, cererê.

Os termos tupis estão explicados em nosso glossário. *Temandaré* ou *Tamandaré*, filho de Sumé, teria provocado o dilúvio universal. *Cuidaru*, tacape. *Cererê*, ave agourenta ou, também, variante de *saci-pererê* (no dicionário de Couto de Magalhães, consta como *saci-cerêrê*, gênio dos tupis).

Quanto à indagação sistemática das referências sousandradinas, são muito bem-vindos e dignos de destaque os subsídios trazidos pelos trabalhos que vem publicando o excelente pesquisador peruano Carlos Torres-Marchal, divulgados na revista eletrônica *Eutomia*, por contribuírem decisivamente para a compreensão pontual e mais completa de vários tópicos do universo referencial de personagens, locais e eventos sousandradinos, bem como para o esclarecimento da vida do poeta e para a fixação de seus textos. Cuida o excelente pesquisador — é preciso acentuar — da identificação, aprofundamento e correção de dados referenciais e biográficos, trabalho que, por mais útil e proficiente que seja, como o é, não envolve critérios crítico-estéticos, nos quais ele não é versado, e que em nada afetam a essência de nossa reivindicação literária de Sousândrade.

Nosso trabalho sobre a obra do poeta se iniciou com quatro longos ensaios publicados de 18 de dezembro de 1960 a 29 de janeiro de 1961, na página cultural "Invenção" do jornal *Correio Paulistano*, sob o título "Montagem: Sousândrade". Empreendidos de uma perspectiva sincrônica e atuante por seus autores, e não de uma ótica diacrônico-acadêmica, analisavam detalhadamente a modernidade da linguagem e da temática da poesia de Sousândrade, até então desprezada pelo *mainstream* canônico brasileiro, que sempre o considerou um romântico menor. Só a partir deles é que sua obra passou a ter uma importância disruptiva para a literatura e para a poesia — uma descoberta orientada pela poesia *in fieri*, com vistas para o presente e para o futuro.

Foram eles o embrião da *ReVisão de Sousândrade* e da seletânea de sua obra, que organizamos, com ênfase no "Inferno de Wall Street" (este, editado inclusive em separata). O livro foi publicado sob o risco de apreensão, em plena vigência do golpe militar de 1964, e sob a franca hostilidade da maioria dos integrantes do mundo acadêmico e universitário. Fixava-se em novas bases críticas a apreciação da obra de Sousândrade, até ali objeto de crônicas ligeiras, breves menções e artigos, todos eles interessantes, mas esporádicos, limitados e, alguns, até provincianos, embora jamais omitidos em nossa abordagem. Assim, o crítico maranhense Oswaldino Marques já mencionava a poesia sousandradina em *O Poliedro e a Rosa* (Rio de Janeiro, 1952):

> Profundamente herméticos são os sonetos de Shakespeare, a segunda parte do *Fausto* de Goethe, *O itinerário da alma*, do grande poeta inglês John Donne, os *Livros proféticos* de Blake e *O Guesa*, desconcertante epopeia do estranho poeta maranhense, inteiramente esquecido, Joaquim de Sousândrade.

Porém Oswaldino não se aprofundou sobre o tema. O também maranhense Fausto Cunha, que já se debruçara sobre a colocação antinormativa de pronomes na obra de Sousândrade, mais adiante, apesar de ressaltar o caráter precursor da linguagem do poeta no breve ensaio que integrou o volume I, tomo II (1956), sobre o romantismo, da coletânea *Literatura no Brasil,* organizada por Afrânio Coutinho, mostrava-se cheio de dúvidas e incertezas, chegando a deplorar "a carência de poemas ou trechos representativos no plano do valor poético" na obra sousandradina!!! Por fim, encorajado por nossos estudos, reviu sua suspicácia crítica, reconhecendo a importância do poeta, com palavras inflamadas, no artigo "Assassinemos o poeta" (*Correio da Manhã*, 12 de janeiro de 1963): "Castro Alves pode ser omitido da poesia brasileira sem fazer falta. Sousândrade não, Sousândrade faz falta à poesia do mundo".

Segundo o crítico Oliveira Bastos, foi Oswaldino quem o fez inteirar-se da poesia de Sousândrade. E foi em fins de 1959 ou começos de 1960 que Bastos me levou à Biblioteca Nacional para ver a edição nova-iorquina de *O Guesa*. Lembro-me da emoção que senti ao abrir suas páginas, incrédulo, quando minha vista incidiu na estranha configuração tipográfica da estrofe: "(Em SING SING): Risadas de raposas bêbadas/ Cantos de loucos na prisão…". Perguntei ao crítico por que ele não escrevia sobre a obra, que tanto me impressionara à primeira vista. Mas Bastos não se mostrava disposto a pesquisas mais densas, e insistiu obstinadamente em que eu e Haroldo é que deveríamos fazê-lo. Foi então que me entusiasmei e comecei a copiar a mão os textos de Sousândrade, até conseguir, a duras penas, os microfilmes que mostrei a Haroldo com a proposta de redigirmos um ensaio sobre o tema. Não foi por outra razão que mencionamos, em dedicatória expressa, no pórtico da *ReVisão de Sousândrade*: "A Oliveira Bastos, que nos introduziu na *selva selvaggia* sousandradina".

A essa altura, é preciso voltar a frisar que não é pelas peculiaridades de sua vida nem pelas curiosidades de seu referencial, por mais interessantes que sejam, que Sousândrade continua a ter relevância para nós. Sousândrade é importante porque se exprimiu em termos de uma poética inovadora e abordou novos temas, com ineditismo, muito à frente de seu tempo, tendo contribuído para a renovação da linguagem e das ideias literárias, e porque soube equacionar poeticamente, como poucos, as vivências, contradições e aspirações de seu tempo, no emergir do mundo moderno. Como obra poética, seu "Inferno de Wall Street", em especial, não tem paralelo na literatura universal em sua época.

E se hoje a maior crítica literária americana, Marjorie Perloff, pode se referir à obra do poeta, como *"Joaquim de Sousandrade's pre-Modernist collage masterpiece* The Inferno of Wall Street"; se Jerome Rothemberg, poeta e crítico americano, promotor da "etnopoesia", pode mencioná-lo como *"the epitome of a late experimental romanticism & a prefigurer of new poetries to come"*, assim como Severo Sarduy pôde antes aludir ao "jargão moderno autenticamente revolucionário de Sousândrade" e ao "Inferno de Wall

Street" como "uma explosão tipográfica num universo em expansão pré-poundiano", é porque isso foi demonstrado, ao nível literário, em trabalho fundamentado de poetas-críticos que lidavam com a matéria poética *in vivo*, e que propunham a poesia de Sousândrade como "nutrimento de impulso" para novas poéticas. Quaisquer que sejam os aspectos que interessem em Sousândrade — históricos, sociopolíticos, antropológicos, biografêmicos ou outros — que, todos eles, merecem estudos, pesquisas e aprofundamento —, o que prevalece é sempre sua importância poética. Como escreve Maiakóvski ao iniciar sua acidentada autobiografia: "É como poeta que eu sou interessante". Cumpre não esquecê-lo.

13. Reflashes para Décio[*]

Quando Décio completou sessenta anos, em 1997, e os jornais e noticiários culturais silenciaram, escrevi, quase como um protesto pessoal, o poema-homenagem que o *Folhetim* (de saudosa memória) veio a publicar: "Profilograma DP". Chamei-o depois de "transmidiúnico" para definir seu processo composicional. Mais do que um caligrama é um *portrait* do Décio, entre mídias, com algo de mediúnico, porque o perfil do Décio foi nascendo intuitiva e imprevistamente enquanto eu ia pondo as linhas na velha máquina de escrever, um de meus últimos datiloscritos. No meio do caminho, descobri o que estava fazendo e assumi o jogo. O poema começa com uma referência à "geleia geral", expressão criada por Décio, adotada por Torquato Neto e Gilberto Gil, e generalizada para a glória do anonimato. Surgiu da frase "No meio da geleia geral brasileira alguém tem de fazer o papel de osso e de medula" com a qual DP redarguiu, bate-pronto, à

[*] Publicado originalmente no Suplemento Literário do jornal *Estado de Minas Gerais*, n. 1304, Belo Horizonte, agosto, 2007.

Décio Pignatari, foto de Augusto de Campos, 1953. (Coleção do autor)

a geléia geral
que te deve até o nome
não engoliu o teu
décio pignatari
medula e osso
não emparedaram
teu coração carbonário
capaz de pedra
e pedrada
de avanço e de avesso
de pensar o impensável
ler o ilisível
signar o insignável
de quebrar a cara
e pedir perdão
oswald pound dante
vão compondo
um pouco
o teu perfil cortante
de mallarmé calabrês
que acaso osasco
lançou nos dados
para um lance de três
e no entanto
e no entanto
ninguém tanto
quis vida
como o teu
quimorte
LIFE organismo hombre
o bioamor de   ser
humano
sem chorar ou vender
tó pra vocês
para per por
os teus 60
e com ternura
a minha mão
de irmão
mano

"Profilograma DP 60", 1987, poema de Augusto de Campos.
(Coleção do autor)

maldição de Cassiano Ricardo: "Vocês são muito radicais. O arco não pode ficar tenso todo o tempo. Vocês vão ter de afrouxar". Depois do troco de Décio, o velho Cassiano pôs o chapéu e se despediu com um "Adeus". Nunca mais o vimos. Torquato leu o exemplar da *Invenção*, que lhe dei, onde a expressão aparecia, e ficou siderado. Meu poema se fecha com uma montagem de livros e linhas do próprio Décio, altero-autorretrato. E um "mano" mallarmaico. Nada que eu pudesse dizer sobre ele diz mais do que ali está.

Entrevistas entre-vistas:

• Conheci Décio em 1948. Eu tinha dezessete anos e vira, publicado por Sérgio Milliet em *O Estado de S. Paulo*, um poema dele, "O Lobisomem", que me impressionou muito. Assistindo a uma mesa redonda sobre poesia no Instituto dos Arquitetos, entrei em contato com ele. Décio, Haroldo e eu passamos a nos encontrar semanalmente para discutir poesia. A época era muito instigante. Era o momento pós-guerra, que nos trouxe a novidade da literatura inglesa, contrariando a tradição brasileira, pautada pela francesa. No início dos anos 1950, MAM e MASP, cinemateca, nova arquitetura. Nas Livrarias Pioneira (especializada em literatura em inglês), Francesa, Italiana nos inteirávamos das últimas novidades. Na casa de discos Stradivarius, em 1952, conhecemos as obras de Schoenberg, Berg, Webern, Vareèse, Cage pela primeira vez registradas em LP. Floresciam o MASP e o MAM, e sua cinemateca, Bienais, nova arquitetura. Enquanto os intelectuais do primeiro mundo eram basicamente monolíngues e autossuficientes, nós, do terceiro, assimilando vários idiomas, fomos devorando tudo e queimando etapas rapidamente com a pretensão de buscar uma síntese fulcrada no critério poundiano da invenção. Minha edição dos *Cantos* de Ezra Pound foi adquirida em 1949. Em 52 já publicávamos a revista-livro *Noigandres*, sob o signo de

Pound e do trovador Arnaut Daniel, protótipos de poeta-inventor, e conhecíamos o grupo Ruptura dos pintores concretistas. Era o dado que faltava para completarmos nossa equação literária, que desembocaria em MALLARMÉ-JOYCE-POUND-CUMMINGS, interagindo com a música de Webern, Schoenberg, Varèse, Cage, a arte de Mondrian e Malevich, os móbiles de Calder, no momento de deslanche pré-concreto. Antes de 1956, ano da primeira Exposição Nacional de Arte Concreta no MAM, já aditávamos à nossa síntese Oswald, João Cabral, Volpi, e mais adiante, quando Haroldo e eu estudamos russo com Boris Schnaiderman, Maiakóvski: "Sem forma revolucionária não há arte revolucionária".

• Antiga paixão de Décio por Poe. Uma das mais remotas lembranças que tenho dele: num dos primeiros encontros da rua Cândido Espinheira, 635, entra declamando "Annabel Lee" (o original, inteiro). Na maturidade, ele produziria uma das mais originais reflexões sobre a obra de Poe e seu poema (sua tese de doutoramento em literatura), que está em *Semiótica e literatura*. Ninguém escrevera nada de parecido sobre Poe, nem aqui nem lá fora.

• Usando uma caracterização de Pound, quando afirma que a poesia se manifesta por melopeia, fanopeia ou logopeia, isto é, poesia em que predominam o aspecto sonoro, visual ou semântico (definições que, como a de inventores, mestres e diluidores, não é absoluta, admitindo mesclas de comportamento), eu diria que Haroldo é mais logopaico e melopaico, Décio mais fanopaico e logopaico, eu mais fanopaico e melopaico, pouco logo. Talvez por isso nos completemos tão bem. Num hipotético vislumbre de classificação tipo/topológico, ao me lembrar de um outro trio, que durou como o nosso ao longo da vida em amizade e admiração mútuas (não se trata, evidentemente, de comparação de grandezas), Décio estaria mais para Schoenberg/Webern, Haroldo para Schoenberg/Berg, eu para Webern/Berg.

• Um dos fundadores da poesia concreta, introdutor da semiótica e da teoria da comunicação em nosso país, é marginalizado pela crítica e pela mídia. Pode ser, por mais agressivo, menos simpático que os "Campos Brothers", mas não lhes é inferior, e nunca foi premiado por nada. Prêmios são muito relativos. Dependem da qualidade da comissão julgadora.

• Camisa subversiva entre os timidamente engravatados "Campos Brothers", na conhecida foto do trio em 1952, em Osasco City. Com uma outra, vermelha, aberta ao peito, escandalizaria, dois anos depois, o salão literário de d. Carmen Dolores Barbosa, no qual Oswald (também engravatado) jogava suas esperanças de ver, ressurreto, o de d. Olivia Guedes Penteado. O prêmio Mário de Andrade, ao qual os "Brothers" concorreram (eu inclusive com *Poetamenos*), em 1954, acabou sendo dado a um representante da Geração de 45, de cujo nome ninguém se lembra mais. Júri: Antonio Candido e outros…

• Os poetas atuais — especialmente os que se inclinam para a "logopeia", o que Pound chamava de "dança de palavras no intelecto", exigindo desenvolvimentos fraseológicos — ganhariam muito se conhecessem melhor a poesia pré e pós-concreta de Décio Pignatari, que deu contribuições originalíssimas não só para a poesia visual, mas — o que é menos percebido — para esse tipo de abordagem do discurso poético. Suas inovações me parecem pouco assimiladas nesse território — desde o poema "O Jogral e a Prostituta Negra" até o inenquadrável "Noosfera", que também se aventura pelos desvãos intersticiais da prosa — e fazem falta como "nutrição do impulso" à poesia de agora.

• Publicada pela Ateliê Editorial, em 2004, a nova edição de *Poesia Pois é Poesia*, contendo toda a poesia de Décio — salvo os textos prosapoesia que ele preferiu incluir em *O Rosto da Memória* (1986), entre os quais "Noosfera", "O que Chopin" —, não mereceu resenha nem notícia nos cadernos culturais dos jornais e revistas de larga circulação. Edição magnífica, a mais bela e completa de todas as que saíram sob o mesmo título. Atestado do nível da *intelligentsia* de plantão. Ou Décio está muito acima ou eles muito abaixo.

14. O Caso Cyro Pimentel*

Sem despertar muita atenção da imprensa, faleceu no dia 7 de fevereiro, aos 81 anos, o poeta Cyro Pimentel, nascido em 22 de outubro de 1926.

No livro *O Enigma Ernani Rosas*,[1] ao tratar da obra desse poeta (1886-1954), da segunda geração simbolista, de marca singular em nossa literatura, mostrei o quanto fora ele influenciado pelo conhecimento da poesia de Sá-Carneiro, difundida, em pequeno círculo, entre nós, por outro poeta ligado ao *Orfeu* português, Luís de Montalvor, em suas passagens pelo Brasil entre 1912 e 1914. Catarinense de nascimento, Ernani Rosas transferira-se para o Rio de Janeiro, onde conheceu Montalvor e, por intermédio deste, a poesia de Sá-Carneiro, a eles dedicando uma de suas plaquetas. Constitui um caso isolado em sua época, tendo merecido destaque no indispensável *Panorama do Movimento Simbolista Brasileiro* (primeira edição em 1952), de Andrade Muricy,

---

* Publicado originalmente na revista eletrônica *Portal Cronópios: Literatura Contemporânea Brasileira*, 1º de junho de 2008.

que chega a considerá-lo "um precursor do suprarrealismo" e ao exagero de afirmar que ele "levou a linguagem mallarmeana até uma indestrinçável interpenetração de hermetismo e nonsense". De todo modo, assim como o baiano Pedro Kilkerry, fugia do perfil normativo de nosso simbolismo, já bem configurado àquela altura em parâmetros mais moderados.

Ao comentar a influência de Sá-Carneiro sobre o poeta de Florianópolis, um solitário que só publicou algumas plaquetas e deixou o restante de sua poesia em vários papéis dispersos,[2] lembrei-me de outra personalidade diferenciada e também inflexionada pela linguagem sá-carneiriana — Cyro Pimentel, poeta de minha própria geração, que havia muito tempo não via — e quis sublinhar, naquele contexto, a tipicidade do seu caso. Escrevi então:

> Só muitos anos depois, na década de 1940, quando as Edições Ática publicaram as *Poesias* de Sá-Carneiro (1946), sua linguagem renovadora voltaria a repercutir entre nós, na obra nascente de alguns dos então denominados "novíssimos", marcadamente no livro *Poemas*, de Cyro Pimentel, editado pelo Clube de Poesia, em São Paulo, em 1948. Equivocamente vinculada por uma crítica superficial à "geração de 45", a obra de Cyro constituiu um caso único de poesia moderna pós-simbolista, dissonante e abstrata, ainda mal compreendido e avaliado entre nós. Nele, como ocorrera com Ernani Rosas, a influência de Sá-Carneiro não foi despersonalizadora; assimilada e retrabalhada com novos elementos, resultou em criações pessoais e autônomas. "Crianças-espelhos", "distância-saudade", "amores-noivos", "corpo cítiso", "corpo-arbusto", "mãos-anélitas", "Asas-Quiálteras" — inéditos conglomerados de palavras cunhados por Cyro Pimentel sob o incentivo das inovações do poeta português eram um choque de renovação em nossa linguagem poética. Por outro lado, mesmo as marcas patentes do idioleto sá-carneiriano, como o sintagma "nostálgico de além" e os

Cyro Pimentel, retrato do poeta por Octavio Araujo.
Do livro *Poemas*, de Cyro Pimentel, 1948.

desdobramentos de personalidade — a característica outridade do poeta —, ganham em Cyro um toque de abstratização, uma refração linguística peculiares, além de um ritmo próprio.

> *Colunas centrais impedem o voo icário,*
> *De um incontido amor, às paragens solares:*
> *E inoculado de azul o ser volta*
> *E é um céu*
> *Nostálgico de além, saudoso de outro!*

O anacronismo e a excentricidade da poesia inicial de Cyro Pimentel, que impedem que seja incluída quer na "geração de 45", quer nas tendências construtivistas de sua própria geração, dão-lhe contornos sui generis. Esses poemas serão talvez melhor compreendidos, dialeticamente, como uma reserva de potencialidades experimentais simbolistas. Postas entre parênteses pela urgência da revolução primitivo-coloquial de nosso modernismo, virão a ser recuperadas, em vários graus, na década de 1950, justificando, em termos nacionais, as "ReVisões" de Sousândrade e de Kilkerry (como a de Ernani Rosas), estes últimos como ápices radicais da segunda fase do simbolismo, colhidos no levantamento crítico operado por Muricy. De qualquer modo, considerações de ordem estético-evolutiva não devem obstar o reconhecimento dos resultados poéticos, e é preciso dizer que *Poemas* de Cyro Pimentel é um dos mais belos livros de poesia de minha geração, com achados inesquecíveis. Cito ao acaso: "Ah! o lento corpo! Rio sem destino para o mar"; "Deformei a vida para melhor me situar retângulo"; "Ouço as árvores executando trombetas"; "Quero tua ausência para mais me sentir ausente"; "A cidade dos Girassóis, o cemitério das cidades construídas"; "Vida, Asa — Espectro — diluí-me na solidão dos céus,/ Ilhas sem mim", "Passamos ao Além sombreados de Asas-Quiálteras,/ Habitantes de esferas sem pauta, olhos sem pátria";

"Eu caminhante, sou a imaginação de mim"; "Áleas de rosas olham-se para o último sonho"; "Sê, fonte, apenas um desejo".[3]

Travei conhecimento com Cyro no fim dos anos 1940, pouco depois do lançamento de seu livro, o primeiro a ser publicado pelo Clube de Poesia, gerido pela "geração de 45" de São Paulo. Seguiram-se *O Auto do Possesso*, de Haroldo de Campos, e *O Carrossel*, de Décio Pignatari, em 1950. No ano seguinte, Décio, Haroldo e eu nos desligamos do Clube, por divergências estéticas, e meu *O Rei Menos o Reino* (1951) teve de sair numa fictícia Edições Maldoror, às nossas custas. Um ano mais velho que Décio Pignatari, bem mais novo do que Domingos Carvalho da Silva (1915-2004), Péricles Eugênio da Silva (1919-92) e Geraldo Vidigal (1921-2010), que formavam o núcleo principal da "geração" em São Paulo, Cyro era catalogado, então, à falta de denominação definida, como "novíssimo". Em 16 de maio de 1948, a *Folha da Manhã* publicara, ao lado de poemas de Cyro, Joaquim Pinto Nazário, Geraldo Pinto Rodrigues e outros, um texto que não chegava a ser propriamente um manifesto, mas mostrava o anseio de uma posição autônoma em relação à poesia dominante, da "geração de 45". Esta, apoiada por Sérgio Milliet e pela revista *Clima*, assumira posição na conferência de Domingos Carvalho da Silva, "Há uma Nova Poesia no Brasil", apresentada no I Congresso de Poesia Paulista e desde logo veementemente contestada por Oswald de Andrade, que Patrícia Galvão (Pagu) descreveu, então, "de facho em riste, bancando o Trótski, em solilóquio com a revolução permanente" ("Contribuição ao Julgamento do Congresso de Poesia", *Diário de S. Paulo*, 9 de maio de 1948).[4]

Sumariada com os significativos versos do poeta português José Régio,

Não sei por onde vou,
não sei para onde vou,
sei que não vou por aí.

postos em destaque no início e no fim do texto, a manifestação dos jovens "novíssimos", intitulada *Informe*, concluía: "Em face do que se batizou '22' e '45', proclamamos no verso de José Régio um novo estado de espírito".

Em dezembro de 1948, sob o título "Um Novíssimo", o livro *Poemas*, de Cyro Pimentel, recebeu uma ambígua resenha, mais negativa do que positiva, de Sérgio Milliet, que vinha de promover a geração de 1945 numa conferência, sempre contraditada por Oswald de Andrade. Sérgio penitenciou-se num artigo posterior, "Um verso, um verso apenas mas é tanto", escrito quase todo sobre a linha "Sê! fonte apenas um desejo", que chamava de "grande verso" de Cyro Pimentel, "o poeta de que falei há dias, cheio de hesitações ainda, pisando em falso, não raro, pedante, agressivo e triste como convém a um jovem de vinte anos". Lembrando a poesia de Mallarmé e Valéry, concluía o crítico: "Acredito que o sr. Cyro Pimentel não tenha calculado todo o alcance do seu verso. Mas ele é grande. E se o poeta, como Baudelaire, pediu a Deus a graça do verso cotidiano, a graça lhe foi concedida". Com tais premissas, era natural que nos tornássemos amigos, Cyro e eu, amizade estendida a Haroldo e Décio. Visitamos juntos uma vez a Oswald de Andrade, que lhe disse de chofre detestar as ninfas de sua poesia. Cyro achava graça, e não discutia e se limitava a sorrir, admirando, como todos nós, a combatividade e a franqueza de nosso grande modernista, e tendo assinado como nós, com um pequeno grupo de escritores, o texto "Telefonema a Oswald de Andrade" no *Jornal de São Paulo* de 15 de janeiro de 1950, onde se lia: "Você, sexagenário, é o mais moço dos poetas brasileiros". Frequentávamos muito a cinemateca do MAM, na rua Sete de Abril, e íamos juntos assistir nos cinemas da época a filmes de Ingmar Bergman, de que Cyro gostava muito, assim como aos cinemas de filmes japoneses da Liberdade. *Espelho de Cinzas* (1952), seu segundo livro, editado ainda pelo Clube de Poesia, não tinha a mesma densidade do primeiro, e parecia fortemente impregnado pelas *Elegias de Duino*, de Rilke, mas continha alguns belos momentos. Apesar das diferenças que se iam patenteando entre nossas linguagens poéticas, Cyro via com abertura nossos experimentos poéticos, e quando publicamos o nº 2 da revista-livro *Noigandres*, escreveu no *Diário de S. Paulo* a resenha "A situação da poesia" (17 de abril de 1955), talvez a única que saudou com entusiasmo as inovações de *Cyropedia* e *Poetamenos*. Uma das últimas vezes que o encontrei foi nesse mês de 1955, quando já ia longe a gravidez de Lygia, minha mulher, que esperava Roland, nosso primeiro filho. Foi também graças à intervenção de Cyro Pimentel que publiquei no *Diário de S. Paulo* os artigos "Poesia, Estrutura" e "Poema, Ideograma", em 20 e 27 de março de 1955. Mas 1956, o ano da Exposição Nacional de Arte Concreta, mudou nossa vida e nosso círculo de amigos, que envolvia agora, em animados encontros, os pintores concretistas e os músicos que frequentavam a Escola Livre de H. J. Koeullreuter, na rua Sergipe, além de outros poetas que se aproximaram de nosso movimento. Nesse mesmo ano, 1956, Cyro publicara *Signo Terrestre*, mais ou menos na mesma linha do anterior, *Espelho de Cinzas*. Perdi Cyro de vista e não cheguei a acompanhar, como antes, seu percurso literário, seguindo de longe o desenvolvimento de sua poesia, através das novas publicações que ele me enviava. *Árvore Nupcial* (1966) não me pareceu trazer maiores novidades à sua linguagem poética. Já *Poemas Atonais* (1979) assinalou uma mudança maior: versos epigramáticos, agressivos, trazendo de volta palavras esdrúxulas, mas às vezes até bordejando o coloquial, a sugerir novos rumos. Saudei-lhe o poema "Destino", em que utilizava, na última linha, um verbo pouco comum, "vessar" [Aurélio: do latim *versare*, "revirar, revolver", lavrar com regos profundos, para a preparação de semeaduras], que insinuava também, propositadamente ou não, um fragmento do verbo "atravessar", na última linha:

DESTINO

O frio que devassa
O impossível
Protege o inexprimível deus.
As mãos que se oferecem
Puras,
São invisíveis gestos ressentidos.
Vessar o deserto dos ventos...

Em carta a Cassiano Nunes (24 de abril de 1985), o poeta afirmara: "De 1979 para cá, nada publiquei. Tenho pronta uma antologia poética dos meus cinco livros, que estão esgotados". A antologia surgiria, nesse mesmo ano, sob o título *Paisagem Céltica* (São Paulo: Rosita Kempf Editores, 1985). De pronto, reconhece seu prefaciador, Gilberto Mendonça Teles:

> Estreando dentro da ideologia estética da geração de 45, cujo clube de poesia ajudou a fundar, sendo amigo dos principais poetas dessa geração, e publicando poemas na revista que divulga o ideário de 45, Cyro Pimentel, entretanto, não é, estilisticamente falando, um poeta da geração de 45.[5]

Desde os anos 1960 afastado dos companheiros mais novos, Cyro reaproximara-se ainda mais dos poetas da "geração", ansiosa por incorporá-lo às suas hostes. Acabaria ingressando na Academia Paulista de Letras, da qual, com todas as vênias, sempre tomei longa distância. Muitos anos se passaram antes que nos víssemos de novo, já grisalhos. Fui visitá-lo, em 1990, para levar-lhe o livro

S Ê,

fonte,

apenas

u m

desejo

!

"Sê, Fonte" — profilograma, 2009, poema de Augusto de Campos, com palavras de Cyro Pimentel, composto em sua homenagem. (Coleção do autor) sobre Ernani Rosas com o trecho transcrito no início deste artigo. Sempre sorridente e amável, Cyro me disse que não fazia mais poesia. Em 2007, na última visita que lhe fiz, levei-lhe uma cópia da "intradução" gráfica, levemente caligrâmica, que eu compusera em homenagem ao seu "grande verso", e que ele depois me contou ter mandado enquadrar. Nostálgico-humorado, me disse, a certa altura, achar que atualmente só eu gostava de sua poesia... Não era verdade, claro. Mas a frase traduzia o isolamento que sentia e confirmava, até certo ponto, o que eu sempre achara: o envolvimento que o fez "socialmente um poeta ligado a 45" — para ainda uma vez empregar uma expressão de Gilberto Mendonça Teles —, se foi útil e talvez inevitável para a divulgação de sua poesia, também contribuiu para o obscurecimento de sua obra dentro de uma rubrica que se desgastou com o tempo e que não correspondia inteiramente à originalidade de sua linguagem, em seus melhores momentos. Reproduzo minha "intradução" aqui, junto com alguns poemas, inclusive o que contém a justamente apreciada invocação de Cyro, cuja poesia espiritualizada, de ritmo próprio e achados surpreendentes, tem, certamente, belezas que não serão esquecidas.

QUATRO POEMAS DE CYRO PIMENTEL

1

Lua transfigurada
Sozinha recebes
Meu coração
Só,
Nesta plena tarde.

2

Vê, sobre ti, ó fonte, o canto das flores
Que um deus a mais desencantou.
E sê para elas o sono
Que sonham em dias trêmulos de gênios.

Águas celestes caem despindo os vergéis,
E após, um sol antigo surge com o vento da morte.
Perseguindo o deus a mais, que com saudade tanta
Vem cobrir — espelho de prata — as ninfas exorcisadas.

A primavera afasta-se. Afastam-se os alegres sinais
Do amor, e agora as tristes flores sem pólen
Cantam à fonte desenganadas.
A noite é mais densa e mais forte
Que as primitivas noites de pedra sem hera.

Sê, fonte, apenas um desejo.

3

Praias esquecidas, noite de viagens, ilhas,
O esquecimento da vida, corpos náufragos, amor,
E pássaros exilados são deuses silenciosos. Sonhemo-los.

Nossos olhos sem forma para o sonho
Extraviam-se; palmeiras os limitam à solidão de outrora.
Não sentimos nossos corpos antigos, nos perdemos no labirinto dos céus.
E presentes, há nostalgia de estrelas fugidias, sonhos de horizonte.

Passamos ao Além sombreados de Asas-Quiálteras,
Habitantes de esferas sem pauta, olhos sem pátria.
Perdidos estamos, flores acenando, ventos, aspirações,
E o corpo se esquece, naufragando-se neste mar de estrelas.

— Vida, Asa — Espectro: diluí-me na solidão do céu.
Ilhas sem mim.

Poemas, 1948

4

REVELAÇÃO

Renovado Prometeu, fui castigado
Pelos deuses. Indiquei
aos outros o segredo dos céus.

Ao inferno, lanço o acôntio do Nada.

Poemas Atonais, 1979[6]

NOTAS

1. Augusto de Campos, *O Enigma Ernani Rosas*. Ponta Grossa, PR: Ed. da UEPG; Florianópolis: Museu Arquivo da Poesia Manuscrita, 1996. Reproduzido a partir deste livro.

2. As plaquetas do poeta, assim como os inéditos, que Muricy desconhecia, mas que, descobertos posteriormente, se encontram no arquivo da Academia Catarinense de Letras, foram reunidos no livro *Poesias de Ernani Rosas*, publicado em fins de 1989, em Florianópolis, pela Fundação Catarinense (edição comemorativa do centenário de nascimento do poeta), com organização, apresentação e notas de Iaponan Soares e Danila Carneiro da Cunha Luz Varella.

3. Trecho reproduzido do capítulo "O Enigma Ernani Rosas" deste livro.

4. O texto completo da manifestação de Patrícia, também assinado por Geraldo Ferraz, foi reproduzido em meu livro *Pagu: Vida-Obra* (São Paulo: Brasiliense, 1982, pp. 181-4. Três edições). Revisto e ampliado, o volume veio a ser reeditado pela Companhia das Letras em 2014.

5. Augusto de Campos, *O Enigma Ernani Rosas*. Ponta Grossa, PR: Ed. da UEPG; Florianópolis: Museu Arquivo da Poesia Manuscrita, 1996.

6. Em *Cronópios*, revista eletrônica, 1 jun. 2008.

15. Pós-Walds*

Conheci "Oswáld" (não "Ôswald") em 1949, na companhia de Décio Pignatari e Haroldo de Campos. Eu tinha dezoito anos, Décio, o mais velho, 22. Fomos apresentados a Oswald por Mário da Silva Brito, que nos levou ao apartamento do poeta. Estava ainda muito ativo, defendendo o modernismo e combatendo a "geração de 45", em conferências e desaforadas crônicas ("telefonemas"), e às vezes aos risos e berros no Clube de Poesia, com o costumeiro sarcasmo e muitos trocadilhos.

Mesmo reconhecido como o último representante radical dos modernistas (Menotti del Picchia, Guilherme de Almeida e Cassiano Ricardo eram biacadêmicos), não era levado muito a sério nem pelos poetas dominantes nem pelos "chato-boys" da revista *Clima*, que chegou a botar fé no oposto da poesia oswaldiana, a oratória engajada de Rossine Camargo Guarnieri... Mas ele se dava com todos. Temido polemista, porém sociável e riden-

---

* Publicado originalmente no Suplemento Cultural "Sabático" do jornal *O Estado de S. Paulo*, 2 de julho de 2011.

te, por certo contava que suas gozações públicas, de ferinas a ferozes, fossem perdoadas pelos inimigos com os quais facilmente se reconciliava sem propriamente se emendar.

Em memorável comunicação ao Congresso de Poesia, realizado em São Paulo, em 1948, tribuna da "geração de 45", Patrícia Galvão, solidária com Oswald, o descreve "de facho em riste, bancando o Trótski, em solilóquio com a revolução permanente". Em 1982, eu trouxe à tona esse importante documento, desconhecido das novas gerações e de nós mesmos, no livro *Pagu: Vida-Obra*.

Contemporâneo do grupo de 45, porém marginalizado por sua paixão pelos modernistas, Mário da Silva Brito era amigo íntimo de Oswald. Nenhum de nós, os "novíssimos", tinha livro publicado, mas as revistas e jornais literários já haviam estampado alguns de nossos poemas. Oswald se entusiasmou tanto com nossa visita que deu a cada um de nós, autografado, um volume dos poucos que ainda tinha de *Poesias Reunidas O. Andrade* (1945), edição especial de largo formato ilustrada por Tarsila, Segall e por ele (tiragem: duzentas cópias). Mais adiante, presenteou-nos com um volume da esgotadíssima edição de *Serafim Ponte Grande* (1933), com a dedicatória: "aos Irmãos Campos, (Haroldo e Augusto) — firma de poesia". Guardo dele uma impressão de vulnerabilidade e solidão, sob a máscara galhofeira. Magoado com a ambígua amizade e o maldisfarçado desdém da intelectualidade da hora, apostava nos jovens. Depois nos encontramos várias vezes em reuniões em sua casa ou na de amigos comuns. Quando completou sessenta anos, em 1950, época em que foram publicados *O Auto do Possesso* de Haroldo e *O Carrossel* de Décio, saudamos Oswald em documento público, "Telefonema a Oswald de Andrade", assinado por uns poucos escritores, no qual o poeta era apontado como "o mais jovem de todos nós". Décio nos representou no famoso "banquete antropofágico" em homenagem ao poeta "sexappealgenário", no Automóvel Clube.

Como que pressentindo que não o veria mais, Décio quis visitá-lo antes de partir em viagem para a Europa, marcada para 1954. Acompanhei-o nessa que foi a derradeira vez que vi Oswald, já muito doente, em agosto de 1953. Recebeu-nos afundado numa poltrona, com a cabeça escalpelada encoberta por uma boina, e sempre assistido por sua amorosa esposa, Maria Antonieta d'Alkimin. Na ocasião, mostrei-lhe alguns dos poemas coloridos da série *Poetamenos*; Décio levou-lhe alguns textos inéditos. Revelou curiosidade e satisfação por nosso experimentalismo. Foi esse encontro que certamente inspirou a simpática menção que nos fez — "meninos que pesquisam" — na crônica "Gente do Sul" (que leva a rubrica de seus "telefonemas"), estampada em 25 de agosto no *Diário de S. Paulo*. Em março de 1954, no convite impresso do espetáculo inaugural do Teatro de Cartilha, criado em Osasco por Décio Pignatari, este chegou a anunciar uma apresentação da peça *O Rei da Vela* (de que ninguém falava então), projeto interrompido por sua viagem à Europa.

Oswald não sobreviveu para assistir à sua reabilitação pelos jovens em que apostara os escassos volumes de suas edições de minguada tiragem. Pouco se falava nele quando foi ressuscitado nos manifestos da poesia concreta, em 1956. Seus livros mofavam nos sebos. Numa entrevista que demos, Haroldo e eu, para o *Jornal Popular,* de São Paulo, em 22 de dezembro de 1956, proclamávamos:

Não é hábito, no Brasil, a obra de invenção. É verdade que, com o Modernismo, a literatura brasileira logrou atingir uma certa autonomia de voz, que, porém, acabou cedendo a toda sorte de apaziguamentos e diluições. Contra a reação sufocante, lutou quase sozinha a obra de Oswald de Andrade, que sofre, de há muito, um injusto e caviloso processo de olvido sob a pecha de *clownismo* futurista. Na realidade, seus poemas (*Poesias Reunidas O. Andra-*

de), seus romances-invenções *Serafim Ponte Grande* e *Memórias Sentimentais de João Miramar* (de tiragens há muito esgotadas, para não falar de seus trabalhos esparsos ou inéditos), que ainda hoje, por sua inexorável ousadia, continuam a apavorar os editores, são uma raridade no desolado panorama artístico brasileiro. A violenta compressão a que Oswald submete o poema, atingindo sínteses diretas, propõe um problema de funcionalidade orgânica que causa espécie em confronto com o vício retórico nacional, a que não se furtaram, em derramamentos piegas, os próprios modernistas e que anula boa parte da obra de um Mário de Andrade, por exemplo.

Hoje, como disse Décio Pignatari — o Oswald magro do concretismo —, a antropofagia "virou carne de vaca", e a diluição e o consumo se encarregaram de banalizar o tema, que no entanto é mais sério do que parece. Terra de muitos estudantes e estudiosos de filosofia mas de poucos filósofos, o Brasil tem em Oswald um dos raros intelectuais a que esse termo, em sua acepção integral, pode ser aplicado sem constrangimento. Embora seus escritos continuem a ser rejeitados pelo mundo acadêmico, evidenciam-no como um solitário pensador original. Suas provocações não ortodoxas, expressas em manifestos combativos, entrevistas e textos diversos, culminam com as de recorte mais normatizado, *A Marcha das Utopias* e *A Crise da Filosofia Messiânica*, tese com a qual se inscreveu em concurso para a cátedra de Filosofia da USP, em 1950, sem que lhe fosse dado assumi-la. Oswald não enrolava o pensamento em cipoais argumentativos. Era sintético e direto. Tinha o "defeito" literário de escrever bem. Mas não se apresentava como um meritório difusor ou questionador de doutrinas. Seu coquetel filosófico, temperado com novos fermentos dialéticos, continha ideias inovadoras. Também aqui não podia ser facilmente compreendido.

À medida que sua obra, em parte ainda inédita, vai sendo republicada e até revelada, mais nos surpreende a atualidade de suas intervenções, apesar dos equívocos pontuais de que ninguém escapa. Oswald não era nenhum santo nem queria ser canonizado. Fazia suas médias e às vezes decepcionava os jovens "franciscanos" (*apud* Nelson Rodrigues) que éramos nós. O livro *Estética e Política*, organizado por Maria Eugenia Boaventura (São Paulo: Globo, 1991), revelou-nos afinal o texto da conferência "Novas Dimensões da Poesia", que o poeta proferiu em 19 de maio de 1949 no Museu de Arte Moderna de São Paulo. Ali Oswald repete o inaceitável elogio que vinha fazendo ao ex-adversário Cassiano Ricardo, que ele insistia agora em considerar "o maior poeta brasileiro", tendo chegado em outros textos a compará-lo até a Fernando Pessoa. Em compensação exalta Góngora e Mallarmé, em claro desafio ao preconceito da crítica literária que chamava de "sociográfica". A certa altura tem esta bela colocação, que continua válida em nossa era "pós-utópica":

> A poesia de hoje balança entre o mistério restaurado da vida e as estrelas quietas, entre a face kierkegaardiana do desespero, o deliquial e o perplexo. E mostra esse neutro avesso da utopia a que o homem se habituou, depois da frustração de seus messianismos. Mas a revolta não acabou. E ainda se pergunta: como cantar com a boca cheia de areia?

Sem ter ouvido as palavras do poeta, eu as ecoaria com a "areia areia arena céu e areia" de meu poema "O Rei Menos o Reino", publicado no caderno literário do *Jornal de São Paulo* em 9 de abril de 1950. Oswald ainda reflete sobre "o caminho percorrido": "Fizemos até os primeiros passos na direção de uma geometria do verso". E acentua: "poesia é tudo: jogo, raiva, geometria, assombro, maldição e pesadelo, mas nunca cartola, diploma e beca".

Menciona, por fim, Kierkegaard, Nietzsche, Joyce e Lautréamont. Conclui com estas palavras: "Mallarmé chamou de poema em prosa o maior esforço versificado do século XIX: 'Un Coup de Dés Jamais n'Abolira le Hasard'".

Não basta Oswald ter "torcido o pescoço à eloquência" dos versos que nunca fez, criado não o poema-piada — como parecia à maioria de seus contemporâneos — mas o poema-palavra ou palavraprimal (amor/humor), arquitetado seus romances-invenção, pensado, na síntese do matrianárquico "bárbaro-tecnizado", a última utopia para a civilização ideal que imaginara, e lançado dois manifestos que ainda são a suma e o sumo do ideário poético da modernidade. Tudo isso que nos fez inseri-lo entre nossos mentores. Sabemos agora que ele nos antecipou também na reavaliação do "lance de dados" mallarmaico, que seria tido por nós como o limiar da poesia de nosso tempo e era renegado na época até pela crítica francesa. E que ele, positivamente, nunca teve medo da palavra "geometria".

16. ESTRanHO ERTHOS — poesignos*

Jamais conheci um intelectual tão generoso como ele. Erthos Albino de Souza (1932-2000).

Em *Errâncias*, seu livro de memórias, prosa única, semiótico-futurista, publicado no ano em que Erthos falecera, Décio Pignatari deu-nos dele uma significativa e emocionante memorabilia. Carlos Ávila conseguiu arrancar-lhe uma rara entrevista, em 1983, e organizou uma primeira bibliografia de seus trabalhos, que veio a ser acrescida ao estudo "O Engenheiro da Poesia", incluído no livro *Poesia Pensada* (2004), que Carlos dedicou ao poeta mineiro-baiano. Faltava preencher o branco da obra desse estranho personagem que nos fascinou a todos, um albino "livro-livre" que esta exposição começa a preencher.

Que era um grande pesquisador, responsável que foi por inúmeras descobertas de textos de Sousândrade, Kilkerry e Patrícia

---

* Publicado originalmente como texto introdutório da exposição "Erthos Albino de Souza — do Dáctilo ao Dígito", Instituto Moreira Salles, Rio de Janeiro, 23 de agosto a 3 de outubro de 2010, com curadoria de André Vallias e Augusto de Campos.

Galvão, é um fato conhecido, reconhecido e proclamado nos livros dos concretos. Que financiou, espontaneamente, muitas de nossas produções, é também sabido e consabido. Mas e o Erthos poeta?

"Amava os livros, não lê-los: em consequência, literatura sem literatura. [...] Bibliófilo amador e errático, era um livro à procura de autor", sintetiza drasticamente Pignatari em seu "desretrato" verbo-reticular do poeta. Imagens pirandelloborgianas, que recarregam, com tintas de propositado alto-contraste, os traços de um vulto que nos evoca algo de Bartleby, o personagem de Melville: "Prefiro não fazer". Mas fazia. Só que, por timidez ou bloqueio, não se animava a publicar um livro. Preocupava-se, angelicalmente, acima de tudo com os outros, e ficava feliz com o êxito dos projetos e das obras dos poetas em quem acreditava e que financiava com a maior e mais desinteressada generosidade. Curiosamente, embora mostrasse extrema sensibilidade estética, não tinha *animus* crítico ou ensaístico. Suas cartas eram sucintas e pragmáticas, no indicar suas aprovações ou desaprovações, concentrando-se em registrar os achados de suas pesquisas, as sugestões e as correções bibliográficas que fazia, com apuro, além das expressões de sua admiração e amizade. Minha correspondência com ele vai de 1962 a 1994 — mais de trinta anos. Com suas cartas me chegavam, em primeira mão, muitos dos poemas, dactilo ou digitografados que integram esta mostra.

Depois nossos contatos foram escasseando, limitando-se a telefonemas e envio de livros, até que, aos poucos, foi deixando de se comunicar comigo e com todos os amigos, à medida que se agravava a enfermidade que o fez perder, de todo, a memória, e da qual só tivemos tardias notícias.

Nascido em Ubá (Minas Gerais), viveu sua maturidade intelectual em Salvador, profissionalmente como engenheiro da Petrobras. Nos dois apartamentos que lá adquiriu, um na Barra e outro em Pituba, repletos de livros, ele hospedava, cheio de cuidados, os amigos visitantes — eu e Lygia, Décio, Haroldo, Leminski e tantos outros.

Como começou tudo? Em 1960, o crítico Oliveira Bastos me fez conhecer um volume de *O Guesa*, de Sousândrade, na Biblioteca Nacional do Rio de Janeiro. Entre dezembro do mesmo ano e fevereiro de 1961, Haroldo e eu publicamos os primeiros estudos abrangentes sobre o esquecido poeta maranhense, "Montagem: Sousândrade", na página "Invenção" do jornal *Correio Paulistano*. O ensaio veio a ser republicado na revista pernambucana *Estudos Universitários*, no ano seguinte, e voltou a sair, ampliado, sob o título "Sousândrade: O Terremoto Clandestino", na *Revista do Livro*, Rio de Janeiro, em março de 1964. Desde que tomou conhecimento do trabalho, ainda em 1962, Erthos entusiasmou-se por ele e nos escreveu, propondo-se financiar nosso projeto de resgate da obra do poeta, *ReVisão de Sousândrade*. Conseguimos uma pequena editora, que assumiu o compromisso de imprimi-lo e nos ofereceu um orçamento. Passamos para o Erthos e ele nos mandou um cheque para cobrir as despesas. Nunca nos tinha visto. O livro saiu em 1964 e ainda com uma separata de "O Inferno de Wall Street", com capa de Pignatari, sob a rubrica "Edições Invenção".

Só viemos a nos conhecer pessoalmente em 1969, quando fui a Salvador completar as pesquisas de outro projeto, *ReVisão de Kilkerry*, iniciado ainda em 1962, com a inestimável cooperação de Erthos. Mais adiante, com a colaboração do juveníssimo Antonio Risério, que, aos vinte anos, despontava brilhantemente para a poesia e para a ensaística, fundou e financiou a revista *Código*, que teve doze números — de 1973 a 1989.

Suas obras criativas estão disseminadas nas revistas experimentais da época, como *Código, Polem, Qorpo Estranho, Artéria, Muda, Atlas*. O poeta Omar Khouri, que, com Paulo Miranda, lançou heroicamente várias delas, publicou em livro sua tese de doutorado, *Revistas na Era Pós-verso: Revistas Experimentais e Edições Autônomas de Poemas no Brasil, dos anos 1970 aos 1990* (São Paulo: Ateliê, 2004), que recenseiam as principais dessas publicações, ainda hoje, de impressionante novidade, mas que têm permanecido "à margem da margem" dos estudos literários que abrangem o período.

Pode-se situar em três fases e faces distintas a prática poética de Erthos: 1) *Dactilogramas* — fim dos anos 1960; 2) *Poesignos*; e 3) *Musa Speculactrix*, os poemas digitais — as últimas obras, desenvolvidas na década de 1970. O terceiro título aqui sugerido aparece na nota de um texto visual computadorizado, onde estão dispostas circularmente as palavras latinas SORTE PALUDE SEDULA PETROSA, com a nota "poema da série Musa Speculactrix, dedicado a Lola [gata de estimação do poeta] por ocasião de sua operação devido a uma palindromia — Bahia junho de 1974". Erthos joga com a expressão "palindromia" — no sentido mais comum (palíndromo: palavra ou frase que pode ser lida da esquerda para a direita ou ao contrário) e no sentido clínico de "recaída de certas doenças nas quais os líquidos se acumulam nos órgãos inferiores" (segundo o *Dicionário Cândido Figueiredo*). A frase latina completa seria SEDULA PETROSAS IRRISA SORTE PALUDES, a primeira linha de uma quadra de versos palindrômicos, de significado conjectural.

Numa carta de 4 de julho de 1972, anunciou-me que estava trabalhando em computador e já fizera algumas experiências com letras e palavras. Do computador serviu-se também ele para fazer contagens vocabulares — o da frequência de palavras na poesia de Kilkerry, que utilizei para o estudo do poeta de "O Verme e a Estrela"; o dos vocábulos de "Un Coup de Dés"; o das

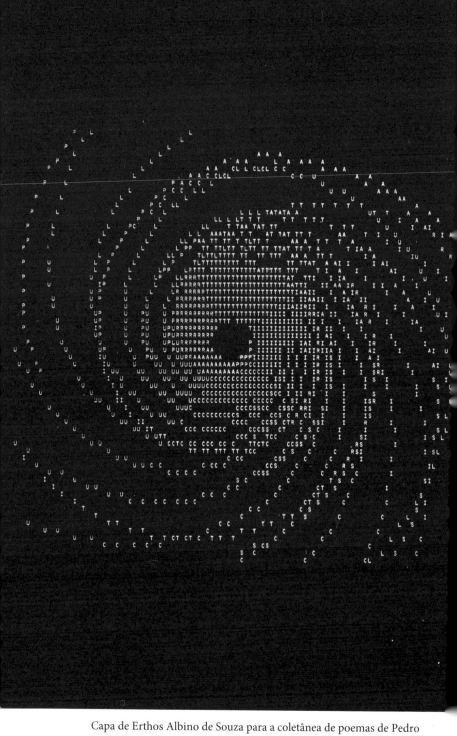

Capa de Erthos Albino de Souza para a coletânea de poemas de Pedro Xisto, *Partículas*. São Paulo, Massao Ohno/Ismael Guarnielli Editores, 1984.

```
C R I S A L I D A
R I S A L I D A B
I S A L I D A B R
S A L I D A B R I
A L I D A B R I S
L I D A B R I S O
I D A B R I S O L
D A B R I S O L I
A B R I S O L I D
B R I S O L I D A
R I S O L I D A B
I S O L I D A B O
S O L I D A B O I
O L I D A B O I S
L I D A B O I S O
I D A B O I S O L
D A B O I S O L I
A B O I S O L I T
B O I S O L I T A
O I S O L I T A B
I S O L I T A B O
S O L I T A B O I
O L I T A B O I S
L I T A B O I S O
I T A B O I S O L
T A B O I S O L E
A B O I S O L E T
B O I S O L E T A
O I S O L E T A B
I S O L E T A B O
S O L E T A B O R
O L E T A B O R S
L E T A B O R S O
E T A B O R S O L
T A B O R S O L E
A B O R S O L E T
B O R S O L E T A
O R S O L E T A B
R S O L E T A B O
S O L E T A B O R
O L E T A B O R B
L E T A B O R B O
E T A B O R B O L
T A B O R B O L E
A B O R B O L E T
B O R B O L E T A
```

"Crisálida", 1968, poema de Erthos Albino de Souza.
(Coleção do autor)

combinações possíveis de meus poemas Perde-Ganha, 1968 (deste, apenas alguns exemplos das 1 625 702 400 permutações possíveis, segundo cálculo feito à época por Roland de Azeredo Campos) e *Colidouescapo* (1970). Erthos também colaborara com Pedro Xisto na contagem estatística do poema permutacional "Vogaláxia" (1966). Foram anos em que os poetas concretos se interessaram pela poesia aleatória (meu "Acaso", "Alea I", de Haroldo, "Torre de Babel", de Décio Pignatari, todos de 1963). E foi Erthos também o autor da espiral verbo-digital de *Partículas* (capa do livro de Xisto, publicado em 1984), um verdadeiro poema visual, que poderia ser incluído na série *Musa Speculactrix*.

Terá sido em 1968, na antologia *25 Poetas/Bahia* (dezembro, Salvador), que ele publicou pela primeira vez um poema, "Crisálida", composto no ano anterior. Mas foi na década de 1970, e principalmente depois que criou com Risério a revista baiana *Código*, financiada pelo próprio Erthos, que se tornou mais conhecido, passando a ser requisitado para divulgar seus poemas, principalmente nas revistas experimentais do eixo Bahia-São Paulo — "a pororoca", como a denominou Paulo Leminski num texto definidor e definitivo. "Crisálida" e outros dactiloscritos foram reunidos num projeto de livro, intitulado *Dactilogramas 1968* (treze poemas), dos quais aquele poema e o primeiro da série "De tanto ver triunfar as nulidades…", os únicos, que eu saiba, publicados. Tenho uma cópia original desse livro, inédito, que marca o início da criação poética de Erthos. Tributário, certamente, da poesia concreta da linha ortodoxa, mas com realizações distintas e demonstrando muita habilidade de composição. "Crisálida" é um dos mais bem realizados, e resolve de modo inteligente e sutil a metamorfose do vocábulo em "borboleta", que tem o mesmo número de letras, mas configura uma "impossibilia" posta sob o desafio dos *doublets* de Lewis Carroll, nos quais há que se passar de um termo ao outro mudando só uma letra de cada vez e sempre usando vocábulos vernaculizados.

Aos seus *Dactilogramas* acresceu o poeta um caderno de iguais dimensões, em folhas soltas (doze ao todo), com que também me presenteou, e onde transita dos dactiloscritos aos poemas executados com *letraset*, certamente nos anos 1970 — dos quais apenas "Strip-tease" e "Rasgar" vieram a ser difundidos.

Nessa época, certamente por influência dos "logogramas" de Pedro Xisto publicados, na bela arte-final de J. R. Stroeter, no nº 5 da revista *Invenção* (1967), interessou-se também por criar logotipos para homenagear determinados autores, como os que dedicou a Pagu e a mim, este estampado numa caixa preta, que ele criou para que eu abrigasse meus poemas. Dos logotipos passou aos menos despretensiosos logopoemas, que chamava de *Poesignos*, pautados pelo significativo "cygnus" (1974), que foi capa da revista *Código 2* no ano seguinte.

Muitos desses poemas Erthos me enviava para apreciação, sem contudo se decidir a editá-los em coletânea. Apareciam sempre esparsos, nalguma revista experimental. Não lhe faltava humor — sorriso despretensioso com que produziu seu dactilograma "De tanto ver triunfar as nulidades…" e, mais adiante, um "Wanted", em homenagem a Duchamp, com os retratos de frente e de perfil de Ruy Barbosa, no cinquentenário de sua morte, em 1973. Por essa época também me deu de presente um retrato anamórfico, formado com tiras recortadas de uma foto minha na exposição de poesia concreta realizada em Salvador no mesmo ano.

Foi também em meados de 1970 que Erthos iniciou sua fase mais característica, e que o faz indiscutível precursor da poesia de computador entre nós. Ignoro o quanto ele chegou a conhecer das pesquisas de Waldemar Cordeiro, que já começara a desenvolver seus trabalhos, dois anos antes, em colaboração com o físico Giorgio Moscati, da Unicamp, num computador IBM/360, então dos mais modernos, com impressora ou plotter, chegando a realizar, em 1971, uma exposição internacional de arte de computação, *Arteônica*, no Museu de Arte de São Paulo na Fundação Armando Álvares Penteado, em São Paulo. Não se pode esquecer que Décio Pignatari vinha pesquisando a informática desde o início da década de 1960, tendo publicado na revista *Invenção 4* (1964), com Luís Ângelo Pinto, o artigo "Crítica, criação, informação", em que dava notícia de experiências feitas num computador mais antigo, o IBM/1620, na Escola Politécnica da USP, exemplificadas com deformações — vocalização e desvocalização — de textos de João Cabral. Experimentos de exploração das probabilidades estatísticas de ocorrência vocabular que suscitariam, anos depois, divertidas provocações pignatarianas de prioridade a Cordeiro, que em 1964 expunha e publicava comigo os "popcretos", nem um pouco digitais...

Cordeiro e Erthos trabalhavam com as primeiras linguagens de programação computadorizada, como o sistema conhecido sob o nome Fortran, com entrada por cartões perfurados, que veio a ser logo muito utilizado para a confecção de holerites. Entre nós, o desvio para as artes foi obra deles. Cordeiro, vindo de um convívio intenso com os poetas, seus companheiros de viagem concretista, não deixou de aventurar-se também com palavras. Sua primeira experiência, "Beabá", a partir de um programa para gerar vocábulos de seis letras ao acaso, foi exposta em 1968 mas, como era natural, ele explorou com mais consistência o universo não verbal ("Derivadas de uma Imagem", 1969). Erthos, sem deixar de experimentar ocasionalmente com imagens — como na sequência anamórfica sobre um retrato de Brigitte Bardot ("Volat Irrevocabile Tempus"), e em seus desenhos geométricos —, fixou-se mais definidamente na linguagem verbal, seja partindo de nomes ou títulos, Mallarmé, Sousândrade, Noigandres, Décio Pignatari,

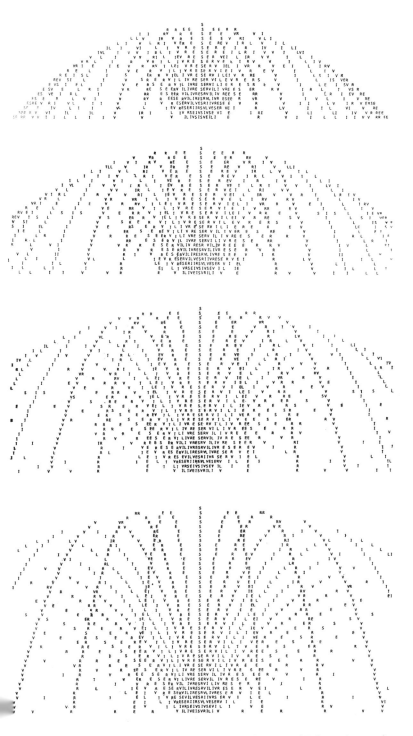

"Servilivres", 1976, poema de Erthos Albino de Souza. (Coleção do autor)

SONETO ALFANUMERICO

```
6) =2)¢¬),6) =2=A")  )- 6) !)6 A1431¢:''12
=A---26 (31> :)"'2¢)¢ A=)" 1( "31& :'A26) 2=¢)
") 6A" :1¢ 31!62) +1) 'A(-) >31> 6) ¬2=¢)
6) -¢A(>&A¢)(- ¬6A"2)¢ :)> =36> +12 ('3(- &A> ;12


1( "|¬() :'A1-¢);32> >) >31=2)(- +1) "')>- 612
7A¬(2:2+1) 7A2> +12 >A(> )>&32¢ >) :)62=¢)
&31¢ ('A=32¢ &A> "'A(-) 6A ¢)¬23( 31 =2=¢)
+1A(: :1 >-)¢26) '2=)¢ A ¢)>&6)(:2 6')((12.


-31- >3( "36 >)"31)¢A ")--) !6A("') A¬3(2)
&A> 6')>&A") 2(;62¬)) A 6'32>)A1 +12 6) (2),
7A2> (3( 6''3¢¢)1¢ :1 >36 31 6) &617A¬) )>- &¢2>.


;A(-37) +1'A ") 62)1 >3( &1¢ )"6A- A>>2¬(),
26 >'2773!262>) A1 >3(¬) ;¢32: :) 7)&¢2>
_1) =)- &A¢72- 6')?26 2(1-26) 6) "|¬().
```

"Soneto Alfanumérico", 1973, poema de Erthos Albino de Souza. (Coleção do autor)

Leminski, seja construindo um texto palindrômico para desenvolver suas implosões e explosões vocabulares de letras a partir de vocábulos retrogradáveis de duplo sentido — "Servilivres". Nessa série se incluiria também o "Soneto Alfanumérico", resultado de estudos de tradução criptográfica de sonetos de Mallarmé — no caso, "Le vierge, le vivace et le bel aujourd'hui", conforme decodificação de André Vallias. Ex: ⑪ | ¬ ( ) por Cygne. Guardo alguns desses poemas, tais como me chegaram às mãos, impressos nas resmas pautadas dos papéis característicos da Petrobras, utilizados pelo sistema Fortran, e que podem ser vistos nesta exposição. Da mesma série são também as variações do *Tombeau* de Mallarmé, que Erthos me enviou em 1972 e Décio, Haroldo e eu fizemos estampar em nossa edição dedicada ao mestre francês (1978). Casos especiais de poema-objeto são a magnífica transcriação semiótica do poema "cidade city cité", também de 1972, incluída na *Caixa Preta* (1975) que fiz com Julio Plaza, edição para a qual o poeta contribuiu também financeiramente: e o pequeno "livro livre", em branco, recortado dos cartões perfurados, com o qual me presenteou no ano seguinte, numa de suas cartas. Dou com minúcia os dados cronológicos, por realçarem o mérito da atuação de Erthos.

"No Brasil, a Computer Art encontra antecedentes metodológicos na Arte Concreta", afirmava Waldemar Cordeiro no artigo "Arteônica", de 1971, ano desta mostra em São Paulo. Tanto o percurso de Erthos como o do próprio pintor, que iniciou suas pesquisas digitais em 1968 e morreu prematuramente em 1973, ilustram convincentemente sua tese. Como Cordeiro, o poeta, devido a sua enfermidade, não chegou a desfrutar dos avanços tecnológicos que a partir da década seguinte disponibilizaram os computadores domésticos e, em mais vinte anos, os favores da rede eletrônica. Mas ocupa como ele, com todos os méritos, um lugar privilegiado na arte digital brasileira. Impulsionada por softwares cada vez mais sofisticados, a "literatura sem livros" caminha hoje, celeremente, para as "páginas" dos monitores e para o cibercéu eletrônico.

Pignatari lembra que Erthos se atormentava com o fato de não ter chegado a decifrar o significado da palavra "stsioei", que aparecia num verso do "Tatuturema" de *O Guesa* de Sousândrade: "Stsioei, rei das flores" (Estrofe 52). Transformou-a numa espécie de totem-tabu vocabular que exorcizou num "poesigno", por sua vez convertido em logomarca de seu próprio nome. Quis o destino que me coubesse decifrá-la, a partir de uma viagem pela internet. Ao trabalhar num prefácio para a nova edição de *O Guesa* (São Paulo: Annablume, 2009. Selo Demônio Negro), deparei-me no Google com uma cópia da edição original da enciclopédia francesa *L'Univers* (1837), onde se encontra o capítulo "Brésil", de Ferdinand Denis, uma das fontes informativas de Sousândrade. Quando percorria seus textos sobre a flora e a fauna da Amazônia, à procura de alguma referência que me pudesse ser útil, bati os olhos nesta frase: "Os índios de diversas partes da América o chamaram de *stsioei*, o pequeno rei das flores. Os portugueses lhe deram o nome poético de beija-flor...".

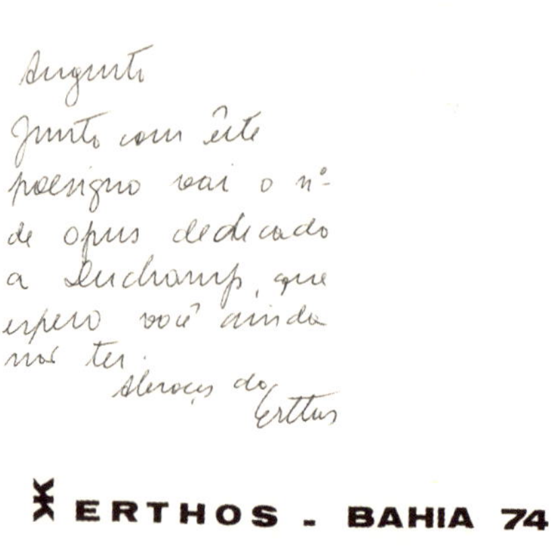
Augusto
Junto com este
poesigno vai o nº
de opus dedicado
a Duchamp, que
espero você ainda
não ter.
Abraços do
Erthos

ERTHOS - BAHIA 74

Ao me enviar o "poesigno", **sıqnd**, que deve ser virado e lido ao revés para completa leitura, Erthos pôs ao lado de seu prenome um logotipo que constitui, de fato, o signo reduzido de um outro "poesigno" enigmático: ✱ ERTHOS - BAHIA 74 . Apareceu também assim na revista *Qorpo Estranho 1* (1976), junto ao poema "step by step". Visto em escala maior, formatado como um cartão de boas festas de duas folhas, 22 por onze centímetros, com o "logotipo" recortado sobre fundo prata-aluminizado interposto, o "poesigno" ⚎ me foi enviado por Erthos com o título sTSIOEI, e a dedicatória "a Augusto e Lygia — Feliz 1986", posta na parte interna da última folha de forma a indicar a direção vertical de leitura.

Ideogramatizando sua dúvida sousandradina, parecia insinuar o esfíngico protótipo de uma escultura in-finita. À primeira vista, horizontalizado como um postal comum pareceria um logo para **KilKerry**. Mas lido verticalmente — levitando, quase asa —, segundo o direcionamento sugerido pelo autor —, pode ser visto como um incerto E espectral e especular do próprio poeta. Enigma.

STSIOEI. Isto é. ERTHOS.

ESTRan**HO** nome. Estran**H**a **SORTE**. Er**T**hos. Er**THOS**.

Cartão-postal enviado por Erthos Albino de Souza a Augusto de Campos, de Salvador, Bahia, 1974. (Coleção do autor)

17. Waldemar Cordeiro: Pontos de Partida e de Chegada[*]

Foi de Cordeiro a proposta insólita de convocar-nos, os poetas do grupo Noigandres, Haroldo de Campos, Décio Pignatari e eu, para participar da Exposição Nacional de Arte Concreta, que viria a se realizar no Museu de Arte Moderna de São Paulo, em dezembro de 1956. Cordeiro foi ainda quem teve a ideia de convidar para a mostra os artistas do Rio, reunidos no Grupo Frente em torno do crítico Mario Pedrosa, incumbindo-me de estender o convite a outros poetas cujo trabalho eu considerasse pertinente aos nossos objetivos comuns. Desencavei mais três, Ferreira Gullar, Ronaldo Azeredo e Wlademir Dias-Pino, para fazer companhia ao trio concreto e montar um democrático time riopaulista... De Cordeiro foi, também, a proposta crítica de homenagear na mostra o pintor Alfredo Volpi, contrastando a idolização dominante da arte de Portinari e Di Cavalcanti. E foi o concretismo

[*] Publicado originalmente no catálogo da exposição "Waldemar Cordeiro: Fantasia Exata", Itaú Cultural, São Paulo, julho-setembro de 2013; e Rio de Janeiro, Paço Imperial, 18 de dezembro de 2014 a 1º de março de 2015.

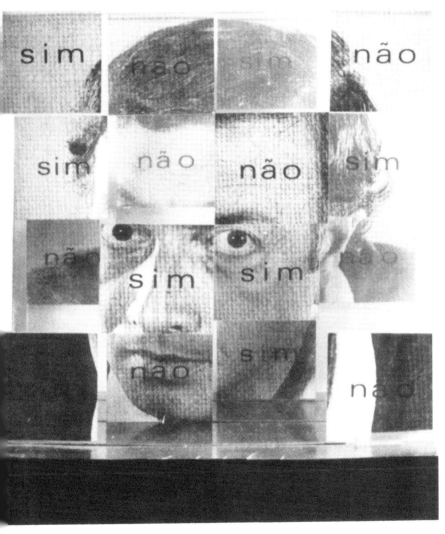

Autorretrato probabilístico, 1967, por Waldemar Cordeiro. Poema-objeto oto, impressão em acrílico, 34,5 x 29,5 x 31 cm). Reproduzido do Catálogo da Exposição Waldemar Cordeiro — Fantasia Exata, Itaú Cultural, 2013-4. (Coleção do autor)

que mudou a obra de Volpi, levando-o a radicalizar suas portas, janelas e bandeiras e liberar-se da figuração, para explorar sem barreiras seu gênio colorístico com as texturas do afresco — "mondriantrecentesco", na expressão de Pignatari.

Nos conhecêramos em 1952, ano em que irromperam as duas insurreições artísticas: o Grupo Ruptura e o Grupo Noigandres. Desde então sucediam-se, combativas e vociferantes, as reuniões em bares e clubes de artista ou nas casas de uns e de outros. "Movimentos movimentam" foi uma das últimas frases que ouvi de Décio Pignatari — pleonasmo enfático com o qual o poeta de LIFE relembrava, perto do fim, o animado brainstorming coletivo de que a memória filtra, descontados os confrontos e conflitos, a alegria da interlocução e da conspiração: *conversation between inteligent men*. Pontos e contrapontos que marcaram uma geração.

Cordeiro e seus companheiros de "ruptura" sempre tiveram problemática recepção de parte do público e da crítica. Talvez pela animosidade que despertaram ao explicitarem, com suas obras e conceitos, a defasagem artística nacional e o despreparo crítico no contexto em que seus trabalhos apareceram na década de 1950. Talvez, e principalmente, por se negarem a fazer concessões. Melhor recepção tiveram os artistas sediados no Rio, animados pela tradicional rivalidade dos dois grandes centros culturais, em especial a partir do momento em que passaram a ser promovidos por uma publicidade redutora e regionalista que os impingiu como "humanizadores" do Concretismo de São Paulo — a vanguarda dura e pura. Coube aos daqui "a medula e o osso". A ousadia de enfrentar uma resistência preconceituosa e a agressiva competitividade que os estigmatizou como "racionalistas", "frios" e "desumanos" até pelos que palmilhavam folgadamente os mesmos caminhos do geometrismo plástico.

Chega a ser patético tentar distinguir, sob tais rubricas, as primeiras obras dos supostos grupos oponentes — concretos e neoconcretos — que passaram a ser primariamente rotulados de "paulistas" e "cariocas", sem que sequer se atentasse para os estrangeiros de ambos os lados e os migrantes daqui e de lá. E é, no mínimo, irônico vê-los, todos, convivendo fraternalmente em 1960 na exposição (poder-se-ia dizer "ex-pós-cisão") organizada por Max Bill, em Zurique, sob o mesmo guarda-chuva de ARTE CONCRETA/KONKRETE KUNST...

Uma grande exposição realizou-se na Fundación Juan March em Madri, entre fevereiro e março de 2011. A mostra, que foi registrada num catálogo enciclopédico, mapeia sistematicamente o acervo "construtivista" das artes visuais na América Latina, abrangendo as produções da Argentina, Brasil, Colômbia, Cuba, México, Uruguai e Venezuela. Na mesma família encontram-se obviamente abraçados concretos e neoconcretos brasileiros. Pois sabem como se chama a grande exposição de Madri? "Cold America. A Arte Fria: A Abstração Geométrica na América Latina". Um banho de água fria nas fantasias tropicais dos que pretendem negar ou disfarçar a natureza formal dessas obras, onde o rigor compositivo se impõe ao domínio da intuição meramente subjetiva e emocional.

Não há dúvida de que existiram diferenças entre os dois agrupamentos de artistas oriundos do Ruptura e do Frente. Cordeiro, cuja formação teórica articulava o autonomismo artístico de Konrad Fiedler com o marxismo futurizado de Gramsci, apostava numa utopia coletiva que não queria confinar-se nos museus e no personalismo solipsista. Dessa perspectiva, a reivindicação do subjetivismo ou do expressivismo artístico não tinha cabimento. Menos justificável, ainda, a demonização da matemática e da geometria, que chega a ser um disparate no caso de obras como os "bichos" de Lygia Clark, magníficos achados dentro da pesquisa de formas geométricas, inidentificáveis fora desse âmbito, apesar da ilusória titulação figurativa. Trata-se, me parece, de uma distinção ideológica, mas não de índole disruptiva. Contradições não antagônicas. Uma linguagem contestatária radical e minimal mantém-se como denominador comum — em arco máximo do espectro — tanto na contestação antiartística dos labirintos e penetráveis de um Hélio Oiticica quanto nas propostas urbanopaisagísticas e lúdico-labirínticas de Cordeiro ou no mobiliário sucinto de Geraldo de Barros, voltados para a socialização pragmática e coletiva. Entendo como complementares essas intervenções que, de uma ou outra forma, exploram e explodem as construções da arte geométrica e minimal para a reconscientização do fruidor, no caminho da desarticulação da arte convencional. Atrevidas artevidas.

Os quadros assinados por Cordeiro, na primeira fase — a ortodoxa —, estão entre os mais coerentes e significativos dentre os que mudaram a fisionomia da arte brasileira, contraditando o rastro da retórica figurativa ou desfigurativa que ainda subsistia entre nós. Mas a inquietação utópica de Cordeiro não o deixou estacar aí. Ao contrário, é ele talvez, de todos os artistas da área, o que apresenta maior versatilidade exploratória. "Racionalidade da desordem" (1963), chegou ele a postular em nova fase especulativa da percepção visual, em compasso com os desenvolvimentos da física moderna e os conceitos de *atrator estranho* e de *fractais*, relacionados com a teoria do caos.

Já no início dos anos 1960, Cordeiro experimentava com manchas e formas orgânicas de matizada geometricidade — o que chamava de "arte concreta informal". Cacos e troços de vidro, de espelho e de pano começaram a perturbar a tranquilidade dos traços e linhas. Mais adiante, em 1964, quando o contexto político e social brasileiro pôs em crise a experiência sintática, Cordeiro respondeu rapidamente com a proposta de ressemantizar o concretismo. O espetáculo — não só exposição — "popcreto"

Convite da exposição Espetáculo Popcreto, 1964. (Coleção do autor)

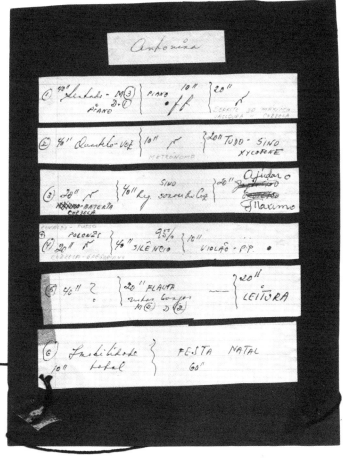

Partitura de Damiano Cozzella para um dos intérpretes do happening realizado na abertura da exposição Espetáculo Popcreto. (Coleção do autor)

(nome de guerra com que batizei nossas obras) ocupou a galeria Atrium em plena avenida São Luís, centro de São Paulo, a partir de 9 de dezembro de 1964. De cara, um insólito happening — música coletiva coordenada por Damiano Cozzella, entre serrotes e silêncios, leituras aleatórias e instrumentos percussivos — já desgalerizava a vernissage. Utilitários desprezíveis, pedaços de móveis e sucatas de automóveis comandavam a nova safra de objetos-dejetos entre os quais pontificava um enxadão ofensivo, cravado no corpo convexo de um quadro-escultura vermelho em pistola-pintura — *Popcreto Para Um Popcrítico*. A inquietação crítica de Cordeiro o levava a questionar os "urubus da arte concreta histórica" e a si próprio num apelo ético para a reavaliação das propostas do concretismo. Implícita, uma contestação ao *objet d'art* de cunho mercadológico e pós-milionário que se apropriava, decorosamente decorativo, da arte não representacional, com acenos psicologizantes e persuasivos ao público. A galeria entendeu o recado. Os "popcretos" não foram vendidos, mas permissivamente insultados e danificados por espectadores nem passivos nem compassivos... Inclusive os poemas-cartazes "anarconcretos" que apresentei, os quais, entre estilhaços verbais e não verbais, escarneciam da ditadura militar instalada em março daquele ano. Cordeiro, diga-se de passagem, nunca fez quadros "para vender", mas para expor suas ideias crítico-artísticas.

Ao mesmo tempo, ele aprofundava as pesquisas sobre a ambiguidade perceptiva da arte cinética. Estimulando a participação do espectador, insistia em contestar o "artístico" fazendo uso de objetos caseiros ou descartáveis como em *Rebolando* (1967), um garrafão com água que, manipulado, balançava uma imagem curvilínea de Marylin Monroe. Em *Dólar* (1966), um cifrão minimalista ocupa toda a extensão do quadro, exponenciando seu construto geométrico e enfatizando a vulgaridade da ganância dinheirólatra com os brilharecos baratos de suas lantejoulas. Em termos de provocação cultural, sua bandeira *Viva Maria* (1966), tendo como inscrição uma única palavra, "canalha", antecede, sem glamourizações da violência a-social, o estandarte *Seja Marginal, Seja Herói* (1968) de Hélio Oiticica.

Longe das quezílias pessoais e dos sectarismos regionalistas, Hélio partilhou com Cordeiro a reformulação das propostas de vanguarda que convergiram nas mostras "Opinião 65-66" e "Nova Objetividade" (1967). Com a mesma abertura, Hélio soube dialogar com os poetas concretos. Em fins de 1968, rompendo definitivamente com o artificial antagonismo Rio-São Paulo, ele e Haroldo de Campos incitaram um intenso contato que frutificaria em muitos lances e laços de interlocução. Visitei-o em Nova York em 1971. Ficamos amigos. Ele não teve dificuldade alguma em incorporar às suas pesquisas e projetos meus *Poetamenos* e *Colidouescapo*, que acolheu com generosidade e grandeza, assim como fizera com as *Galáxias* de Haroldo.

Nos anos 1970, tendo vislumbrado na arte concreta antecedentes metodológicos da linguagem digital, Cordeiro buscou nas técnicas computacionais, ainda incipientes, novas alternativas para uma intervenção renovadora e participativa. A morte prematura impediu que desenvolvesse suas experiências com o apoio dos novos implementos tecnológicos que iriam explodir na última década do século XX. Mas suas intervenções pioneiras nesse campo são marcantes.

Portanto, longe de ser estática e indiferente, como quiseram fazer acreditar seus detratores, a caminhada de Cordeiro moveu-se por uma inquietação e por uma curiosidade permanentes.

A demagogia do "humano" e da "mensagem" reinou por muito tempo na tentativa de amenizar o impacto rebelionário de nossa arte experimental. Na fase sintático-radical, a tática era taxar a arte concreta de fria e desumana; na fase da ressemantização ético-estética, contraditar seus desenvolvimentos com os estilemas retóricos da autoajuda referencial preconizada pelo neorrealismo socialista. Para desmontar, provocativamente, esse formulário sentimental, Cordeiro dizia: "o conteúdo não é um ponto de partida, mas um ponto de chegada".

Waldemar Cordeiro e seus companheiros de jornada — a dura arte concreta de nossas esquinas — procederam, sem concessões, à mais ética e severa crítica que aqui se conheceu contra as imposições do mercado e do público. Queira-se ou não, delinearam com suas obras radicais todo um novo projeto para a nossa arte.

"Cordeiro" — profilograma 199, poema de Augusto de Campos com palavras de Waldemar Cordeiro, composto em sua homenagem. Do livro *Despoesia*, 1994.

18. Vanguarda: Morte e Vida[*]

Não é de hoje que se fala na morte da vanguarda ou das vanguardas. Desde que surgiu, por exemplo, nomeadamente, em 1956, a poesia concreta teve várias mortes precoces, anunciadas por outros movimentos ou submovimentos que pretenderam substituí-la, corrigi-la ou sepultá-la, ou por críticos que preferiam que ela nunca tivesse existido. E teve, subsequentemente, novas vidas. Assim ocorreu, antes, com o futurismo, o cubismo, o dadá, que enfrentaram semelhantes resistências e tentativas de assassinato. Até que efetivamente cumprissem um período histórico e esgotassem, pelo menos, a fase, por assim dizer, heroica de sua intervenção. O que não impediu que continuassem a inseminar outros movimentos ou outros criadores ou persistissem na obra

---

[*] Comunicação apresentada, em 28 de agosto de 1993, em mesa redonda com o tema "Vida e Morte da Vanguarda: a Questão do Novo", durante o evento *30 Anos da Semana Nacional de Poesia de Vanguarda*, ocorrido em Belo Horizonte, de 25 de agosto a 5 de setembro daquele ano. Publicada sob o título "Vanguarda: Vida e Morte — 1," no jornal *O Estado de S. Paulo*, 4 de setembro de 1993.

individual de seus participantes e seguidores. A metáfora da vida e morte da vanguarda é assim facilmente reversível na da morte e vida da vanguarda, que, como no poema de Haroldo de Campos,

renasce remorre renasce

remorre renasce

remorre

re

Há quem não goste da palavra "vanguarda", a pretexto de que é um termo de origem militar. Pura desconversa. Para outros, como Thoreau, o profeta da desobediência civil, a sintaxe é que lembra o militarismo: "*When I hear a sentence, I hear feet marching*" (quando ouço uma sentença, ouço pés marchando), dizia o filósofo-poeta inspirador de John Cage. Ora, a palavra "vanguarda" tem, antes, um evidente sentido topológico. É vanguarda o que vai à frente, retaguarda o que está atrás. O fato é que, discutível que seja, como qualquer outro, o termo tem, pelo menos, uma vantagem. Quando se fala de vanguarda, sabe-se do que se está falando. Ninguém pretenderá que Jorge Amado seja um vanguardista ou dirá que Joyce é um autor de retaguarda. Hitler e Stálin também sabiam muito bem o que significava a vanguarda (num sentido mais lato, então representada pela chamada "arte moderna"), que ambos condenaram como "arte degenerada" ou "arte decadente".

Segundo uma lei elementar da Teoria da Informação, toda vez que ocorre uma informação nova é porque se está à margem ou além do repertório constituído pelas informações já assimiladas. Sempre houve e sempre haverá artistas que trabalham com o código convencional ou com o repertório já sistematizado, que, ou simplesmente difundem e sedimentam explorando todas as suas variantes (os "diluidores" da classificação de Ezra Pound) ou aperfeiçoam e levam ao máximo rendimento (os "mestres", de acordo com a mesma classificação). E sempre existiram e existirão artistas que, por temperamento e curiosidade, preferem experimentar com novas formas, novas linguagens, com a informação ainda não codificada ou convencionalizada — são os "inventores", da classificação poundiana, como o trovador Arnaut Daniel do século XII ou o próprio Pound. Esse é o território específico da vanguarda, que não se limita, sob essa ótica mais ampla, ao nosso século, embora tenha sido nele que o termo adquiriu projeção e consistência, para identificar o vertiginoso surto de experimentação que brotou nas primeiras décadas, caracterizando movimentos como o futurismo, o cubismo e o dadaísmo, e a arte individual de poetas tão diversos como Apollinaire, Khliébnikov, Schwitters, músicos como Schoenberg, Stravinski ou Varèse, artistas plásticos como Duchamp, Mondrian ou Maliévitch.

Ainda que os aspectos contestatórios que tipificam esses surtos artísticos constituam um ingrediente ponderável e envolvam, na dialética do confronto com os repertórios convencionais, uma parcela maior ou menor de negação e destruição, de caráter contingencial, não posso concordar com aqueles que querem dar à atividade de vanguarda um cunho meramente transitório. Assim a conceituou entre nós Antonio Candido quando, em entrevista concedida à revista *Escrita*, em 1975, definiu a vanguarda como "a opção consciente no sentido de renovar as artes ou a literatura de modo radical e constante, e não renovar para permanecer". Ao insinuar a impermanência da arte de vanguarda, esta última cláusula parece-me uma forma sutil de desqualificá-la ou degradá-la. Uma sinalização para que ela seja tratada como uma sucessão de modismos mais ou menos descartáveis, um aceno à nota de precariedade ou frivolidade com que se procura também desmoralizar a ideia da experimentação, correlata ao conceito de vanguarda. Mas a verdade é que as vanguardas e os experimentalismos, quando consequentes, não deixam de criar um repertório que, embora não convencional e de mais lenta assimilação pela comunidade, vem para ficar e se mostra tão duradouro como qualquer outro. Não fosse assim e não seriam mais do que fogo de palha obras como a *Sagração da Primavera* de Stravinski, *Ionisação* de Varèse, *Pierrô Lunar* de Schoenberg, *Demoiselles d'Avignon* de Picasso, *A Noiva Desnudada pelos Celibatários* de Duchamp, os *Boogie Woogie* de Mondrian, os móbiles de Calder, os *Cantos* de Pound, o *Finnegans Wake* de Joyce, o *Serafim Ponte Grande* de Oswald, para só citar alguns poucos exemplos dentre os mais conhecidos. Intervenções experimentais que, ao contrário, com todo o seu caráter inovador, ainda hoje evidente, vão se integrando ao corpus das grandes obras artísticas de todos os tempos. Seriam elas experiências transitórias, destinadas apenas à agitação espetacular e momentânea? É claro que não, embora assim pudesse ter parecido à sua época.

Entender a vanguarda como busca febricitante do novo pelo novo, como mera estética do provisório e do extravagante, é desentender totalmente a raiz de sua necessidade. O que fizeram as vanguardas das primeiras décadas foi criar os pressupostos da linguagem artística de nossa época, correspondendo à Revolução Industrial e antecipando a revolução tecnológica, no contexto da evolução científica e das transformações sociais do mundo moderno. E o que fizeram as novas vanguardas da segunda metade do século foi retomar e desenvolver essas propostas, que a catástrofe das duas grandes guerras e a intervenção opressora dos regimes totalitários de esquerda e de direita haviam interrompido e sufocado.

Penso, ao contrário, como Pound, na atuação dos "inventores" (que caracteriza a vanguarda) como uma inflexão permanente e duradoura da prática artística e um anseio natural da mente humana, em seu afã de expandir e aprofundar o conhecimento. E isso se registra tanto no presente como no passado. Basta mencionar aqui o caso do Barroco, que tem entre nós em Affonso Ávila e Haroldo de Campos dois notáveis estudiosos, e que pode exemplificar o procedimento da vanguarda no passado e no tempo, até em termos de assimilação, porque foram necessários pelo menos três séculos para que o Barroco deixasse a marginalidade de sua recepção para assumir um lugar significativo no acervo das especulações artísticas da humanidade.

O que é preciso é distinguir os aspectos contingentes da vanguarda, como tática de combate e propagação de ideias novas — e isso tem a ver com movimentos e manifestos, de fins polêmico-didáticos, arregimentações coletivas para redirecionalização de caminhos — e seus aspectos mais duradouros, que dizem respeito às novas obras, de teor não convencional, mas de cunho permanente, por ela produzidas. Como disse o maestro e musicólogo Nicholas Slonimsky, "uma monstruosidade modernista em vinte anos se torna uma curiosidade sofisticada e em mais vinte anos uma obra-prima da modernidade". Assim, só sua total assimilação fecha um ciclo vital de vanguarda, que morre, para ceder lugar a outras mutações e a outras manifestações inovadoras que realimentam a linguagem, ao mesmo tempo que se afirma em obras imperecíveis, que se incorporam ao patrimônio comum da humanidade.

Cabe então perguntar: estariam assimiladas as propostas da vanguarda ou das vanguardas do nosso tempo? Entendo que não, a não ser em aspectos tópicos ou localizados. A meu ver, no quadro da massificação cultural da informação, em que vivemos, não se pode, a rigor, falar em assimilação das vanguardas a não ser por grupos muito reduzidos de especialistas, que constituem os próprios guetos experimentais das artes. Embora alguns dos patriarcas do "alto modernismo" como Picasso, Joyce ou Stravinski tenham, de certa forma, se incorporado ao rol das "celebridades" do mundo contemporâneo, e embora estilhaços ou estilemas da modernidade se infiltrem em todas as áreas da comunicação, do jornal à TV, a verdade é que as obras de vanguarda não entraram na circulação sanguínea das linguagens da cultura dominante e só discreta ou episodicamente interrompem o curso do discurso linear e logocêntrico que predomina ao longo de todos os condutos de informação cultural. A arte de massa — da qual é expoente máximo a novela de televisão, que galvaniza milhares e milhões de espectadores — reproduz padrões folhetinescos do século XIX adaptados à sucata dos estereótipos do repertório teatral e cinevideográfico, sem ultrapassar, no fundo, a narração verista e mimética do realismo do século passado. O que quer dizer que a própria potencialidade subversora do "mosaico de imagens" das novas mídias, que sempre fascinou os artistas modernos, não é suficientemente explorada. E assim, a própria fórmula com que Slonimski equaciona a assimilação das obras inovadoras, correta sob uma perspectiva histórico-cultural de alto repertório, tem de ser relativizada, em função da realidade social e do contexto da cultura de massa. No início de nosso século, Schoenberg e Webern profetizaram que sua música — a música dodecafônica, a música serial — dentro de cinquenta anos seria cantada ou assobiada pelas pessoas na rua. Isso evidentemente não aconteceu, embora tanto Schoenberg como Webern, reabilitados pelas novas vanguardas dos anos 1950, tenham hoje até seus inéditos editados. E apesar de que um Cocteau otimista tivesse um dia julgado ouvir no assobio de um operário a melodia do solo do fagote de *Sagração da Primavera* (era, na verdade, a canção "La Vie en Rose"). O dia a dia da música ocidental, em que pese uma que outra transgressão, mais de barulho do que conceito, passeia no universo bem-comportado da tonalidade, sem tomar qualquer conhecimento das transformações porque passou a música ao longo do século: politonalismo, dodecafonismo, serialismo, microtonalismo.

Como falar, então, em morte da vanguarda, em esgotamento do que sequer foi assimilado?

Creio, portanto, que até mesmo pelo fato de não haver sido assimilada, senão em doses homeopáticas, a linguagem das vanguardas ainda não esgotou sua dinâmica de realimentação da linguagem. Nesse sentido, parece-me que as discussões em torno do chamado "pós-moderno" tendem a descambar, em especial entre nós, para uma tentativa artificial e condenável de matar precocemente a vanguarda, pôr a modernidade entre parênteses, para recolocar a prática artística no leito acomodatício de um frouxo ecletismo, pretensamente não radical. Atrás dessa (im)postura se esconde, entre outras, a fobia do tecnológico, marcado em particular, nesta última quadra do século, pela informática. Aí está, realmente, o cerne da questão do "pós-moderno", palavra-ônibus com que se procura tamponar o vazio desse momento de transição, que prefiro ver sob a perspectiva do ultramoderno.

Para mim, o fato novo para a produção artística, que emergiu mais claramente na década de 1980, reativando e potencializando as propostas da vanguarda, é precisamente a tecnologia. É esse fato novo, em meu entender, que qualifica e altera a discussão da vanguarda e do experimental, nesse fim e começo de século. O que quero dizer é que a revolução da informática, à medida que, a partir dos anos 1980, vem, cada vez mais, chegando ao consumo, possibilitando ao artista o acesso doméstico aos microcomputadores, aos processadores de textos e de imagens e às técnicas mais sofisticadas de impressão, vem situá-lo num novo contexto de compatibilidade com as novas linguagens. O que ocorre é a viabilização, num grau sem precedentes, das linguagens e procedimentos da modernidade — a montagem, a colagem, a interpenetração do verbal e do não verbal, a sonorização de textos e imagens — em suma, a multimidiação do processo artístico. A circunstância de que esses recursos possam também ser utilizados convencionalmente, ou de que se possa, por outro lado, criar obras inventivas e originais com procedimentos não informatizados, não desqualifica a importância das novas mídias, as quais tendem a se impor como extensores sensíveis que facilitam e multiplicam as habilidades individuais. Outro fator relevante é a maior autonomia que a informatização pode proporcionar aos artistas. À medida que estes possam ter sua própria miniestação computadorizada, ou que se associem a ilhas de produção e edição de outros artistas independentes para a realização de suas experiências, terão muito melhores condições para resistir à convencionalização dos meios de informação, cujos implementos técnicos até aqui lhes foram negados. E para insistir na descoberta de novas formas de o homem conhecer e se conhecer, livres quer dos constrangimentos da linguagem convencional, quer das máquinas de produção massificadas pela ideologia do lucro imediato.

É nesse horizonte que vejo o renascimento da perspectiva da vanguarda, senão como revolução, ao menos como inquietação permanente. (São 11 horas, 47' e 15".) A vanguarda morreu? (11 horas, 47' e 25".) Viva a vanguarda.

19. Arte e Tecnologia*

1

A revista canadense *The Structurist*, dirigida por Eli Bornstein, que é, com o norte-americano Charles Blederman, um dos líderes do estruturismo, movimento de artes visuais de linha neo-mondrianesca, acaba de publicar um número inteiramente dedicado às relações entre a arte e a tecnologia. O tema é essencial a qualquer exame mais profundo da cultura contemporânea e a revista apresenta estudos da maior atualidade sobre o assunto. Dentre eles, "Arte e Tecnologia", do próprio Bornstein, "A Transformação Técnica e o Artista", de Robin F. Neill, "O Artista e a Sociedade Tecnológica", de Jacques Ellul, "As Ideias Pioneiras de Walter Benjamin" (súmula do notável ensaio "A Obra de Arte na Época da sua Reprodutibilidade Técnica") e uma entrevista concedida a Bornstein por Marshall McLuhan. É tal a oportunidade

---

* Publicado originalmente no Suplemento Literário de *O Estado de S. Paulo*, 4, 11 e 18 de março de 1967.

e o interesse desses estudos, publicados numa revista de arte não distribuída entre nós, que vale a pena resumir alguns deles — os mais importantes — para o leitor brasileiro.

Eli Bernstein começa por indagar dos efeitos da tecnologia sobre a arte, lembrando que as relações entre ambas já se encontram, sintomaticamente, presentes na palavra "techne", usada pelos gregos com o significado de "arte". Depois dessa conexão original, numerosas aproximações e separações teriam ocorrido, num turbulento e contraditório *love affair* que teve seu primeiro grande rompimento durante a Renascença. Em nosso tempo, em plena era tecnológica, quando as contradições se aguçam, Bornstein assinala que se alternam com relação à tecnologia visões de pessimismo e otimismo, de condenação e adoração. Escritores como Ellul, Marcuse, Kahier, Barzum e outros advertem contra os perigos da interferência da máquina e expressam o temor de uma robotização do homem, ao passo que o canadense McLuhan e o norte-americano Buckminster Fuller apresentam os instrumentos dos modernos meios de comunicação como fascinantes extensões do sistema nervoso e sensorial do homem, oferecendo-lhe poder e energia jamais igualados. Embora conscientes dos riscos da tecnologia, suas agudas análises seriam essencialmente otimistas.

A seguir, Bornstein procede a um levantamento das posições e atitudes assumidas pelos artistas, desde o fim do século passado, quando pela primeira vez confrontados com a moderna tecnologia, sob o impacto da Revolução Industrial. Para ele, tudo o que aconteceu em arte desde o impressionismo e Cézanne possui um vínculo significativo com os problemas emergentes dos desenvolvimentos científicos e tecnológicos. Cita, de Flaubert, 1852, uma passagem profética:

Quanto mais a Arte se desenvolve, mais científica ela se torna, assim como a ciência se torna artística. Separadas em seus primeiros estágios, ambas se unificarão de novo quando alcancem seu ponto culminante. Ultrapassa a capacidade do pensamento de hoje antecipar em que fascinante luz intelectual florirão as obras do futuro. Por enquanto estamos num corredor sombrio, tateando na escuridão. [...] Talvez a beleza se torne uma qualidade inútil para a humanidade e a Arte passe a ser algo a meio caminho entre a álgebra e a música.

Movimentos como o cubismo, o construtivismo, De Stijl, Bauhaus, reelaborados e continuados recentemente pela op-art e pela arte cinética (no Brasil, no plano pictórico, pela arte concreta, aqui deflagrada na década de 1950), refletiriam, com certa uniformidade e coerência, uma consciencialização da rápida evolução da sociedade tecnológica, em termos positivos de incorporação e apropriação; essa consciência, no caso do futurismo e do suprematismo, assumiria uma coloração romântica; no Grupo De Stijl, teria como pressuposto a ideologia utópica de que a tecnologia libertaria o homem, e na Bauhaus buscaria uma unificação de dicções entre arte pura e arte aplicada, tomando conhecimento efetivo dos problemas levantados pelas novas forças da indústria, produção em massa e estandardização. De outra parte, numa posição também definida pela tecnologia, mas em termos de reação a ela, Bornstein situa o abstracionismo expressionista de Kandinsky, a posição antirrazão, antiarte, antiliteratura do movimento dadá e seu sucedâneo, o surrealismo, com recente reavivamento na pop art, que, por assim dizer, teria aparecido como que para terminar o trabalho iniciado cinquenta anos antes pelo dadaísmo, abalando profundamente os próprios fundamentos da arte. Com a pop art, as distinções tradicionais entre arte e não arte, museu e meio ambiente acabariam sendo definitivamente destruídas: os objetos triviais da cultura de massa invadem os museus sob a categoria de arte.

Fazendo uma simplificação que ele próprio reconhece ser exagerada, Bornstein observa que onde uma confessada hostilidade para com a tecnologia foi mais intensa houve, muitas vezes, ao mesmo tempo, um refúgio no mimetismo em relação à natureza, ou ainda a procura de uma dimensão mística, espiritual, subjetiva (isto é, Kandinsky, expressionismo, dadaísmo, surrealismo, action painting etc.); onde a simpatia e a identificação com a tecnologia e a máquina foram mais intensas, houve frequentemente uma antipatia em relação à natureza (isto é, futurismo, construtivismo, De Stijl etc.). Para Bornstein, a ideia de que a tecnologia e a natureza são antitéticas é um resquício do século XIX. Ela deixa de compreender que a tecnologia e tudo o que ela implica não passam de uma natural extensão dos sistemas muscular, sensorial e nervoso do homem. Sob essa perspectiva, a tecnologia é tão natural ao homem como o ninho para o pássaro ou a colmeia para a abelha, "tecnologias" da natureza. Somente através do permanente contato com as fontes primárias da natureza pode a criação contínua da arte reconciliar as potencialidades a um tempo criativas e destrutivas da tecnologia. Mas a alternativa que Bornstein nos oferece — o estruturismo —, espécie de semicultura pós-mondrianesca com elementos pré-fabricados, que não se distingue da produção da Arte geométrica contemporânea, em suas várias modalidades, não oferece propriamente nenhuma solução nova, além da boa vontade e da tentativa de conciliação com as formas e "tecnologias" da natureza, o que, de resto, também se insere dentro das perspectivas do desenho industrial e da arquitetura moderna.

Robin F. Neill, professor assistente de Economia na Universidade de Saskatchewan, Canadá, ressalta, em "A Transformação Técnica e o Artista", o impacto violento das invenções tecnológicas sobre o artista moderno. O advento do telégrafo, por exemplo — diz ele —, pulverizou a estrutura mental em que os diversos valores da sociedade estavam orientados. Com o telégrafo, as notícias passaram a ser transmitidas para a imprensa tão rapidamente que não havia tempo para pô-las num sistema linear de prioridades. O jornal passou a ser "um mosaico de telegramas" e com isso um novo e inusual sistema de referências foi estabelecido. Com o surgimento do rádio, o mundo entrou na fase da conversação transcontinental. Do ponto de vista econômico, a América do Norte converteu-se num vasto bazar radiofônico em que os anunciantes tentaram constantemente se assenhorear das preferências do mercado estabelecido.

As contínuas mutações técnicas implicam um permanente reajustamento à rápida aparição de novos elementos. As perturbações provêm da repentina e imprevisível aparição de novas formas de valor; e, em parte, derivam da relutância com que a sociedade se desfaz das formas obsolescentes. Assim, o artista é posto numa armadilha cultural em que é forçado a vender um produto semiacabado num mercado semipreparado. O fracasso do artista leva-o a tentar dois extremos, "*l'art engagé*", total participação, a tentativa de deixar a arte a serviço de forças que, presumivelmente, destruiriam as incongruências da cultura antiartística provocada pela transformação técnica; e "*art dégagé*", total alienação do mundo: confrontado com as confusões e o sofrimento externo de um estado geral de "anomia", o artista se torna subjetivo, exprimindo seu isolamento nos tortuosos julgamentos de valor de alguém que se sente rejeitado.

O problema dos valores em arte torna-se ainda mais complexo devido ao efeito direto da transformação técnica na estrutura do mercado em que o artista deve ganhar a vida. A necessidade do anúncio comercial de todos os produtos leva o artista à "*business enterprise*" (uma forma alternativa de "arte engajada"); a desorganização das preferências do mercado põe o artista na contingência de ter que fazer a publicidade de sua própria obra. Em outras palavras, o artista tem que criar as preferências com base nas quais sua obra será capaz de ganhar-lhe reconhecimento comercial e, portanto, a própria vida. Para Robin F. Neill, toda arte é comercial, mas, enquanto a "arte engajada" aceita os valores de outros empresários, a verdadeira arte é dinamicamente comercial segundo seus próprios postulados e é nesse sentido que preenche sua função social.

Uma vez que o artista-empresário se disponha a ganhar a vida numa economia dinamicamente competitiva, ele se defronta imediatamente com a perspectiva da insegurança financeira. Surge então a figura do marchand, cuja função é a de segurar o artista contra os caprichos do gosto, aumentando o mercado consumidor e manobrando a obra dos artistas, de modo a preservar-se o monopólio dos lucros dos artistas-sucesso e a garantir um mínimo de paga aos menos bem-sucedidos. Surge, daí, a possibilidade da exploração do artista e a de sua prostituição, gerando-se os inevitáveis conflitos entre o artista e o negociante de obras artísticas.

O artista — afirma Neill — é o investidor-empresário à espera de uma recompensa distante segundo quaisquer standards.

Novas instituições de mercado precisariam ser descobertas para reduzir as tensões de incerteza e criar as imediatas recompensas do trabalho artístico. Uma solução poderia ser encontrada, talvez, através da intervenção dos poderes públicos. De uma coisa, porém, parece estar certo Robin F. Neill: num mundo caracterizado pela "anomia" sob a forma de um colapso psíquico individual e pelo colapso social da guerra, sob a forma das divisões nacionais e da guerra internacional, o problema da arte é merecedor de muito maior atenção do que tem recebido até agora. Apenas através de uma arte adequada pode a tensão psíquica da rápida transformação ser dissipada e o problema da alienação ser resolvido, e somente então uma aproximação racional dos problemas sociais se tornará possível. Para ele, o problema da arte, no século xx, é o problema da sociedade.

2

Tratando de situar a posição do artista na sociedade tecnológica, Jacques Ellul — professor de História e Sociologia Contemporâneas na Universidade de Bordéus — considera, de início, que o artista pode ser descrito como desfrutando de uma liberdade infinitamente maior quando sabe utilizar-se dos métodos da moderna tecnologia. Devido, precisamente, aos meios propiciados pela tecnologia, pode o artista inventar livremente, sem temor de que não seja possível realizar seus projetos. Assim, a máquina liberta o escultor e o arquiteto de tudo o que parecia impossível e a tecnologia põe novos materiais à sua disposição. Há, em consequência, uma dupla transformação. Primeiro, o artista deriva da tecnologia uma concepção ativa do material: este passa a ser, ele próprio, um elemento da arte. A segunda transformação consiste em que, no mundo tecnológico, o artista pode criar seu próprio material. Ao mesmo tempo, a tecnologia traz-lhe uma outra abertura de possibilidades: o artista descobre um universo em movimento. O artista é, portanto, impelido para um mundo que ele agora vê somente como movimento e no qual deve participar integrando a mobilidade em sua obra.

A tecnologia revoluciona o universo de nossos sentidos e, como decorrência, o universo de nossas mentes. Não podemos mais retornar a valores pertencentes ao passado nem a qualquer modo de ver ou de julgar as coisas por critérios tradicionais. A destruição das tradições em todas as esferas, como um resultado do impacto da tecnologia, significa que novas formas e uma nova estética têm de ser inventadas.

Tanto os aspectos da transformação como o da liberdade concedida ao artista pela tecnologia levam-no a uma intensa consciência de si mesmo. Ele não está mais vinculado ao objeto, nem à tradição estética, nem ao "modo de ver as coisas" de seus antepassados, assim como não está submetido ao material ou a uma tecnologia artística fixa. Ele deve realmente inventar. Em outras palavras, deve realmente ser um poeta, na plena acepção da palavra.

Tudo isso — afirma Jacques Ellul — nos conduz ao problema da liberdade do artista de hoje. Trata-se de uma liberdade que ele não pode evitar e que o insere numa difícil situação. Pois o artista nunca anteriormente foi posto diante de tal problema, nesses termos. Não estando mais preso a um contexto tradicional, o artista pode fazer o que deseja, mas ele não pode fugir à angústia de uma ausência de continuidade. Ele é obrigado a começar de novo a partir de zero hora, porque tudo foi posto em questão sob o impacto da tecnologia. Não é mero acaso que os primitivos hajam sido trazidos à tona ou o valor de formas mais antigas redescoberto. O artista, hoje, é forçado a encontrar um novo início, pois estamos, de fato, na situação do homem primitivo que se encontrou a braços com um fenômeno que é igualmente universal, mas que substituiu a natureza: a civilização tecnológica, à qual ainda não estamos habituados.

Mas Ellul chama a atenção para um outro problema que surge para o artista, e que parece contrapor-se aos aspectos positivos da liberdade trazida pela tecnologia. É que por força das possibilidades tecnológicas o artista se vê diante do conhecimento esmagador de tudo o que foi criado previamente no mundo. Através da reprodução fotográfica (agora começando a ser substituída por processos ainda mais avançados), o artista é posto em contato com as obras do passado e também com as das civilizações não ocidentais. É o "museu imaginário" de que fala Malraux. Agora, o artista vive num mundo em que tudo parece já ter sido inventado e expresso. Toda essa massa de obras de todos os tempos e de todas as espécies gradualmente fecha todos os caminhos ao artista, a menos que este rejeite tudo o que tenha sido feito.

Até o século XVIII o artista conhecia muito pouco e, assim, achava possível exprimir o que ele pensava e sentia de um modo direto. Mas hoje a sociedade tecnológica nos familiariza com a novidade recorrente e exige uma inventividade que seja sempre surpreendente e original. O público se torna rapidamente fatigado e Picasso ou Le Corbusier já parecem meros precursores. O artista deve criar novas coisas no meio de um museu apinhado onde tudo já foi feito.

Desligado de suas tradições e sobrecarregado por um mundo estético que é demasiado rico, o artista — devido à tecnologia — encontra-se no pior tipo de situação para fazer uso adequado daquela liberdade que a tecnologia lhe proporciona. O primeiro passo a tentar deve ser, inevitavelmente, de natureza intelectual. Para sair dessa difícil posição, o artista precisa começar a articular uma teoria do que deve ou pode ser feito. A reflexão sobre o que a obra de arte deve ser toma diversas formas e leva a obras que explodem em todas as direções, todas as quais apresentam em comum a dupla característica de não serem imediatamente acessíveis às massas e de se desgastarem com rapidez. A única solução para o artista, nessas condições, é criar uma doutrina com o único fim de encontrar uma solução. Tal doutrina, porém, só pode dar nascimento a um número limitado de obras, todas elas com um caráter extremamente intelectual e com a característica de perderem rapidamente seu valor e se tornarem superadas. O artista deve continuar a pensar, a inventar artificialmente um caminho estético a seguir e a superar a teoria precedente. Dessa forma, produz-se uma arte que é radicalmente isolada das massas por ser puramente intelectual. O artista se converte mais e mais num tecnologista da arte, num especialista atuando por motivações sérias de um tipo tecnológico de eficiência e, como qualquer tecnologista cuja obra é desconhecida do não especialista, completamente à margem do alcance do público.

Mas há ainda uma distinção a fazer entre o que é produzido pelo artista e o que é produzido pelo tecnologista, no sentido comum da palavra. Geralmente, um produto da tecnologia tem sempre um propósito prático, que à primeira vista pode não ser claro, mas que se torna evidente depois de uma pequena explicação ou de seu uso. Ao contrário, o produto estético não tem um propósito definido, e o homem comum que o usa procura em vão um valor ou um significado num objeto que permanece estranho para ele e inteiramente inacessível. A arte se torna o negócio de um pequeno círculo fechado de homens que se aprofundam em conceitos e tecnologias especializados. Chegamos, então, a uma arte de crescente excelência, que é cada vez mais remota, infuncional e autossuficiente. Isso nos leva ao último degrau do processo. Se o artista quiser reconquistar seu público, ele deve "integrar-se no seu tempo". Mas isso — adverte Ellul — o fará ser apanhado pelas duas mandíbulas de um vício criado por nossa sociedade tecnológica — de um lado, o "utilitário", de outro, o "supérfluo".

Na sociedade tecnológica — prossegue o sociólogo francês — as únicas atividades sérias e importantes são aquelas que produzem resultados tendentes ao "progresso", medido em dinheiro, em poder ou em conforto. Tudo o que não contribui para esse progresso é considerado "superficial", se não for útil ou eficiente. Desde o século XIX a arte foi posta nessa categoria. A arte é para o burguês e para o tecnologista algo "superficial", o signo do luxo ou do lazer. De um lado estão as "atividades importantes", aquelas em que se pode seguir uma carreira e para as quais vale a pena devotar esforços, e de outro lado há as atividades dos *entertainers* — os produtores de entretenimento —, os escultores, pintores, músicos etc. A arte só é valorizada como um signo de sucesso social. O milionário compra pinturas, tem uma casa construída por um famoso arquiteto: isso contribui para o seu "prestígio social". A arte só é considerada válida como distração. As pessoas vão ao teatro ou ao concerto para aliviar-se das tensões provocadas pelas "coisas sérias" que as fatigaram. Isso exprime a separação total entre a vida imediata e ativa, que cria os valores e as formas de uma sociedade dominada pelos princípios da eficiência provenientes da tecnologia, e a criação artística, que não pertence a esse mundo e que adiciona prazer e sonhos à realidade. A arte passa a enquadrar-se, simplesmente, no mundo do espetáculo e as massas permanecem afastadas da criação. Permanecem passivas e assistem de fora, recebendo uma mensagem que não tem um significado "sério". Permanecem de fora, porque não têm participação em sua criação. Esta é algo que pertence ao especialista, pois a tecnologia automaticamente levou o artista a se tornar, ele próprio, um tecnologista. Assim, ao mesmo tempo que concede ao artista o máximo de liberdade, induzindo-o a refinar permanentemente seu projeto original, a sociedade tecnológica, envolvendo as massas, limita o homem comum a atividades puramente tecnológicas, negando o impulso criativo vital em direção a novas formas e valores. Pesquisas no sentido de propiciar uma participação ativa ao espectador, ainda que fascinantes, como a da "arte permutacional" defendida por A. Moles, a qual procuraria utilizar-se dos recursos da tecnologia para criar objetos a um tempo tecnológicos e originais, não deixariam — ao ver de Ellul — de constituir algo de não funcional ligado à tecnologia.

Toda essa situação põe o artista no falso dilema de, para fugir ao papel de *entertainer*, ter de penetrar no próprio mundo da tecnologia sobre a arte, implicando a integração do artista na sociedade tecnológica e a aceitação por ele do lugar e função que lhe são designados por essa sociedade, a pretexto da maior liberdade que se lhe concede.

A análise implacável que faz Jacques Ellul dos dilemas e contradições do artista moderno em confronto com a tecnologia não fornece aparentemente nenhuma chave para a sua solução. Uma visão mais otimista poderia admitir que o desenvolvimento da tecnologia, reduzindo as atividades "utilitárias" e multiplicando os "museus imaginários" do conhecimento através dos meios de comunicação de massa, será capaz de levar o homem a ocupar-se com interesse mais "sério" e mais "técnico" das atividades ditas "supérfluas" — dentre as quais a arte é a mais importante — e contribuir para a redução do atual abismo existente entre o artista-tecnológico e o público não especializado. Mas Ellul não parece deixar outra alternativa ao artista de hoje: render-se à sociedade tecnológica ou circular no "beco sem saída" em que esta o lançou.

3

Em entrevista que concedeu a Eli Bornstein para a revista canadense *The Structurist*, o discutido crítico Marshall McLuhan — autor de *Os Meios de Comunicação como Extensões do Homem*, *A Galáxia de Gutenberg* e *The Mechanical Bride* —, pronunciando-se sobre os problemas da arte e da tecnologia, afirma que o papel consciente das artes em nosso tempo é explorar e criar a consciência do novo contexto criado pelas novas tecnologias.

Numa sociedade primitiva — diz McLuhan —, numa sociedade não mecânica, não alfabética, não tecnológica, a função do artista é diferente: ele relaciona a sociedade com os poderes cósmicos. O artista é religioso. Mas em nosso tempo, no tempo do "museu imaginário" de Malraux, o artista assumiu o papel de revelar ao homem a espécie de mundo que ele fez para si mesmo tecnologicamente. O meio de comunicação, como, por exemplo, o alfabeto, cria um novo contexto, uma nova extensão da vida sensorial e é um reformulador de todas as sensibilidades. O meio é a mensagem.

Segundo McLuhan, os novos contextos são sempre "invisíveis" à primeira vista. Cabe ao artista revelar o que seria de outro modo invisível, estabelecendo novas formas de percepção. Paralelamente à invisibilidade dos novos contextos, verifica-se uma intensa obsessão com os contextos mais antigos. E isso ocorre no próprio campo artístico. Assim, quando o circuito elétrico entrou em cena, nos fins do século XIX, ele superou o mundo da máquina e transformou a maquinaria numa forma de arte. Surgem então os futuristas, os russos com o construtivismo e sua consciência da máquina como forma artística. Com o advento do circuito elétrico, a máquina se tornou repentinamente obsolescente, mesmo antes de ter alcançado o máximo de seu desenvolvimento. O circuito permanece ainda invisível e todo mundo se torna mais e mais obcecado pela máquina justamente quando ela está prestes a sair de cena. O circuito elétrico cria um campo simultâneo que é totalmente envolvente e totalmente invisível no que tange à sua operação psíquica. Ele cria aquilo que se tornou conhecido como o "happening": um mundo em que tudo ocorre ao mesmo tempo, em que não há sequência *ou* sucessão de eventos.

Como o artista deve responder a um mundo elétrico em que tudo ocorre simultaneamente? Em primeiro lugar, o artista deve tornar patente a existência desse mundo e não se deixar perder pelo interesse na velha maquinaria da era industrial precedente. Além disso, o artista deve responder evidenciando que esse contexto simultâneo se tornou, ele próprio, uma obra de arte. Pela primeira vez na história da humanidade temos o poder, a energia e a capacidade para programar todo o contexto humano como uma obra de arte. O artista começou a entrar nesse empreendimento com toda uma variedade de "loucuras" e espetáculos humorísticos — alguns dos quais meros espetáculos de pop art. Se tomarmos um fragmento do contexto e o pusermos dentro de uma galeria de arte, esse é um modo de enunciar que, daqui para diante, o próprio contexto é uma obra de arte — o movimento da pop art tem talvez o mérito de haver demonstrado isso. Os satélites e a informação elétrica, girando em torno do planeta, estão transformando o hábitat humano, ele mesmo, numa forma de arte, numa velha espécie de "acampamento". O próprio planeta é uma forma de arte.

Para McLuhan, o artista nos últimos séculos tem concentrado seus poderes na tentativa de percepção dos contextos ocultos trazidos pelas novas tecnologias, numa sucessão rapidíssima. Reportando-se a *Almoço Nu*, de Burroughs, assevera McLuhan que os novos contextos são literalmente "canibalísticos": eles desnudam e comem o homem vivo (o que nos recorda a doutrina fantasticamente atual da "antropofagia" de Oswald de Andrade, a maior e mais caluniada figura do modernismo brasileiro). Só o artista é capaz de advertir-nos desses poderes e ensinar-nos a nos resguardar contra eles. O artista é uma espécie de "apanhador no campo de centeio", um homem que está sempre treinando sua percepção no contexto invisível não percebido. Sua meta agora passa a ser muito mais ampla: não se trata apenas de dar forma a um artefato, mas de programar todo o contexto humano. A arte deve ser vista, então, como uma tentativa de estender a consciência. A tarefa da arte, agora, é estender a consciência para dentro do contexto, criar um contexto, que seja, ele próprio, totalmente consciente. Essa é a empresa mais excitante que os artistas jamais experimentaram. No passado, desde a Renascença, pelo menos, a arte era uma destilação de essências, um depósito de momentos e percepções privilegiados, reservado para o uso de um grupo seleto. Essa espécie de arte — assegura McLuhan —, embora preciosa sob muitos aspectos (inclusive preciosa no mau sentido), simplesmente acabou. Agora, no "museu sem muros" de Malraux, é o mundo exterior que está se tornando uma obra de arte, e a arte não será apenas uma coisa que só se pode encontrar no interior de galerias ou museus. É possível começar a formular nosso contexto terrestre e celeste, ele próprio, como um artefato. É possível programar os sentidos humanos de forma que o homem possa suportar "a investida canibalística das novas tecnologias".

Muito poucas pessoas, segundo McLuhan, estão preparadas para aceitar a pintura, a poesia e a música modernas como sondas, como instrumentos a serem utilizados pelo investigador da era, como um meio de participação ativa na feitura de sua própria época. Muitas pessoas ainda gostam de seu invólucro e se apegam ao papel de consumidor. Mas a nova forma de arte simplesmente requer que o público seja produtor e não consumidor! Isso demanda uma grande dose de energia e de empreendimento da parte do espectador.

Contrariamente aos que veem a publicidade sob um ângulo exclusivamente negativo, como "um meio destrutivo da propaganda de massa e da lavagem cerebral que resulta na conformidade e na homogeneização da cultura", McLuhan apresenta uma visão também positiva a seu respeito. "Por que não olhar os anúncios meramente como formas de arte? Os construtivistas nos ensinaram a olhar para as máquinas como formas de arte." Desde o surgimento da TV os velhos filmes de cinema mudo se tornaram formas artísticas. Basta pôr um contexto de TV em torno do contexto dos velhos filmes e ei-los convertidos em formas artísticas. Se se olhar os anúncios como formas artísticas, deve-se aceitá-los como meios de prova do contexto. E eles podem ser meios de prova muito eficazes. Os anúncios estão evoluindo rapidamente de produto a pura informação. De forma crescente, as pessoas leem anúncios não para comprar produtos, mas para desfrutar os próprios anúncios. A própria arte está caminhando cada vez mais para o mundo da pura informação. A arte se transforma numa pura informação programada.

Para o autor de *Os Meios de Comunicação como Extensões do Homem*, tem havido muito pouca análise e compreensão do sentido da publicidade em nosso tempo. A propaganda — afirma ele, louvando-se em Jacques Ellul — é todo o modo de viver de uma sociedade. Naturalmente, as pessoas de todas as culturas sofrem uma lavagem cerebral por parte dessas culturas, mas a propaganda termina quando o diálogo começa. Isto é, enquanto alguém não esteja preparado para defrontar-se com toda a sua cultura em diálogo ou discurso autoconsciente, ele não poderá operar a "deslavagem" de seu cérebro.

Embora tenhamos atribuído a lavagem cerebral a áreas longínquas do universo, nunca pensamos em aplicar esse conceito às nossas próprias atividades culturais. No entanto, já nossa língua materna opera em nós uma lavagem cerebral, porque ela molda nossa vida sensorial e nossos meios de percepção. Pode-se dizer que todos os conceitos são lavadores de cérebro e irresistíveis até que confrontados pelo diálogo. E, ao ver de McLuhan, só o artista é capaz de prover os termos do contradiálogo necessário para contrabalançar os efeitos psíquicos dos contextos. Somente o artista pode manter consciência e criar consciência em meio à sociedade tecnológica.

A tecnologia elétrica deverá ser olhada não como um intruso do espaço exterior, mas como nosso próprio sistema nervoso, magnificamente simulado e estendido, para além de nós, até o espaço. Em outras palavras, o mundo da tecnologia, não importa em que camada, não passa de um alargamento perfeitamente legítimo dos poderes físicos humanos. Portanto, todas as tecnologias são completamente humanistas no sentido de pertencerem completamente ao organismo humano. E assim o artista deve dedicar-se na atualidade a tarefas que são tão fantasticamente diferentes como as tecnologias que as criaram.

Buckminster Fuller assinalou que a cápsula espacial foi o primeiro contexto feito pelo homem com a característica de ser completamente planejado — observa McLuhan —, pois na cápsula espacial o homem precisa levar o planeta consigo. Houve mais mutações tecnológicas e mais novos contextos tecnológicos criados desde 1900 do que em todas as prévias eras da humanidade e em toda a pré-história. Sob essas condições, a função da arte não é desenvolver resíduos e incrustações de tipo fóssil, mas mover-se rapidamente, à maneira de guerrilhas, em novas esferas de ação e enfrentar conjuntamente novas espécies de contextos, criar novos tipos de cápsulas de tempo e de espaço em que o homem possa sobreviver a despeito de suas próprias fantásticas invenções.

20. Do Concreto ao Digital*

Quando lanço um olhar sobre meio século de atividade poética e tento compreender as razões que levaram os experimentalistas da poesia concreta e visual a empreender, no início da segunda metade do século XX, um movimento para reanimar o quadro poético de então, não posso deixar de considerar as transformações por que passou o universo da linguagem e da comunicação nesse período da humanidade. Transformações que se intensificaram especialmente nas últimas décadas, culminando com a revolução tecnológica operada pela digitalização dos veículos de informação. É a essa reflexão que neste momento me volto. Não se trata, aqui, de um retrospecto mas de uma prospecção ou retroprospecção, que sintetiza o percurso, num largo feedback interpretativo, para projetar-se no contexto da atualidade.

Duas grandes guerras, a de 1914 e a de 1939, e dois extremados regimes totalitários, o nazista e o stalinista, haviam margina-

* Inédito, escrito em 2003.

lizado as intervenções das vanguardas históricas — o futurismo, o dadá e suas variantes —, condenadas como "arte degenerada" ou "arte decadente" e alijadas do *mainstream* artístico-literário, que um surrealismo mitigado adornava, aqui e ali, com as graças de uma pasteurização *"avida dollars"* sem questionar a fundo a estrutura da linguagem. Esse era o quadro com que se deparava a poesia dos anos 1950. Era preciso recuperar o fio da meada, buscá-lo a todo custo no emaranhado confuso da desinformação, das diluições e do neoconservadorismo dos primeiros tempos do pós-guerra. Isso foi percebido em todas as dimensões da especulação artística. Na música, deu-se a recuperação da obra da Segunda Escola de Viena (Schoenberg, Berg, e sobretudo Webern) e também, do outro lado do mundo, a descoberta do experimentalismo pioneiro de Ives, Varèse, Cowell. Daí a intervenção dos jovens compositores de então — Boulez, Stockhausen, Nono e Cage entre outros — para reconstruir os critérios estruturais da linguagem musical, a partir do fundamental questionamento do tonalismo, e se abrir, sob o impulso da música concreta e eletrônica, ao questionamento do próprio material sonoro, em todos os seus parâmetros, incluída a microscopagem espectral, até a discussão da própria natureza do ato de compor, com a incorporação do acaso e da indeterminação. Nas artes visuais, deu-se simetricamente a recuperação dos radicais da não representatividade, a partir do minimalismo de Mondrian e Maliévitch, para chegar ao gesto básico antiartístico de Duchamp, e reconstruir o caminho, sob o pêndulo dialético futurismo-dadá, para além das idiossincrasias do gênio picassiano, já assimiladas e diluídas pelo neofigurativismo prevalente.

Não foi diverso na poesia. No emaranhado das linhas ofuscadas pela defenestração dos "poetas da margem" foi se encontrar — e essa foi uma contribuição tanto do suíço-boliviano Eugen Gomringer como dos poetas concretos do Brasil —, antes mesmo da recuperação das batalhas futurista e dadaísta, num poeta do fim do século XIX, Stéphane Mallarmé, e num poema tido então pela própria crítica francesa como um fracasso monumental, "Un Coup de Dés", a base da revolução da linguagem em que se envolveriam as primeiras vanguardas do século XX e poetas tão diferentes como Apollinaire, com seus "caligramas", Maiakóvski, com seus "poemas-escada", ou Stramm, com seus "poemas-estalactite". A primeira versão de "Un Coup de Dés", poema espaçotemporal, que se investe de multidisciplinaridade, projetando a poesia gráfica e sonoramente, como tela plástica e partitural, fora publicada em 1897. Mas a edição definitiva, da NRF, mais próxima do projeto mallarmaico, só viria à luz em 1914, para ser reeditada apenas em 1952, quando se iniciava a segunda metade do século XX. Foi nessa escassez de divulgação, agravada pelo descrédito da crítica, que foi preciso buscar o ponto de partida hoje reconhecido como o marco indelével, o divisor de águas para a constituição das novas linguagens poéticas. Ao *opus* mallarmaico, já bafejadas pelas primeiras revoluções vanguardistas, vieram somar-se as obras de poetas como Pound (o método ideogrâmico e as grandes colagens e mosaicos dos *Cantos*, um "dilúvio de haicais" na expressão de Montale), Joyce (o caleidoscópio vocabular do *Finnegans Wake*) e Cummings (a atomização lexical de seus textos), para citar algumas das mais significativas, todas elas alijadas do *mainstream* à época em que foram sendo trazidas à colação pelas novas gerações da década de 1950. Outros nomes e outras obras poderiam, evidentemente, ser postos em perspectiva, sob o ângulo da transformação da linguagem poética que se tinha em vista, mas os acima citados oferecem uma equação básica, capaz de balizar suficientemente o caminho, criar um "paideuma", transcendendo os casuísmos, a fim de identificar o que "*the age demanded*" para sintonizar a poesia com seu tempo.

A retomada da linha mallarmaica era uma estratégia que parecia fazer sentido nessa equação artística, quando se considera que tanto no futurismo quanto no dadaísmo predominara a disrupção desconstrutivista, ao passo que o que urgia agora era uma disrupção construtivista, que, mesmo se beneficiando dialeticamente das demolições impostas pelas primeiras vanguardas no corpo do sistema, visava uma reconstrução operacional revolucionária. Almejava-se, num primeiro momento, estruturar uma linguagem congruente com os novos meios de comunicação, àquela altura balizados pelo cinema e pelos primórdios da TV, pré-cor e pré-vídeo, e instituir uma sintaxe espaçotemporal, um parolibrismo não palavroso mas funcional, onde a materialidade da palavra tivesse a primazia e onde o texto se libertasse graficamente, acoroçoando um polidirecionamento de leituras, mas no qual cada palavra fosse justificada tanto em sua escolha como em sua posição e relevo na página do papel ou em outro suporte alternativo. Como é evidente, essa congruência, essa funcionalidade e essa infungibilidade da palavra poética encontravam um paradigma exemplar na obra de Mallarmé. *"Sans Présumer du Futur qui Sortira d'ici Rien ou Presque un Art."*

Na experiência brasileira, já se faziam visíveis as marcas daquela equação — de "O Jogral e a Prostituta Negra" (1949) de Décio Pignatari, com a endoscopia de suas verbomontagens, e "Orfeu e o Discípulo" de Haroldo de Campos (1952), releitura do *coup* mallarmaico, aos ideogramas líricos do meu *Poetamenos* (1953), onde Webern e Mondrian se cruzam na cor e no som das palavras. Em breve, os produtos da poesia concreta brasileira confluiriam para uma concentração e uma concisão ascéticas, que fraternizava com os modelos gomringerianos, embora a diversa inquietude latino-americana, de teor barroquizante, a levasse, logo mais, a se abrir em leque para outros desdobramentos. Desmontava-se a sintaxe, acentuava-se a materialidade da palavra, projetada num horizonte definidamente "verbivocovisual" (na expressão de Joyce), onde o visual e o sonoro tinham tanta importância quanto o nível semântico, já que a experiência da poesia concreta não abria mão dos significados, diferentemente do transmentalismo russo, o "zaum" de Khrutchônikh e Iliazd, assim como de seu posterior desenvolvimento nas poéticas letristas e sonoristas. Distinguia-se ela, por isso mesmo, também da linguagem não referencial posta em prática por Gertrude Stein em seus *Tender Buttons*. Dela preferíamos — possivelmente por entendê-lo mais compatível com a ótica da "*precise definition*" de Pound — o lema minimalista "*rose is a rose is a rose is a rose*", que antes ressaltava pela redundância radical a concretude da palavra e de seu significado.

Ainda nos anos 1950, a poesia em movimento deu seus primeiros passos em cinepoemas como "LIFE" e "Organismo", de Pignatari. Os passos seguintes da poesia concreta brasileira, já nos anos 1960, seriam a incorporação do acaso (patente nos poemas "acaso" e "cidade", de minha autoria), o intercâmbio do verbal e do não verbal e a iconicidade gráfica, que na experiência brasileira chegou a radicalizar-se com a poesia sem palavras, semiótica e "popcreta". Da ortodoxia gráfica bauhausiana dos primeiros tempos passou-se à aventura da tipografia icônica, que a tecnologia dos anos 1960 e 1970 municiou com o design dos caracteres instantâneos, os *letraset*, e dos fototipos. Sob o influxo da revolução tecnológica, os novos experimentos convergiram para a valorização da interdisciplinaridade, que conduziria as poéticas visuais e sonoras, já nos anos 1980 e 1990, às mais diversas explorações intermidiáticas com apelo ao neon, à holografia, ao laser e ao vídeo e a levariam finalmente ao universo digital, estendendo-se às manifestações multimidiáticas.

Nesse universo, a poesia concreta ou, adotando uma fórmula mais generalizante, as poéticas "verbivocovisuais", vieram encontrar um espaço, a meu ver, congenial de desenvolvimento e expansão. Em minha experiência pessoal tive, em 1984, uma primeira e breve incursão no mundo digital ao participar da elaboração do "clip-poema" PULSAR, construído com recursos computacionais e, a seguir, animado e sonorizado em transposição para vídeo e TV. Mas só vim a ter meu computador pessoal em 1991. Era a concretização daquilo com que eu sonhava quando, em 1953, no prefácio à série colorida do *Poetamenos*, eu proclamava aspirar, com os olhos da tecnologia da época: "Mas luminosos, ou filmletras, quem os tivera!". Finalmente, quase quatro décadas depois, eu tinha agora ao alcance de meus dedos os meios para a produção e execução definitiva dos projetos que acalentara durante tanto tempo. É nesse contexto que se situam os clip-poemas que venho criando a partir dos anos 1990. Trata-se de poemas animados, produzidos em meu estúdio doméstico com programas como o Macromedia Director e o Flash, vários deles dotados de interatividade, e quase todos sonorizados e musicalizados por Cid Campos, tudo isso documentado por vídeos, DVDs, CDs e CD-ROMs em parte já difundidos pela internet. Como extensão de tal produção, surgiram as performances "verbivocovisuais" de oralização poética sincronizada à música e à sonorização ambiental e à projeção de vídeos, animações digitais e slides. Parece-me evidente que a informática e os vários softwares que foram sendo aperfeiçoados nos últimos anos fornecem ao poeta um instrumental enorme para implementar as propostas das poéticas das vanguardas, que se repotencializam, augurando uma ultramodernidade antes que uma pós-modernidade. Sob o signo da montagem e da colagem ("*copy and paste*"), programas de texto, com uma infinidade de gamas tipográficas, programas de desenho bi e tridimensional e de elaboração fotográfica, programas de animação visual e de produção sonora, que abrem ainda as portas à interatividade e ao acaso, desenham um horizonte de grande amplitude para a criação poética. Como nunca antes, o poeta hoje, em seu estúdio doméstico, tem condições de criar um poema onde as palavras se materializam integralmente: podem se expandir e se movimentar em cores e texturas diversas, interagir com imagens e ainda associar-se a vozes e sons, na produção de animações, que terão vida dentro ou fora do âmbito digital. E tem ainda condições de produzir, com total liberdade, seus próprios produtos, dentro e fora do livro. Além disso, a internet abre um novo espaço de comunicação individual, possibilitando a criação de uma contrarrede artística nas artérias e fissuras do sistema. Uma espécie de comunicação *inter-ghettos* onde as poéticas visuais encontram instâncias naturais de interlocução. Ao contrário das grandes massas discursivas de texto, que se revelam pouco legíveis no âmbito da internet, são as poéticas visuais que dispõem da linguagem mais adequada para os cibercéus do futuro. Em 1996, Kenneth Goldsmith, poeta e web designer norte-americano, criou um dos melhores sites de poesia experimental da rede, o já famoso <www.ubu.com>, que ele vê, no estudo "From (Command) Line to (Iconic) Constellation", como "a Noigandrian verbivocovisual space" (aludindo obviamente a Noigandres, nome da revista poética e do grupo experimental fundados pelos concretos brasileiros em 1952). Nesse mesmo estudo, em que discute a questão da sobrevivência das práticas da poesia concreta e visual, ele afirma que "o futuro do gênero está na rede eletrônica" depois de constatar: *"For many years, concrete poetry has been in limbo: it's been a displaced genre in search of a new medium. And now it's found one".* Por muitos anos a poesia concreta tem estado no limbo, tem sido um gênero deslocado à procura de um novo veículo.

O movimento de poesia concreta, da linha à constelação, prevê o movimento paralelo na computação, da linha de comando de interface às interfaces gráficas. A primeira vez que vi uma interface gráfica em janeiro de 1995, fiquei particularmente impressionado com um elemento: o *gif* entrelaçado. Enquanto as linhas alternantes se completavam diante de meus olhos, todo um médio mudava da linha à constelação. Lembrei-me da definição do grupo Noigandres de poesia concreta: "[a] tensão de palavras-coisa no tempo-espaço". Quando olhamos para o início dos manifestos da poesia concreta, não deixamos de reconhecer esse ambiente da web.

Uma das justificativas dos caminhos tomados pela poética ocidental a partir de Mallarmé e das primeiras vanguardas, retomadas pela poesia concreta e pelas poéticas visuais da segunda metade do século passado, está nesse *aggiornamento* da linguagem imaginativa, por ela proposto, para adaptar-se às grandes transformações tecnológicas de nossa época, que se aceleraram nos últimos tempos e continuam a transcorrer em ritmo vertiginoso, afetando profundamente a comunicação. Visto com os olhos da linguagem computacional, o "lance de dados" mallarmaico pode bem ser considerado como um hipertexto, onde as "subdivisões prismáticas da ideia", as frases adjacentes que intercorrem, ramificadas a partir do tronco principal da frase-base "UN COUP DE DÉS JAMAIS N'ABOLIRA LE HASARD", se comportam como links e incitam a interatividade. Os poetas, dizia Ezra Pound, são as antenas da raça, "*the antennae of the race*". Não há como recusar a constatação da pré-sintonia dos movimentos poéticos que, a partir de Mallarmé, se engajaram na pesquisa das novas estruturas da linguagem, com os futuros passos da comunicação eletrônico-digital.

Em *Caos e Cibercultura*, livro em que Timothy Leary reuniu uma série de artigos que escreveu nas décadas de 1970 a 1990, com reflexões e previsões sobre o universo digital e sua rede intercomunicativa, afirma ele:

Os primeiros 75 anos do século XX foram devotados a preparar, treinar e iniciar os seres humanos a se comunicarem em fala-quântica, isto é, a pensar e agir num nível inteiramente diferente — em termos de *clusters* digitais. Dessa perspectiva histórica podemos ver que o século XX (1900-94) produziu uma avalanche de movimentos artísticos, literários, musicais e de entretenimento, todos eles compartilhando a mesma meta: desnudar as roupagens e os uniformes, dissolver nossa fé cega na estrutura estática; liberar-se da rigidez da cultura industrial; preparar-nos para conviver com o paradoxo, com estados alterados de percepção, com definições multidimensionais da natureza; tornar confortável, manejável, palatável, vivível a realidade quântica; fazê-lo sentir-se em casa ao movimentar elétrons pelo monitor de seu computador. ARTE DIGITAL! DIY (Do It Yourself)!

E Tim Leary profetiza ainda:

Uma nova forma de arte está emergindo — a produção de provocações de três minutos sobre atrações futuras. Haicais eletrônicos! Muitos filmes não sobrevivem aos trailers que os anunciaram. Os criadores de filmes estão aprendendo a lição da física quântica e da neurologia digital: muito mais informação em pacotes muito menores. Uma nova linguagem global de sinais virtuais, ícones, pixels 3-D será a língua franca de nossa espécie. Em lugar de usar palavras, nós nos comunicaremos em autoeditados clips selecionados das selvas caóticas de imagens armazenadas em nossas pulsações. Os dialetos vocais locais permancerão, é claro, para a comunicação íntima. Quando estendemos nossas mentes e damos poder aos nossos cérebros, não temos que abandonar nossos corpos nem nossas máquinas, nem nossos suaves e secretos murmúrios amorosos. Guiaremos carros, como agora andamos a cavalo, por prazer. Desenvolveremos estranhas expressões corporais, não para trabalhar como robôs eficientes, mas para realizar atos livres.

Segundo Leary, em resumo: a principal função do ser humano do século XXI seria a "imagenharia" e a fabricação de realidade eletrônica: aprender como expressar, comunicar e compartilhar as maravilhas de nossos cérebros com os outros.

Os computadores pessoais têm pouco mais de vinte anos. A internet, menos de dez! Meu primeiro computador pessoal — um Mac Classic preto e branco, tela de nove polegadas, com 40Mb no disco rígido interno e apenas 2Mb de memória Ram, adquirido em 1991 e que eu achava uma maravilha — é hoje pura relíquia gigaobsolescida. As potencialidades da linguagem digital cresceram extraordinariamente, em brevíssimo espaço de tempo, com hardwares e softwares cada vez mais aperfeiçoados e disponibilizados, reavivando no mundo dos signos a pertinência antecipadora das propostas da vanguarda, fulcradas em conceitos como a materialidade do texto e sua projeção pluridimensional, visual e sonora ("verbivocovisual"), a interpenetração do verbal e do não verbal, a montagem, a colagem, a interdisciplinaridade, a simultaneidade e, por fim, a interatividade, em substituição aos modelos convencionais do discurso ortodoxo e fechado. Vista dessa ótica, a luta das vanguardas transcende as impertinências solipsistas ou os caprichos de originalidade, para se articular em termos de premonição e mudança revitalizadora, não como agitação epidérmica de "*starters of crazes*" mas como necessário impulso metamórfico de "*inventors*", nos termos das categorias poundianas. Resta explorar o território novo que nos oferece a engenharia computacional, libertá-la prometeicamente, ainda que de forma simbólica, como parábola exemplar, das práticas meramente institucionais e comércio-comunicativas e humanizá-la com o sopro transfigurador da criação poética e artística.

ESTA OBRA FOI COMPOSTA EM MINION PELO ESTÚDIO O.L.M. / FLAVIO PERALTA
E IMPRESSA EM OFSETE PELA RR DONNELLEY SOBRE PAPEL PÓLEN SOFT DA
SUZANO PAPEL E CELULOSE PARA A EDITORA SCHWARCZ EM OUTUBRO DE 2015